経営学入門

武石 彰

Akira Takeishi

経営学
INTRODUCTION TO
BUSINESS
MANAGEMENT
入門

岩波書店

はじめに

　本書は，企業経営について理解し，考えるために必要となる基礎的な知識を学ぶためのテキストである．

　企業経営とはどのような営みか．企業経営にはどのような課題があり，どのような可能性があるか．企業経営が目指す成果を実現し，現代の社会においてその役割と責任を果たすためには，何をどう考えればよいか——これらのことについて経営学が明らかにしていること，論じていることを体系的に概説する．

　企業経営とは多面的で複雑な営みである．この本では，企業経営を「価値の創造」「人々の協働」「資本の活用」「社会への責任」という四つの側面から理解する，という枠組みを用意した．この枠組みに基づき，経営学がこれまで積み上げてきた成果に依拠しながら各側面について概説するとともに，それらの相互の関係から成る企業経営の全体像を明らかにしていく．合わせて，企業経営と社会の繋がり，そして現実の企業経営にとっての経営学の意味についても論じる．もとより，企業経営を構成する様々な問題とその全体像，社会との関係，経営学の実践への意味の全貌を本書の議論だけで捉え切れるものではないが，それぞれのエッセンスになんとか迫ってみようと取り組んだ結果として上梓するものである．多くの優れた類書がある中で，これらの点でいささかなりとも特色あるテキストになっていれば，幸いである．

　本書は，大学などで経営学を本格的に学び始めるためのテキスト，そして本書がきっかけとなって経営学への興味が深まり，さらに本格的に学び続けたいと思ってもらえるようなテキストとなることを目指して書かれている．筆者が以前に担当した授業の内容が本書の元になっているが，その授業を履修した学生の一人が学食で声をかけてきて，「授業をきいて，もっと経営学を勉強してみたいと思いました」といってくれたことがある．嬉しく，ありがたい瞬間であった．同じような感想を本書を読んだ方々に持っていただければ，筆者としてこれに勝る喜びはない．また，企業で働いている方々，企業経営に関心を寄せている方々に読んでいただき，企業経営について自ら考える上で何か役に立

てることがあれば，これも望外の喜びである．

　現代の社会において，そしてそこに生きる個人にとって，企業経営の役割と影響は大きい．これから社会がどうなっていくか，人々の生活・仕事・人生がどこに向かうか，その行方と質は，我々一人一人が企業経営について理解し，考えるための力をどれだけ備えているかにかかっている．経営学はそのような力を身につけるためにあり，本書はそのような経営学を学ぶためにある．

目　次

第 **I** 部

企業経営とは

　現代の社会において企業は大きな役割と責任を担う．その役割と責任を果たせるかどうかを決めるのが，企業の経営である．そして，その企業の経営について理解し，考えるためにあるのが，経営学という学問である．

　第 I 部では，まず，企業は現代の社会においてどのような役割と責任を担うのか，経営学を学ぶことがなぜ大切なのかを確認する．その上で，企業経営には，価値の創造，人々の協働，資本の活用，社会への責任という四つの基本的側面があることを明らかにし，このテキストが論じていくことの全体像を示す．

第1章　現代社会と企業経営

現代社会における企業／企業経営の歴史／二つの事例——GM とヤマト運輸

経営とは組織が目指す成果を生み出していくための営みである．経営学はこの営みについて理解し，考えるための学問である．

経営学は，対象として様々な組織をとりあげる．広く公的機関や非営利組織なども扱う．しかし，その議論の中心は企業の経営にある．それは，経営学は，19 世紀半ば以降，米欧が先頭を切りながら，企業がその活動の規模・範囲・複雑性や影響力を飛躍的に増していった中で本格的に立ち上がり，発展してきた歴史があるからであり，そしてまた，今，我々が暮らし，働き，生きる現代の社会において，企業が大きく，重い役割と責任を担っているからである．このテキストも企業の経営について論じていく．

企業は現代の社会においてどのような役割と責任を担うのか．なぜ企業経営について学ぶことが大切なのか．まず，このはなしから始めよう．

1. 現代社会における企業

現代社会において企業が果たす役割の大きさは，我々が毎日をどのように過ごしているかを振り返れば確認できる．試しに，ある女性の一日を追ってみよう．

スマートフォンでセットしたアラームで目を覚ます．画面でニュースのヘッドラインと天気予報を確認しながら，電子レンジで温めた牛乳と，ハムとチーズをのせてオーブントースターで焼いたパンで朝食をすませる．慌ただしく化粧をすませ，先週買ったばかりの真新しいスーツに着替える．バスと地下鉄を乗り継いで会社に出勤する．途中，コンビニでペットボト

ルの水と仕事中に頬張るチョコレートを買う.

オフィスに着くと，まずいくつかのメールに返信をした上で，午後の会議のためのプレゼンテーション資料をパソコンで作ることに集中する．ランチは時間がないので近くのコーヒーショップのサンドイッチとアイスカフェオレですませる．仕上げた資料のコピーをとって，会議で出席者に配り，プロジェクターでプレゼン資料を映しながら説明する．会議終了後は，派遣会社から来てくれているスタッフの人に次の仕事の指示を出して，会議の結果をメモにまとめて関係先にメールで連絡をする.

帰宅すると，冷蔵庫で冷やしてあった缶ビールを片手に宅配のピザを食べながら，インターネットの動画配信サービスでハリウッド映画を観る．明日からは連休で，友達と一緒に旅行会社の三泊四日のパックツアーに参加する．飛行機で沖縄に飛んでリゾートホテルでゆっくり過ごす予定だ．昨日は少し頭が痛かったが，いつもの頭痛薬を飲んで今日は大丈夫だったので，旅行にはいけそうだ．トランクは昨晩，宅配便サービスで空港に送ってあるので，明朝は，小振りのバッグ一つで身軽に出発できる.

　朝から晩まで，仕事や勉強で忙しい時から，家で過ごしたり，外に遊びに出かけたりする時まで，人々の毎日は，企業の商品を買い，利用することで成り立っている．(あまり健康的とはいえない)会社員の例をあげたが，学生であれ，主婦(夫)であれ，高齢者であれ，そしてその暮らしぶりやライフスタイル，仕事がどのようなものであれ，企業の商品なしには成り立たないという点で違いはない.
　その商品を生み出している企業もまた，他の企業の商品を買い，利用している．会社員が職場で使っているパソコン，コピー機，プロジェクターから，派遣サービス，通信，空調，照明，デスクや文具にいたるまで，どれも勤務先企業が他社から購入したものだ．設備，機材，原料，資材，物品，金融，輸送，流通，エネルギー，他各種サービスなど，他社の商品なしには企業の活動は成

り立たない.

　より巨視的な観点から企業の役割の大きさを確認することもできる. 一国の経済の規模や成長率の基準としてよく使われる国内総生産の大部分は企業活動によって生み出される各産業の生産額によって構成されている. 人々の雇用の大きな部分は企業によって担われ, 消費の大半は企業の商品の購入に費やされ, 投資も民間部門, つまり企業が主導している. 国際的な貿易取引も, 金融取引も, その主な担い手は企業である[1].

　いうまでもなく, 全てが企業によって担われているわけではない. 立法, 司法, 行政, 医療, 福祉, 教育, 研究, 安全, 防災, 芸術, 文化といった領域では, 議会, 裁判所, 政府官公庁や地方公共団体, 医療・福祉機関, 教育・研究機関, 文化団体, ボランティア団体など, 公的機関, 非営利組織が中心的な役割を担っている. 企業が本務とする営利を目的とする事業活動とは相容れないから, あるいは, 営利事業として行うと様々な支障や弊害があるからだ.

　しかし, これら公的機関, 非営利組織の活動も, 企業の商品を買い, 利用することで成り立っている. さらにいえば, 公的機関や一部の非営利組織は主な財源を税収に依存しているが, その税収の多くは企業の活動を介して生み出されている. 企業が利益を生み出すことで納められる法人事業税はもちろんのこと, 消費税, 所得税, 社会保障税など各種の税金は, 企業の商品が購入されること, 人々が企業で働いて所得を得ることを通じてその多くが納められている. また, 一部の非営利組織の活動は企業からの寄付が重要な支えになっている. 企業は, 消費される商品を売り, 人々を雇用し, 利益を出し, 寄付を行うことによって, 企業が事業として直接関わらない領域においても社会の様々な組織とその活動を間接的に支援している.

　経済活動を中心に社会において企業が重要な役割を担うのは, 世界の多くの国々に共通した特徴である. 資本主義先進国はいうに及ばず, 発展途上国においてもあてはまる. かつて数多くの国々に広がった社会主義体制は異なる仕組みだったが, その大半は資本主義に転換するか, 資本主義を部分的に取り入れ, 企業が主要な経済活動を担うようになった. ひとことで企業といっても, 国に

---

1)　2018 年の日本の国内総生産(GDP), 雇用者数に占める「市場生産者」(同義ではないが, その大半は「営利企業」が占めている)の比率は, 各々, 89%, 90%となっている(内閣府).

よって，企業によって実態は多様だ．国家の強いコントロール下におかれている場合もあるし，特定の権力者や社会集団の影響下におかれている場合もある．それでも，経済活動において企業の果たす役割が大きく，経済の発展，成長が企業の活動いかんにかかっているという点で大きな違いはない．一部の大企業の活動や影響力は，国境を越え，グローバルなスケールに及んでいる．

企業が及ぼす影響はプラスのものばかりではない．企業は経済社会に様々な問題を引き起こす．企業が事業で低迷，失敗すれば大きなダメージをもたらす．リストラや倒産によって職種や職場が変わる人々，職を失う人々がいる．本人はもちろん，家族を含めて厳しい状況に追い込まれる．ダメージは時に個々の企業やそこで働く人々を超えて社会に広がる．大きな企業の不振や倒産が，取引先に伝播することもあるし，その企業が大きな比重を占める「企業城下町」の衰退につながることもある．米国の投資銀行の破綻にはじまったリーマン・ショックが世界経済を大きく揺るがしたのはまだ記憶に新しい．

報道が絶えることのない，企業による不祥事，事故，環境汚染，長時間労働，過労死といった問題は，人々，社会，自然環境を損なう．とりかえしのつかない悲劇や傷跡を残すこともある．さらには，搾取，格差，グローバリゼーションによる伝統的な社会や文化の破壊といった社会全体に関わるより大きな問題で企業が批判をあび，反発を呼ぶこともある．

企業は，その役割と影響力がプラスにもマイナスにも大きいからこそ，一方で期待を寄せられ，他方で批判を浴び，責任を問われる．もちろん，社会や生活のあり方が企業の活動だけで決まるわけではないし，企業だけでは解決できない問題も多々ある．企業には任せられないこと，任せない方がよいこともある．それでも，社会の隅々にまで，よくも悪くも，直接・間接に，濃淡はあれ，影響を及ぼす企業の活動は，現代社会の成果，可能性，課題，問題の多くに関わっている．

企業経営

これだけの重要な役割と責任を企業が果たせるかどうか．それを決めるのが，経営である．経営が拙ければ，企業の成果は限られ，責任は果たされず，人々と社会は損なわれる．経営が優れていれば，人々と社会にとって重要な成果を

生み出し，責任を果たすことができる．成否は，企業経営のあり方にかかっている．

　それは経営者だけの専管事項ではない．最高責任者として企業の経営を担うのは経営トップであり，経営層である．優れた経営を率いる優れた経営者は現代社会において希少な人材であり，高い所得，地位，権限を得る．しかし，経営の成果，優劣はごく一握りの上層部の経営者達だけで決まるものではない．日々の企業活動の現場で働く人々から始まり，彼（女）らを率いる第一線のマネジャー，そして一連の管理職やスタッフを含む，企業に勤める全員の行動，構想，努力，工夫によって決まるものである．企業が目指す成果を生み出し，求められる責任を果たせるかどうかは，経営トップから現場まで，企業で働く一人一人の経営について理解し，考える力にかかっている．

　株主，債権者など投資家にとっても，企業が関わる政策の立案，施行を担当する公的部門の人々にとっても，同じだ．資金を投じる企業を評価，選別する，あるいは，企業のある種の行動や成果を促す，制御するためには，企業経営について理解し，考える力を持たなくてはならない．

　それだけではない．経済と社会のあり方を形作り，個人の生活・仕事・人生，地域や国さらには世界の経済社会の行方を左右する企業経営は，生活者，働き手，市民全員の問題である．企業経営は，当事者や専門家だけに任せておくには，あまりにも重要な問題である．資本主義社会に生きる一人一人が，企業の経営について理解し，考える力をどの程度備えているかが，その経済社会の質と行方を決めていく．

　企業を経営する人，企業に働く人，企業が生み出す商品を買い，使い，生活・仕事をする人，企業に投資する人，企業に関わる政策を担当する人，そして企業が重要な役割を果たす社会に生きる人として，それぞれの観点から企業の経営についてよく理解し，よく考えることが，それぞれにとって，そして社会にとって大切になる．経営学はそのためにある．

　以下，本書は，企業経営について理解し，考えるために必要となる基礎的な知識を学ぶテキストとして，「企業経営とはどのような営みなのか，企業が目指す成果を実現し，現代の社会においてその役割と責任を果たすためには，経

営について何をどう考えればよいのか」について経営学が論じていることを概説していく.

　その作業は次章からとりかかることにして，この章の残りでは，その前段として，企業経営の歴史と事例を紹介しておきたい．前者では，どのような歴史的経緯を辿って，企業が社会において重要な役割を担うようになったのかを振り返る．後者では，二つの企業の実例により企業の経営とは具体的にどのようなものかを素描する．それぞれ簡単な記述にとどまるが，企業経営の歴史を概観し，具体的なイメージを示すことで，第2章以降の議論を進めていくための助走としよう.

2.　企業経営の歴史

　商品の生産，取引には長い歴史がある．それらを担う組織としての企業にも長い歴史がある.

　企業の歴史がいつどこでどのように始まったのか．その起源を明らかにするのは容易なことではないが，現存する企業の歴史を遡ることは可能だ．世界で最も長い歴史を持つとされる企業は，実は，日本にある．西暦578年(まだ元号がない時代のことだ)に創設された金剛組である．聖徳太子が百済の国から招いた三人の宮大工によって四天王寺建立の時に設立され，以来，社寺建築を生業として今日まで存続してきた．設立当初の金剛組を企業と呼ぶことは難しいだろうが，少なくとも，現在，企業である金剛組が1400年余前から同じ業務を連綿として続けてきた歴史的事実がそこにある[2].

　名の知られた企業の例をあげれば，今日，多数の有力企業を配する住友グループは，17世紀の寛永年間に京都で始めた書物と薬の店と銅吹き(銅精錬)と銅細工業に起源がある．羊羹で有名な虎屋は室町時代の後期に創業され，清酒で有名な月桂冠は1637年に創業されている.

　他にも，日本には長い歴史を誇る企業が数多く存在する．主要国において

---

2)　金剛組が株式会社となったのは，1955年と，「つい最近」のことであり，一般の建築にも携わるようになった．現在では高松コンストラクショングループに属する企業となっているが，本社は大阪の四天王寺にある.

200 年以上の歴史を持つ企業を集計した調査によれば，日本は 3886 社と首位を占めている．欧州の企業がこれに続き，ドイツが 2 位(1850 社)，イギリスが 3 位(467 社)，フランスが 4 位(376 社)となっている[3]．

複式簿記，株式会社，産業革命

　こうして個々の企業の起源まで遡れば，遠い過去にたどり着く．だが，それらの企業の当時の経営のあり方は，今日のそれとは大いに異なっている．現在に連なるものがあるにしても，同じものとはいい難い隔たりがある．今日の企業経営の姿はいつどのようにして形作られたのか．個々の企業の歴史から離れ，企業経営をめぐる世界の歴史に目を向けるならば，「複式簿記の発明」，「株式会社の誕生」，「産業革命」が特筆すべきできごととなる．

　「複式簿記」とは取引を体系的に記録する方法である．家計簿のように取引を一面的(現金の支出，収入など)にとらえるのではなく，貸方と借方の両面に同額を記入することで損益の計算，損益の原因の確認が可能となる．13〜14 世紀にかけてイタリア商人の実務の中で生み出された．次第に体系化され，1494 年には地中海商業都市ベネチアで複式簿記を説明した書物が出版された[4]．

　取引，資産の金銭的実績を体系的に記録，測定することは経営の基本である．その画期的な方法となった複式簿記は経営における史上最大級の発明ともいわれている[5]．今日でも，世界中の企業において，500 年以上前に出版された書物に記されている方法がほぼそのまま使われている．手作業で記録，計算するか，バーコードで入力し，コンピュータで計算するかの違いはあるが．

　二つ目の「株式会社」は，よく知られている通り，現代の企業の大半が用い

---

3)　『週刊東洋経済』「特集　異形の百年企業」(2010 年 11 月 20 日)より．また，200 年以上の歴史を持ち，創業者一族が経営を続けている企業が 50 社弱集まった協会がフランスにあるが，ここにはワイン，ガラス製品，宝石など伝統的な産業に携わる企業が参加しており，イタリア，フランスに次いで，日本の企業が数多く参加している．虎屋，月桂冠もメンバーに名を連ねている．

4)　十字軍の遠征を契機にルネッサンス期のイタリア人が精力的に通商を行うようになり，信用取引の拡大もあり，正確な記録を残す必要性が高まったことがその背景にあったと考えられている．アラビア数字と算術の基礎が取り入れられていたことも重要であった．

5)　ドイツの作家ゲーテは，小説『ヴィルヘルム・マイスターの修業時代』の中で登場人物に「複式簿記が商人にあたえてくれる利益は計り知れないほどだ．人間の精神が産んだ最高の発明の一つだね」(山崎章甫訳，岩波文庫)といわせている．

ている企業形態である[6]．その起源とされるのは，1602年に設立された連合オランダ東インド会社である．大航海時代にあって，航海に必要な資金を集める新しい方法として生み出された革新であった．

それまでは一航海毎に資金を集め，事後に元本と利益を分配して解散していたのに対して，オランダ東インド会社は，個々の航海を超えて，継続して事業を行うための組織として設立された．その鍵となったのが，出資者の変更，交替が可能で，その責任も有限とする(出資額以上の負債は負わない)という株式会社の仕組みであった．大きな資金を用いた継続的な取り組みが可能になり，例えば，東インド現地に支店を開設して人を雇う，倉庫を設けて在庫を効果的に管理するといったことができるようになった．株式会社制度が広く普及するまでにはさらに長い時間を要したが，事前に資金が必要で成否の行方が不確実な「冒険」に継続的に取り組むことで大きな成果を生み出すための画期的な仕組みがこうして創造され，これが今日の株式会社の原型となったのである．

三つ目の「産業革命」は，これもよく知られている通り，イギリスが先導して18世紀末から19世紀初頭に始まった，文字通り，産業のあり方の革命である．道具を使った手作業に代わって機械化が始まり，さらに人力や水力などに代わって蒸気機関の利用が加わり，繊維(紡績工程)や製鉄(銑鉄工程)の生産において近代的な工業のあり方が始動した．従来の小規模な作業場や家内工業に代わって，専用の工場で多くの従業員を抱え，以前には考えられなかった大きな規模で生産する企業が生まれ，成功を収めた．紡績工程以外の繊維，醸造，陶磁器，ガラス，家具など機械化が難しい伝統的手工業でも専門化した多くの企業が特定の地域に集積しながら発展をとげた．それはまた，多くの人々が家庭や出身地を離れて企業で働く機会が増大し，労働の新しい形——新しい形の搾取，疎外，苦役も含めて——が広がった過程でもあった．併行して，ロンドンは欧州諸国間，そして植民地を含む海外諸国との国際的な商業，金融取引の中心地として発展をとげた．

イギリスで始まった産業革命は，19世紀を通じて大陸ヨーロッパに伝播した．北西ヨーロッパを中心に広域にわたって近代的な工業が発達し，在来産業

---

6) 株式会社制度については第11章で説明する．

における集積化が進み，商業・金融サービスの中心地が幾つか形成された．欧州内での企業間，地域間での競争が繰り広げられる一方で，相互の棲み分けも進み，国際的な商取引，金融のネットワークが域内，域外へと張り巡らされた．

こうして産業革命によって新たな時代が切り拓かれ，ここから資本主義経済が本格的に立ち上がるわけだが，この流れが今日の企業経営にたどり着くにはもう一つ重要な局面が必要であった．19世紀の半ばから20世紀初頭にかけての米国における大企業の登場，発展である．

大企業の登場，「見える手」の時代へ

イギリスや大陸ヨーロッパにおいて繊維や製鉄などの分野でそれまでにない規模で生産を行う企業が登場したといっても，そのスケールは現代の大企業に比べるとまだ小さいものだった．産業革命時代の「大企業」は，特定の工程，活動に特化し，一定の規模に達するとそれ以上の拡大を追求することはなかった．他の工程や活動を担う企業や伝統的な手工業者との間で，様々な仲介業者を経由して，地域内，地域間，そして国際的な分業関係を構築する，というのが基本構造だった．

18世紀後半にイギリスから独立した米国においても，19世紀前半までは概ね同様の構造が形成されていた．だが，19世紀の半ばころから新たな構造が胎動した．企業が活動の範囲を拡げ，地理的にも拡張し，産業革命時代に大きな規模を誇ったイギリスの企業に比してもさらに桁違いの規模で資本を投じ，人を雇い，事業活動を行う企業が登場したのである．

どのようにして米国で大企業が誕生し，発展したのか．

契機，基盤となったのが，エネルギー，交通，通信における革新であった．良質の炭田が開坑され，エネルギーの費用が下がり，交通では蒸気船による水上交通の発展に続いて鉄道の普及が進み，さらに電信，電話の普及により広域・高速の通信が実現した．これらにより，大量の商品を高速で効率的に，従って安価に，生産し，それらを広域に，大量に販売することが可能になり，大規模な企業が誕生する流れが生まれた．蒸気機関と鉄道はイギリスで始まり，発展したものだが，広大な土地，豊かな資源に加えて，増加する人口に支えられた比較的均質で拡大を続ける市場，新しいことに挑戦する精神に溢れた企業

家などに恵まれた米国が，欧州で始まった流れをより大きなスケールで開花させ，企業経営の新しい局面を切り拓いていったのだ．

　企業規模の拡大は，携わる事業活動の範囲，取り扱う商品の種類，販売地域の拡張や，企業同士の合併買収などを通じて進んだ．例えば，ミシンの製造企業として1851年に創業したシンガーの場合は，活動の範囲を販売まで拡げて企業規模を拡大した．既存の流通業者が，家庭の女性が初めて使う高額の新商品であるミシンの販売はリスクが高く，効率が悪いと判断し，扱ってくれなかったためだった．自ら全米で販売する体制を築き，実演などを通じた宣伝，修理サービス，割賦販売の仕組みなども整えたシンガーは，1880年頃には全米で約7500の営業拠点を抱える大企業となった．

　1872年にアンドリュー・カーネギーが設立した鉄鋼メーカーのカーネギー・マカンドレス（後のカーネギー・スチール）の場合は，イギリスで生み出されたベッセマー法という新しい技術を使って製銑・製鋼・圧延からなる一貫製鉄所を建設し，当時需要が拡大していた鉄道用のレールの大量生産に乗り出して，大きな成果をあげた．競争が激しくなる中，同社は主要原材料を確保するためコークス，石炭，鉄鉱石の企業に資本参加する一方で，需要が頭打ちになりつつあった鉄道用レールに代わって建材用鋼材など新たな商品の開拓も進め，企業規模を拡大した．さらに，厳しくなる価格競争を回避するために鉄鋼業界の主要な企業を巻き込んだ大合同企業化を押し進め，1901年にUSスチールを創設した．その資本金は米国で初めて10億ドルに達し，当時，世界最大の企業となった．

　企業規模のこうした量的拡大のプロセスは，同時に，企業経営の質的な変化を伴うものであった．かつてないスケールと複雑さで事業活動を行うには新しい経営のあり方が必要だった．

　代表例の一つは，19世紀半ば以降の鉄道会社から始まった経営の革新であった．鉄道は人と物資の広域・高速輸送を可能にして大企業の時代の到来を支えるベースとなったが，同時に新しい企業経営のあり方を生み出す母体ともなった．鉄道が，前例をみないスケールでの大規模な設備投資とそのための資金調達，多数の従業員，広域にわたる複雑な業務の管理を必要としたからである．経営に不備があれば事故による大惨事や巨額の赤字を生み出すだけに，経営の

合理化・革新は喫緊の課題であった．ここから，組織を専門的な単位（業務の種類や地域別）にわけ，それらを階層的に括りながら管理する複数機能・階層的組織や，現場の業務活動を担う現業部門とは別に重要な間接的業務を専門に担う本社部門の創設（ライン＆スタッフ）といった仕組みが生まれた．巨額の投資を賄うため証券市場からの資金調達を拡大する一方で，事業の運営には高度で専門的な知識を必要としたことから，出資者とは別の専門の経営者が企業経営の実際の運営・管理を担うという新しい経営の形——後述するように，これは後に「所有と支配の分離」と呼ばれることになる——も生まれた．

　もう一つの代表例は，19世紀前半の米国の連邦兵器工場に一つの源流を持つ互換性原理の革新であった．銃の供給不足を解消するため，銃の構成部品を標準化して組み立ての生産効率を上げることを目指したものであった．実際に互換性が実現されるまでには長い時間を要したが，後に様々な業種で本格的に立ち上がる大量生産を支える基本原理となった．

　さらに，生産工程を細分化，専門化し，それらをきめ細かく管理していくという体系的管理手法の開発が追求された．米国は，欧州に比べて熟練工が不足しており，言語や文化を異とする移民から構成される働き手に依存しなければならなかったことが，こうした取り組みを後押しした．管理の合理化を追求する潮流の金字塔となったのが，20世紀初頭にフレデリック・テイラーが提唱した「科学的管理法」であった．作業を細かく分解し，最も効率的な動作を標準として定め，その標準に従って，生産や労働者の管理を科学的に行うという方法であった．

　合理的な企業経営に不可欠となる原価や財務の管理手法も整備され，高度化した．鉄道会社はここでも先導役を務め，財務管理，資本管理，原価管理の基本的な体系のベースを整え，後に続く企業の手本となった．前出のカーネギーがライバルとの価格競争で優位に立てた一因は，以前に勤めていた鉄道会社で学んだ原価計算によって製造原価を正確に把握していたことにあった．これらの方法はさらに洗練され，化学メーカーのデュポンによる投資収益率による分析・評価手法の創出へつながった．巨額の資本を投入した資産がどのように活用されているか，どの程度利益を生み出しているかを測定，分析するための画期的な方法となった．これは「デュポン方式（もしくはシステム，チャート）」と

呼ばれ，今日でも財務分析・管理の重要な手法として用いられている．デュポンはまた，後述するように，自動車メーカーの GM とともに「事業部制組織」という組織構造の創造においても先駆者となった．

　一連の技術の革新とともに，新しい組織，管理の方法が創造，実践，洗練され，大規模な企業の合理的な経営が可能になり，大量生産，大量販売を担う大規模な企業が多くの産業に広がっていった．経営史の泰斗，アルフレッド・チャンドラーは，この歴史的経緯を解き明かし，「神の見えざる手 (invisible hand)」から「経営者の見える手 (visible hand)」への「経営革命」と呼んだ (Chandler 1977)．それは，中小規模の企業や手工業者，仲介業者達が中心となって，アダム・スミスが「神の見えざる手」と呼んだ市場メカニズムの調整によって経済活動が進められる構造から，広範囲・広域にわたる工程，業務を一つの組織の中で「経営者の見える手」によって管理・調整する大企業が重要な役割を担う構造へと変化したことを表現したものだった．専門の俸給経営者が，階層的な組織構造，科学的管理法，統一的会計手法などを駆使して大規模な企業を経営する新しい時代が到来した．

　こうして米国で立ち上がった大企業の時代は，欧州でも，そして遅れて近代化に取り組んだ日本でも——国による特徴や違いはあるにしても——同様に広がった[7]．

　今日のように，大規模な企業が，しばしば国境も越えながら，経済社会において重大な役割，責任，影響を担うようになったのは，この局面からであった．巨額の資金を調達するための株式市場が発展し，専門的な経営者，管理者を育成するための教育機関としてビジネススクールが誕生し，企業が正しく会計情報を測定・報告することを担保し，支えるための公認会計士の制度が整えられ，経営者にアドバイスを提供することを生業とするコンサルティング会社が登場したのも，ここからだった．同時にそれは，労働問題，独占・寡占による市場支配，環境破壊など，大企業が諸々の深刻な問題を巻き起こす時代の幕開けでもあった．今，我々が知る企業経営とそれをめぐる社会の仕組みと問題の多く

---

7)　大企業の規模，登場する業種，形成のプロセス，企業形態など，国や地域によって異なる特徴もある（鈴木他 2004）．ただ，それ以前にはなかった大きな規模の企業が広がったという基本的な潮流は共通している．

は，この時代にその原型を見出すことができる．

　このテキストが概説していく今日の経営学も，この時代から本格的に立ち上がった．高度で複雑な企業経営をよりよく行うにはどうしたらよいか，それがもたらす種々の問題にどう対処したらよいか．企業経営に携わる人々，企業経営の影響を受ける人々，企業経営に関心を寄せる人々，さらには企業経営に憤りを覚える人々が，模索と実践，分析と議論，時には激しい衝突を重ねる中で，企業経営をめぐる知識が蓄積され，その体系的集成としての経営学が発展していったのである．

▌3. 二つの事例——GM とヤマト運輸

　歴史の話はここで切り上げて，具体例の話にうつろう．企業経営とは具体的にどのようなものか，二つの企業を例としてとりあげて，素描してみたい．米国の自動車メーカーであるゼネラル・モーターズ(GM：General Motors)と日本の運輸サービス企業のヤマト運輸の例である．

　ともに，その優れた経営と成果によってよく知られた事例である．経営学で繰り返しとり上げられ，語られてきた事例であり，当事者である経営者自身による優れた著書(Sloan 1963，小倉 1999)によって多くの読者に親しまれてきた事例でもある．それぞれの企業が顕著な成果を生み出した時代を中心に，どのような成果をどのようにして実現していったのか，そのあらましを紹介する．

　参考までに，両社の業績などを表 1-1 に示しておく．それぞれの企業で顕著な成果を生み出すための取り組みが始まった年，その取り組みを主導した経営者が退任した年，そして最近の年，の三時点でのデータを示してある．以下の記述は，主として，この表の左側二列に挟まれた期間のできごとを描写するものとなる[8]．

---

8)　経営者の退任の年で区切るのは，二人の経営者の「手柄」を強調することを意図したものではない．あくまでも便宜上の設定である．二人の役割，貢献が大きいことは確かだが，先ほども述べた通り，企業経営の成果は企業経営に関わる全ての人々と組織から生み出されるものである．

GM――世界最大の自動車メーカーへ

GM は米国を代表する自動車メーカーである．1927 年に生産台数で全米一位，31 年には世界一位となり，以後，ほぼ 80 年にわたって世界最大の自動車メーカーであり続けた．近年ではトヨタ自動車，フォルクスワーゲンなどと首位の座を競い合い，さらには倒産の危機を乗り越えながら，世界最大級の自動車メーカーであり続けている．

GM を GM たらしめたのは，1920 年代に中興の祖であるアルフレッド・スローンの下で進められた経営であった．それがどのようなものだったかを説明するには，その前史として，フォードの成功について述べることから始めなければならない．

自動車産業は 1886 年にドイツでゴットリーブ・ダイムラーとカール・ベンツがそれぞれ内燃機関を搭載した自動車を発明したことで本格的なスタートを切った．だが，初期の自動車は高価で富裕層の奢侈品にとどまっており，市場

表 1-1(a)　GM の業績など

	1920 年	1962 年	2018 年
売上高	5.7 億ドル	146 億ドル	1470 億ドル
税引前純利益	4100 万ドル	29 億ドル	63 億ドル
従業員数	9.7 万人	60 万人	18 万人
総資産	5.7 億ドル	92 億ドル	2273 億ドル
自動車販売台数	39 万台	449 万台	838 万台

注）1920 年はデュラント退任の年，1962 年はスローン会長退任の年．いずれも連結ベースのデータ．
資料）有価証券報告書，Sloan(1963)他より作成．

表 1-1(b)　ヤマト運輸の業績など

	1976 年度	1995 年度	2018 年度
売上高	395 億円	6555 億円	1 兆 6253 億円
経常利益	6.9 億円	261 億円	542 億円
従業員数	5651 人	6.1 万人	22.5 万人
総資産	232 億円	5223 億円	1 兆 1123 億円
宅急便取扱個数	170 万個	6.4 億個	18.0 億個

注）1976 年度は宅急便の営業を開始した年，1995 年度は小倉昌男会長退任の年．1976 年度は単独ベース，他は連結ベースのデータ．
資料）有価証券報告書，小倉(1999)他より作成．

規模は小さかった．それを大きく変えたのが，ヘンリー・フォードが1903年に創業したフォード・モーター(以下，フォード)であった．幾つかのモデルを投入した後，1908年，フォードは「T型フォード(Model T)」を発売した．目指したのは，安価で高品質のモデルを生産することで自動車を広く一般大衆が購入できる必需品にすることであった．標準化された部品を用い，専用機による機械加工やコンベアを用いた高速の組立ラインを駆使して，単一のモデルを大量，長期に生産することでコストを大幅に削減し，普通の人々にも手の届く価格を実現した．原材料・部品の生産にも取り組み，また販売，サービスのための代理店網をフランチャイズとして全米に展開することで一貫した事業体制を整備し，T型フォードは目覚ましい成功を収めた．生産，販売量は飛躍的に拡大し，19年間続いた生産は累積で約1500万台を記録した．T型フォードを売り出す前年の全米の生産台数が約4万台だったことと比較すれば，いかに画期的な成果であったかがわかるだろう．

こうしてフォードは自動車産業が巨大産業へと発展していく扉をあけ，米国最大，そして世界最大の自動車メーカーとなった．様々な素材，部品から成る複雑な組立製品である自動車の大量生産・大量販売は，互換性原理や科学的管理法に則り，当時の最先端の技術を総動員して初めて成り立つものだった．大企業時代の到来の総仕上げであり，これ自体が一つの企業経営の革新であった．

だが，磐石と思われたフォードの牙城を切り崩す企業が現れた．GMである．

GMは1908年，つまりT型フォード発売の年に，ウィリアム・デュラントによって設立された．自ら新しい自動車メーカーを興したフォードとは異なり，デュラントは複数の自動車メーカーを買収してGMを創設した．社名の「General Motors(一般的な自動車会社)」はこの出自に由来する．うまくいきそうな自動車メーカーを集めれば，個々のモデルで多少の浮き沈みがあっても，全体としてはうまくいくだろうというのが目論見であった．確かに一定の成功を収めたものの，買収した企業を全体として束ねる努力が足りず，寄せ集めの経営にとどまった．GMは第一次大戦後の戦後不況で経営危機に見舞われ，1920年，デュラントは社長の座を追われた．

代わって経営を担ったのが，当初は，当時GMの最大の出資者であり米国最大の化学メーカーであったデュポンの社長，ピエール・デュポンであり，次

いで，スローンであった．スローンは社長を勤めていた自動車部品メーカーが
GM に買収され，デュラントの下で GM の経営陣に加わっていた．再建を進
めるデュポンの片腕として活躍し，1923 年，後継社長に就いた．そして見事
に再建どころか世界最大の自動車メーカーへの飛躍を成し遂げた．それは，事
業，組織，財務など経営のあり方を大きく革新することで達成されたものであ
った．

　飛躍の鍵となったのは，スローンの下で新たに打ち出された「あらゆる財布
とあらゆる用途にあった車を」という事業の基本方針であった．複数の販売チ
ャネルを通じて，異なる顧客層に向けて用意された複数のモデルを売り出し，
さらに各モデルを定期的にモデルチェンジするというやり方である．単一車種
に集中したフォードとは対照的であった．T 型フォードは初めて自動車を購入
する大衆層の絶大な支持を得て大きな成功を得た．だが，普及が進むにつれて，
一車種しかないことが問題となった．GM はこの弱点をつき，既に車を保有し
ていた顧客層に向けて多様なモデルを用意し，それらを定期的に刷新すること
で——これを「計画された陳腐化」と呼ぶ——買い替え，買い増しを中心とす
る新たな需要を創造し，そこで成功することを狙ったのである．

　ただし，この方針には重大な問題があった．フォードはモデルを一つに絞り，
それを大量，長期に生産し続けることで圧倒的な低コストを実現した．それと
は逆に，モデルを増やし，頻繁にモデルチェンジをしてしまうと，一つ一つの
モデルの生産量が限られ，コストが高くなってしまう．いくら魅力的なモデル
を揃えても，値段が高くては買ってもらえない．

　この難題を乗り越えるために GM が創造したのが，複数の車種間で共通の
部品を用いるという方法であった．エンジンやトランスミッションなどとくに
コストが嵩む部品を複数のモデルで共用し，モデルチェンジをしてもこれらの
(顧客にはみえない)部品を継続的に搭載することで，顧客の目に触れる部分では
多様な車を用意しつつ，目に触れない部分でコストを抑制することが可能にな
った．フォードは単一車種の標準化で大量生産を実現したのに対し，GM は複
数の車種にまたがる標準化により大量生産を実現した．互換性原理による大量
生産方式は，フォードによって一つの頂点に達し，GM がその可能性をさらに
広げたのである．こうして「最低の価格の車から最高のものまで揃え，しかも

それらの大量生産方式を損なわないこと，市場における各々の価格ランクの中で，最も価値のあるものを作る」仕組みが創造された．フォードは売れ行きが落ちたT型に代えて1928年にA型を発売し，業績を回復させたが，単一車種に依存するという点で変わりはなく，多様性で優るGMに全体としての規模で後塵を拝すままであった．

GMの方法は，一方でそれぞれのモデルの個性を活かした多様性を追求し，他方で部品を共用して効率化を追求する，絶妙なバランスが重要であった．これを支えるために整えられたのが「事業部制組織」という組織構造だった．主要販売チャネル毎(シボレー，オールズモービル，キャデラックなど)に事業部を設け——その多くは，買収された別々の企業に起源があった——それぞれに自立した管理を促す一方で，会社全体の方針や調整は各事業部の上位に位置する本社が管理するという組織構造であった．スローンは，大規模な組織であるGMの経営のあり方を考える際に中心にすえたのが事業部制組織であったと振り返っている．この事業部制組織は，前述したデュポンが同時期に導入しており，歴史上，この二社が先んじたとされる(Chandler 1962)[9]．

複数の事業部とその全体を財務的に管理するために予算のルール，運転資金・在庫のコントロールの方法，さらにはROI(投資収益率)に基づく各事業部の評価・管理の仕組みや，買い替えを促すための自動車ローンや中古車下取りの仕組みも整えた．これらの新しい方法を総動員して，GMは，大恐慌や第二次大戦の苦境も乗り越えながら世界一の自動車メーカーとなり，その座をほぼ80年間にわたって維持した．その礎を築いた1920年代の経営のあり方は，事業部制組織を含めて，その後の世界の自動車メーカーや他業界の企業の多くが追随する範となった．

デュラント退任時(1920年)に販売台数39万台，従業員9.7万人，売上高5.7億ドル，税引前純利益4100万ドル，総資産5.7億ドルであったGMは，スローン引退時(1962年)には販売台数449万台，従業員60万人，売上高146億ドル，税引前純利益29億ドル，総資産92億ドルとなっていた(前掲表1-1(a))．

---

9)　日本では，松下電器産業(現パナソニック)が独自の発想で1933年に事業部制を採用していることが知られている．

ヤマト運輸——「宅急便」の創造

　ヤマト運輸は日本の宅配便サービスのトップ企業である．個人間・組織間の小口貨物の送受や急速に広がるインターネット販売を物流面から支えるサービスを提供し，多くの人々，組織にとって欠かせない企業となっている．

　この宅配便(ヤマト運輸はこれを「宅急便」(商標)と呼ぶ)事業は，同社の二代目の社長であった小倉昌男の下で1976年にスタートしたものだった．それは同社の業績が悪化する中で，経営の立て直しを目指して，社内の反対を乗り越えて踏み出したものだった．

　ヤマト運輸は，それまで青果業を営んでいた小倉康臣によって1919年に設立された[10]．トラック輸送に可能性を見出し，四台のトラック(それはT型フォード・トラックであった)をそろえて東京・銀座で運送業を立ち上げた．その後，関東地域を中心にトラックを利用した定期的な貨物輸送サービスで大きな成功を収め，同社は，戦前，トラック輸送業界で日本最大の企業となった．

　だが，戦後になってトラック輸送の役割がさらに拡大した中で，ヤマト運輸はかえってその流れに取り残されてしまった．長距離輸送でトラック輸送の需要が伸びたにもかかわらず，それまでの成功体験からトラックは100キロ圏内の輸送が主力市場で，それ以上の距離は鉄道輸送の領域であると考えたからだ．国鉄との協業に重点を置き，長距離トラック輸送への進出に出遅れてしまった．運輸事業の多角化も進めたが，成果は頭打ちであった．長距離トラック輸送に注力して業績をあげる競合企業とは対照的に業績が伸び悩む中，1971年に二代目の社長に就いたのが創業者の子息の小倉昌男であった．立て直しを画策するも，石油ショックによって減収減益となり，74年には人員削減を強いられた．この状況を打破するために新たに乗り出したのが個人宅配便事業であった．

　トラック運輸業の主力市場は大口の商業貨物であった．その市場で後手に回り苦戦を強いられていたことから，個人の生活関連の輸送市場向けの新しい事業に乗り出すことを考えたのだった．後から考えればごく自然な発想であったと思えるかもしれない．だが，当時，それは非常識な考えだった．大量の発注

---

10)　創業時の社名は大和運輸であった．また現在では，ヤマトホールディングスの一部となっているが，ここではヤマト運輸という名称で記述を進める．

が安定的，効率的に確保できる商業貨物に比べて，個人向けは小口で，不安定で，非効率な事業であり，全国網を構えた官営の郵便局だけが扱えるというのが当時の運輸業界の常識だった．小倉はしかし米国で同様の事業を行っている例なども参考にして，広域に体制を整えれば全体として需要の確保は可能であり，サービスのあり方を工夫すれば郵便局にはない価値を提供できると考え，構想を描いた．当初は社内でも反対を受けたものの，計画を練り上げ，社内を説得し，1976年に事業を開始した．

郵便小包の場合，届くまでに3〜5日を要し，料金体系は複雑で，荷物を郵便局に持ち込まなければならなかった．これに対し，ヤマト運輸が始めた宅配便は，翌日には届けられ，値段は手頃で，料金体系はシンプルであった．電話で注文すれば引き取りにきてもらえて，近所の取次店に持参すれば割引された．取り扱い地域は，関東地域を中心にスタートして，全国を目指して拡大した．

これだけのサービスを実現するためにヤマト運輸が新たに構築したのが，「ハブ・アンド・スコープ方式」と呼ばれる階層化された広域の輸送ネットワークであった．引き受けた荷物はまず小型のトラックで荷受け拠点「デポ」に集め，そこからデポを経由して地域の集荷営業拠点「センター」に集約し，同一地域内向けはそこから配送される．他地域向けは，さらに複数のセンターを集約する「ベース」に運ばれ，仕向地別に仕分けられ，当該目的地域のベースまで大型トラックを使って長距離を輸送し，各地のセンター，デポを経由して届け先に配達する．顧客が持ち込む取次店は，引き受けた荷物に応じて手数料が得られるようにして，酒屋，米屋などを募って各地に配備した．

カバーする地域で個々の集配と配送を担当するトラックの運転手は新たな訓練を受けた者が配された．大口の商業貨物の運転手であれば，事前に営業部門が受けた貨物の輸送業務に専念すればよい．しかし宅配便の運転手は，不特定多数の顧客にその都度直接接しながら，集配・配送だけではなく，集金，営業，新規取次店の勧誘・指導，顧客情報の収集とサービスの改善など，多様に非定期な業務をこなさなくてはならない．その能力が商品の質と効率，事業の成否を左右することから，運転手を「セールスドライバー（SD）」と呼び，外注を使わず，正社員を当て，その採用，育成に力を入れた．

事業開始後，ドライバー，トラック，施設などの整備に多大なコストがかか

る一方，受注量は限られ，赤字が続いた．だが，軌道に乗るまで赤字が続くことは予め想定されていた．利益よりもサービスの向上を優先し，トラックの増車，ドライバーの増員，取り扱い地域の拡大を続け，需要の拡大に傾注した．次第に郵便局のサービスにはない魅力が広く認められ，注文は拡大し，とうとう 5 年が経過した 1980 年にフローベースで黒字化を達成した．

これは同業他社にとって衝撃的なできごとであった．個人向け市場が利益を生むことを知るや否や，それまで儲かるはずがないと静観していた企業の多くが，「宅急便」を真似して宅配便事業を始めた．その数は 35 社に達した．ヤマト運輸の「クロネコ」に対抗して，多くは動物のマークをつけることまで模倣した．赤イヌ，小グマ，ライオン，ゾウ，キリンといった具合で，さしずめ「動物合戦」とでもいうべき状態になった．

利益が出たとたんに激しい競争にさらされたヤマト運輸はしかし，サービスの向上，新たな商品の追加(クール宅急便，時間指定など)，取り扱い地域の拡大，専用の車両(ウォークスルー車)の開発・投入など，矢継ぎ早に新たな手を打ちながら，トップの座をその後も保ち続けた．この間，取り扱い地域の拡大や新商品の投入に際して運輸省(当時)の認可が下りないことが障壁になることもあったが，行政訴訟など大胆な手段も用いながら，突破した．

サービスの良さで需要を拡大し，生み出した利益を設備，トラック，ドライバーのさらなる拡充や新たなサービスの開発に費やし，それがまた需要の拡大につながる．需要の拡大によりトラックの密度は高まり，限られた地域を担当し，地域と住人の特徴を熟知した SD によるきめ細かく，効率的なサービスが可能になる．好業績によって資金調達が効率化し，積極的で迅速な投資拡大を支える．従業員一人一人が自律的な判断で業務を進められるよう，全員経営を標榜し，組合との連携も深め，さらに好調な業績に支えられた処遇の改善もあって，SD を含めた従業員の士気は高まり，サービスの質と効率がさらに高まる．——こうした一連の好循環がヤマト運輸の成長，発展を牽引し，ライバルのキャッチアップを困難にした．個人向け市場は，その後のインターネット販売の普及がさらなる追い風となって拡大を続けた．急すぎる成長による歪みから事業や経営のあり方の見直しを迫られる事態も生じたが，宅配便サービスの創造と発展を牽引してきたヤマト運輸は，日本社会に欠かせないインフラを支

える企業として成長を続けている.

　宅急便サービスを開始した1976年度のヤマト運輸は従業員5600人,売上高395億円,経常利益6.9億円,総資産232億円であったが,1995年度には従業員6.1万人,売上高6555億円,経常利益261億円,総資産5223億円となった.宅急便の取扱量は,初日が11個,初年度年間170万個であったものが,1995年度には6.4億個まで拡大し,2018年度には他社も含めた市場全体で,年間約43億個,一日平均約1180万個となり,この内,ヤマト運輸は4割強のシェアを占め,年間約18億個,一日平均約490万個を取り扱うまでになっている(前掲表1-1(b)).

二つの事例,企業経営

　二つの事例は,業界も,国も,時代も違うが,成功の大きさにおいて共通するものがある.顕著な成功の前に深刻な危機があり,危機からの脱却を経て成功に至ったという点においても共通している.どちらのケースも,基本的には同じ従業員が働き,同じ事業(自動車製造業,貨物運搬業)を行っていた企業が,危機的な状況から画期的な成功へと転じている.

　この転換とその後の成功を可能にしたのが,経営である.危機に陥ったのも経営に原因がある.その後,両社とも新たな危機や困難に遭遇しているが,それもまた経営に起因している.危機も成功も,経営の結果である.

　経営は直接観察することはできない.見えないし,さわれない.しかし大きな違いをもたらす,確かに存在する実質的なものである.優れた成果を生み出すための,あるいは困難や危機から脱却していくための,企業経営に関わる人々の営み,工夫,努力,仕組み,さらにはその背後にある価値観,知識,感情の総体として,経営がある.そういう,目には見えないがとても重要な経営について,どのように理解し,どのように考えたらよいのか.以下,章を重ねながら,述べていくことにしよう.

第2章　企業経営とは

企業経営とは——四つの側面と成果／企業経営の課題／本書の構成

1. 企業経営とは——四つの側面と成果

　企業経営とはどのような営みなのか，どのような成果を目指すものなのか，どのように成り立つものなのか．企業経営について論じていく出発点として，これらの問題からとりかかることにしよう．

　企業経営とは，企業が，人々が協働する組織として営利を目的に事業を行い，作った商品を顧客に買ってもらうことで利益を生み出し，社会における役割と責任を果たしていくものである．これをもう少し解きほぐすならば，企業経営とは，大きく，次の四つの側面から構成されるものとしてとらえることができる（図2-1）．

　第一に，商品を生み出し，顧客に買ってもらうことで利益を得る「価値の創造」という側面．第二に，人々が協力して働き，組織として仕事を進めていく「人々の協働」という側面．第三に，資金を投じ，それを上回るリターンを生

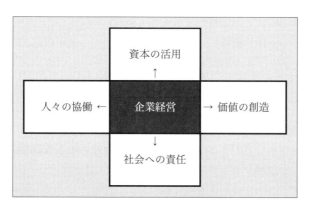

図2-1　企業経営の四つの側面

み出していく「資本の活用」という側面．そして第四に，社会の中での中核的機関としての責任を果たしていく「社会への責任」という側面である．一つ一つ，順番にみていこう．

価値の創造（事業のマネジメント）

企業は営利を目的として事業（ビジネス）を行う．営利事業とは，商品を作り，それを顧客に買ってもらい，利益を得る営みであり，企業は事業で利益をあげ続けることで存続する．

商品とは，自動車，電子レンジ，パソコン，スーツ，ピザといった製品であれ，あるいは宅配，金融，旅行，労働派遣，流通，通信といったサービスであれ，何らかの便益を何らかの価格で提供するものである．その便益を求め，その便益を得るためにその価格を払ってもいいと考える顧客――ちょうど，第1章の冒頭で登場した会社員やその勤め先の企業のような――がいれば，買ってもらえる．企業がそのような商品を作り，買ってもらうためには，必要な資源（ヒト，モノ，カネ，情報など）と活動のために費用を投じなければならないが，顧客に選ばれ，買ってもらって得た収益が資源・活動に投じた費用を上回れば，企業は利益を得る．

この，買ってもらって利益が出ている状態を「経済価値（以下，価値）が創造されている」と表現する．これは，顧客と企業の双方において価値が創造されていることを指す．顧客は払ってもよいと思える価格で求めている便益を手に入れる．企業は設定した価格で求められる便益を提供することで利益を得る．

企業は，事業に取り組み，顧客と自社にとっての価値を創造し続けなくてはならない．これが，企業経営が成し遂げなくてはならない第一の成果であり，その実現を目指す「事業のマネジメント」が企業経営の第一の側面となる．

人々の協働（組織のマネジメント）

企業は働き手がいることによって成り立ち，事業による価値の創造は働く人々が組織として協働することによって可能になる．

組織とは，個人では成しえない成果，あるいは単なる個人の集まりでも実現困難な成果を，人々が協働して生み出すための仕組みである．人々がお互いに

協力しながら様々な仕事を分担して熱心に取り組み，それらが相互に連携され，その全体が一つの組織として活動を行うことで，目指す成果が生み出される．

　それはまた，働く人々が意欲を抱き，意味を見出せるような仕事，働き方，職場を作り出すためのものとなる．人は生活の糧を得るために働く．だが，人が働くのはそのためだけではない．人は「パンのみに生きるにあらず」，仕事に働きがい——集団への帰属感，他者からの認知や尊厳の獲得，親密な人間関係，同僚や上司への共感，自己実現や成長の機会など——を求めて働く．これらの期待に組織が応えることで，人々の協働を促し，誘うことが可能になる．

　企業は，目指す成果の実現に向けて人々が協働する仕組みを整え，働き手がやる気，やりがいを感じながら働ける機会を生み続けなければならない．これが，企業が成し遂げなくてはならない第二の成果であり，その実現を目指す「組織のマネジメント」が企業経営の第二の側面となる．

資本の活用（資本のマネジメント）

　企業は資本を集め，事業のための資源と活動に投じ，利益を得て，投じた資本を上回るリターンを生み出していく．

　事業を行うには，元手となる資本が必要である．企業は出資により成立し，出資者によって所有される．株主，債権者など資本を提供する投資家は，企業が資本を事業に投じて効率的に活用し，利益を生み，利息，配当，株価の上昇などを通じてより大きなリターンとなって戻ってくるという期待に基づいて，資本を提供する．企業はこの期待に応え続けることによって必要な資本を確保し，存続することが可能になる．

　鳥瞰すれば，資本主義社会とは，この期待に応える企業に資源を配分し，経済活動を担わせる仕組みである．資本の効率的な活用はどの組織であれ大切だが，企業のように，常に，短期に，厳しく，資本の効率的活用を求められる組織は他にない．

　企業は，集めた資本を事業に投じて効率的に活用し，元手を上回るリターンを生み出し，投資家の期待に応え続けなくてはならない．これが，企業が成し遂げなくてはならない第三の成果であり，その実現を目指す「資本のマネジメント」が企業経営の第三の側面となる．

社会への責任（社会的責任のマネジメント）

以上の三つ——顧客と自社に向けて価値を創造し，働き手に向けて意欲を抱き，意味を見出せる協働の機会と仕組みを整え，投資家に向けて提供された資本を上回るリターンを返す——が，企業経営の基本的な側面になる．顧客，働き手，投資家に向けてこれらの務めを果たすことで，企業は企業として成り立ち，存続する．

だが，企業にはもう一つ重要な務めがある．企業が社会と市民に対して負っている責任を果たすことである．

現代の社会において重要な役割を担い，大きな影響力を持つ企業として，法律やルールの遵守は当然のこととして，倫理，社会的公正に基づいて経営することが求められる．基本的人権の尊重，地域や国の経済社会の持続可能な発展，自然環境の保持に対して，責任を果たさなくてはならない．それは，顧客，働き手，投資家という直接の利害関係者を超えて，より広く社会の様々な利害関係者に向けての責任となる．海外で事業活動を行う企業になれば，責任は国際的な範囲に及ぶ．その責任を担うことで，企業は社会でその存在意義が認められ，存続できる．企業がその責任を怠れば，社会は損なわれる．社会の維持，発展なくして，企業の存続はありえない．

企業は，資本主義社会の中核的役割を担う機関として，法令規則を遵守する責務，社会，市民，自然環境を損なわない責任，経済社会の持続的な発展に寄与する責任を果たさなくてはならない．これが，企業が成し遂げなくてはならない第四の成果であり，その実現を目指す「社会的責任のマネジメント」が企業経営の第四の側面となる．

2. 企業経営の課題

企業経営は以上の四つの側面から成る．それぞれの側面に取り組み，求められる成果を生み続けることで企業は成り立つ．四つの側面，成果は，どれもおろそかにはできない．商品が売れなければ，働き手が意欲を失えば，投じた資本がリターンを生まなければ，社会に対して責任を果たさなければ，経営は傾

き，苦しくなる．例えば，こんな具合に．

B社はゲームソフト製作会社だが，最近は若者の好みの変化にあわせた商
品が出せずに苦戦が続いている．新興のゲームソフト会社が次々に新しい
タイプのゲームを売り出しているので，なおさら状況は厳しい．大手の販
売店からは，仕入れる商品を絞りたいといわれ，また仕入れを続ける商品
も，販売テコ入れのために仕入れ値を下げるよう要請がきている(第一の側
面)．

営業部門も開発部門もノルマが厳しくなって残業が増えているわりに，業
績に連動しているボーナスは減って，社員の士気は下がっている．過去に
ヒットしたゲームの改良版など無難なソフトを出すことが優先され，一部
の開発者はやりがいが感じられなくなっている．優秀な人材が他の会社に
移り始め，とくにこれまで開発の現場を引っ張ってきたリーダーの一人が
新興のライバル会社に引き抜かれ，若手の間では動揺が広がっている．開
発部門と営業部門は，販売不振の責任をお互いに押し付け合って，関係が
ぎくしゃくし始めている．会議を開いても責任をなすりつける発言が続き，
殺伐とした空気が流れ，建設的な議論にならない(第二の側面)．

前期の決算では，売上も利益も前年割れとなった．株価は年初来の最安値
を更新しており，このままでは次の株主総会が荒れるのは必至だ．大手の
機関投資家や融資を積みましてもらっている主力銀行からは，人員削減な
どコスト削減策を早急に打ち出すようプレッシャーが強まっている．一方
で最近外部から招いた社外取締役からは，短期の業績より長期の業績を重
視して，開発投資を拡充すべきだといわれている(第三の側面)．

満を持して売り出した新作のゲームは内容が過激で，販売はひとまず好調
だが，子供に悪影響を及ぼすとの批判が寄せられている．さらに，このゲー
ムは別の企業のヒット商品を真似ているとして，著作権法違反で訴えら

　かつて GM やヤマト運輸の経営が苦しくなったように，B 社の経営も苦しくなっている．B 社はそれぞれの側面でよりよい成果を出すよう努力を尽くさなくてはならない．うまくいけば，かつての GM やヤマト運輸が経営を建て直したように，B 社も経営を建て直せるだろう——あれほどの成功を収めるのは難しいかもしれないが．うまくいかなければ，経営はさらに苦しくなる．四つの側面のいずれか，あるいは幾つかにおいて求められる成果が出せない状態が続けば，やがて倒産に追い込まれるかもしれない．たくさんの企業がそのようにして倒産していった[1]．

　ちなみに，日本では，景気の変動などによる増減があるが，過去 10 年でみれば，休廃業・解散した企業は年間 3 万社弱，倒産した企業は 1 万社弱で推移している．また，事業所・企業の廃業率（前年に存在していた事業所・企業の内，存在しなくなったものの比率）は 3〜4% で推移している[2]．

企業経営の難しさ

　四つの側面で成果を出し続けることはなぜ難しいのか．

1）　倒産とは，明確な定義があるわけではないが，一般に企業の経営が行き詰まり，債務不履行の状態に陥ることをいう．倒産とはつまり財務的な破綻を指すわけだが，四つの側面のいずれか，あるいはいくつかにおいて必要な成果を出せない事態に陥ることが原因となり，その結果が財務的な破綻として表出するのである．業績不振により損失が拡大し，在庫や資産の処分，緊急の借入れなどでしのぐことも限界に達し，「支払不能」や拡大する債務総額が資産総額を超える「債務超過」となる．自社を吸収，合併などで救済してくれる企業が現れるケースもあるが，それもかなわない場合，倒産もしくは倒産に瀕した状態に対処するための手続きへと向かう．経営者，株主，債権者，弁護士などが集まって処理を決める「私的整理」か，裁判所が介入して処理を決める「法的整理」のいずれかの手続きを経て，「清算」か「再建」か，どちらかの方法がとられる．再建であれば経営のあり方を大きく見直した上で企業の存続が試みられる（法的整理の場合には，民事再生もしくは会社更生）が，清算であれば企業は消滅する（法的整理の場合には，破産もしくは特別清算）．

まず，それぞれの側面で成果をあげること自体が難しい．価値を創造するには，自由な意思を持つ顧客に，利益が出る価格で商品を買ってもらわなければならない．利益を生む商品には競争相手があり，その競争をしのいで，顧客に選ばれなければならない．さらに商品を作り，買ってもらうためには，他の企業の協力を必要とする．それらの企業も利益を出せるよう，例えば，原材料メーカーであれば仕入れ価格を高く，小売企業であれば納入価格を安くするよう求めてくる．これが自社の利益確保をさらに難しくする．

人々に熱心に働いてもらい，その仕事がよどみなく進んでいくようにすることも容易ではない．働き手は多くのことを企業に求める．高い給料，やりがいのある仕事，少ない残業と多くの休暇，ストレスのない業務，魅力的な職場環境，好ましい人間関係．求めているものを企業が提供できなければ，意欲はそがれる．ボーナスがカットされ，昇進の機会が減り，後ろ向きの仕事が増えれば，士気の低下はさけられない．やめていく人もでてくる．限られた昇進の機会を求めて，人々が競い合い，足を引っ張り合うようなこともでてくる．さらに，それぞれの人は，異なる目的，価値観，利害を持ちながら働いている．できるだけ楽に働きたいと考える人がいる一方で，やりがいのある仕事に情熱を傾けたいと考える人がいる．早く別の会社に移りたいと考えながら仕事をしている人がいる．多様で利害を異とする人々の協働を促していくことは容易ではない．大きな組織になれば，コミュニケーションは難しくなり，調整は複雑になる．それぞれの部門がよかれと思うことが，相互に矛盾し，利害の対立が感情的なわだかまりにまで発展することもある．

少しでも多くのリターンを求め，短期での配当増や株価上昇を強く望む株主や，融資の着実な返済を厳しく求めてくる金融機関の要求に応え続けるのも難しい．株価の低迷が続けば，敵対的な買収を仕掛けられるおそれも高まる．

社会には様々な関係者がおり，それぞれが求めるものは多様である．その全

---

2) いずれも中小企業庁編『中小企業白書』(2019年版)による．なお，同白書の2006年版には創業後10年後に生存している企業は4割程度，2011年版によれば7割程度という調査結果が示されている．調査年度の違いに加え，対象とする企業の種類やデータの出所が異なるため(後者のデータの方が規模の大きな企業を対象にしている)，二つの結果に大きな違いがある．企業の生存率についての確たる資料はないが，創業から10年以上存続することが容易ではないことはわかるだろう．

てに正しく応え，責任を果たすことは困難である．法律や規則で定められている以上の努力を続けること，営利事業を本務とする企業の守備範囲を超えた課題に取り組むことは，容易ではない．

　先ほどのゲーム企業B社の例でいえば，第一の側面では，好みが刻々と移ろう顧客に翻弄され，新興の競争相手の攻勢や小売店からの圧力に苦しみ，第二の側面では従業員の士気の低下や不満，あるいは不振の責任を押し付け合う部門間の関係悪化に苦慮している．第三の側面では株主，金融機関からの要請に苦悶し，そして第四の側面では一部の人々から倫理的批判を受け，あるいは内部の違法行為の疑いなどによって苦境に立たされている．

　四つの側面の全てにおいて成果を出すことが難しいのは，このように各々の側面に難しさがあるからだけではない．四つの側面の間に相互に相反する力が作用することがさらに困難を増幅させる．ある側面で成果を出そうとすることによって別の側面での成果が損なわれてしまう時，それぞれの側面で個別に成果をあげることに専念するだけでは問題は解決しない．

　B社が，競争が激化する中で値下げをすれば，仕入れ先は満足し，売上は確保できるかもしれないが，利益の低下は株主の不満を増幅し，利益に連動して目減りするボーナスは従業員を失望させる．売上回復を狙って，他社の人気ソフトに追随して，過激なゲームの開発を続ければ，倫理的批判が高まるおそれがある．そうした姿勢をいやがる社員も少なくない．利益の回復を急いで給与カットや人員削減をすれば，金融機関の納得や株価市場の好感を得ることはできても，従業員の士気の一層の低下は避けられず，人材流出の勢いは加速し，優秀な人材の採用も難しくなる．

　企業経営には，さらにもう一つ，四つの側面の全てにおいて成果を出し続けなくてはならないという難しさがある．企業は永続して事業を行う継続事業体（ゴーイングコンサーン：going concern）であることを前提としている．人々は，その企業が永続することを期待し，前提にして，商品を買い，就業し，資本を投じる．

　短期に成果をあげるだけであれば，ひとまずの打開策はあるだろう．過激なゲームを売り出し，人を削減し，開発投資を抑制すれば，B社の当面の業績は改善するかもしれない．だが，長く存続しなければならないとすると，それだ

けでは済まなくなる．優秀な従業員の流出，過激なゲームを嫌う顧客の離反，社会的イメージの凋落などによって，中長期的なダメージはかえって大きくなるおそれがある．だからといって，先のことを優先して足元の低迷を放置しておける余裕はない．販売店，金融機関からの要求は待ったなしだ．

　B 社は前からこうだったわけではない．かつては優れた成果を生み出していた企業であった．創業者のリーダーシップの下，技術革新の波に乗って斬新なゲームを次々と売り出し，社員は誇りを持って働いていた．業績も上り調子であった．上場した際には，株価は高値で推移し，早くから融資をしてくれた主力銀行との関係も友好的であった．利益の一部は，アニメに関わる文化活動や養護施設を支援するための寄付金として使われ，社会的な評価も高まった．そういう会社の姿勢に憧れて入ってきた若くて優秀な人材もいた．

　だが，外部の状況が変わり，あるいは内部が変容していったことにより，四つの側面のそれぞれで問題を抱えるようになった．競争が激しくなり，ゲームソフトの主戦場が据え置き型からスマートフォン上のオンライン型に移行するにつれて，商品が売れなくなった．組織が大きくなるにつれて，規則が増え，保守化が進み，組織としての一体感や躍動感が希薄になり，新たなことへ挑戦する動きも鈍った．上場の結果，業績が好調な時には良かったが，不調が続くにつれ株価の下落が目立ち，株主総会での追及は容赦ないものとなった．成長に期待して株主に加わった海外の機関投資家からの業績回復への圧力や経営方針への異議は激しいものとなった．業界を代表する企業として注目を浴びるようになった分，社会からはより大きな責任を問われるようになり，他にも過激な内容のゲームを出している企業がいる中，批判の矢面に立たされている．

企業経営が目指すもの

　それぞれの側面で成果を出すこと自体が難しい上に，ある側面で成果を出そうとすることが別の側面での成果を損なってしまうという難しさがあり，成果を長く出し続けることにはさらなる難しさがある．これらの難しさが企業を苦境に追い込む．

　だが，企業はこれらの難しさを乗り越え，必要な成果を出し続けなければならない．そのためにこそあるのが，企業経営である．

多くの企業が倒産，解散しているのも事実だが，長く存続する企業が多く存在することもまた事実である．金剛組，住友の企業のように長く続く例は珍しいとしても，多くの企業が長く存続し，発展を続けている．前章で，日本で200年以上の歴史を持つ企業のことを述べたが，100年以上の歴史を持つ企業となれば，全体で約3万社あり，上場会社の中でも約600社を数えている．それは四つの側面で成果を出し続けているからに他ならない．企業経営とはそれを可能にするためにあるのだ．

日本の企業経営ではよく，近江商人の「三方よし」という考え方が語られる．これは，江戸時代に日本各地で活躍した近江（現在の滋賀県）の商人達が商売の心得としたもので，「買い手」，「売り手」，「世間」の三方に対して役に立つことを商売の基本として大切にすることを説いている．四と三で，数は一致しないが，広く異なる関係者へ貢献することで経営が成り立つという意味では同じことをいっている．

四つの側面で成果をあげているということは，四つの異なる関係者——顧客，働き手，投資家，そして社会——に対して，期待される成果，求められる成果を生み続け，そのことによって存続できることを意味している．

この，可能ではあるが難しい，難しいが可能であり，大切な価値を持つ四つの成果を生み続けることが，企業経営が目指すものとなる．

これを成し遂げるための鍵は，逆説的だが，四つの側面のそれぞれ，そして全体として成果を出し続けることの難しさ自体にある．簡単にはできないからこそ，それをうまく行うことによって優れた成果を生み出せるのだとすれば，難しさは経営不振や破綻の原因になる一方で，成功のための方策を見出し，創造していくための焦点となる．企業経営の難しさをよく理解し，乗り越えていくための構想・手段・工夫・努力を結集することに，企業経営の要諦がある．

3. 本書の構成

以下，このテキストは，ここまで述べてきた，企業経営は四つの側面から構成されるという捉え方を基本にして，議論を進めていく．

企業は，どのようにすれば四つの側面のそれぞれにおいて，そしてその全体

において，自らが目指し，そして顧客，働き手，投資家，社会から求められる成果を生み続けることができるか．そこにはどのような難しさがあり，それらを乗り越えて成果を生み続けるためには，何をどのように考えればよいか——本書は，これらのことについて経営学が明らかにしてきたことを概説していく．

　全体は五つのパートから構成される（図2-2）．前章と本章から成る第I部に続き，第II部から第IV部にかけて四つの側面のそれぞれについて述べ，第V部で企業経営の全体について述べる．

　この内，第II部は第一の側面（価値を創造する事業のマネジメント）について（第3〜6章），第III部は第二の側面（人々の協働体を構築・運営する組織のマネジメント）について述べるパートとなる（第7〜10章）．第IV部は，第三の側面（資本を効率的に活用する資本のマネジメント）（第11, 12章）と第四の側面（社会への責任を担う社会的責任のマネジメント）について述べるパートとなる（第13章）．別のいい方をすれば，第II部が顧客へ向けての企業経営，第III部が働き手へ向けての企業経営，第IV部が投資家と社会・市民——合わせれば，資本主義社会——へ向けての企業経営を論じるものとなる．

　最後の第V部（第14章）では，以上の三つのパートの議論を踏まえて，企業経営の全体像を示す．四つの側面の全てにおいて成果を生み続けるための全体と動態のマネジメントについて述べた上で，優れた企業経営のあり方とその意味を論じて本書の議論を結ぶ．

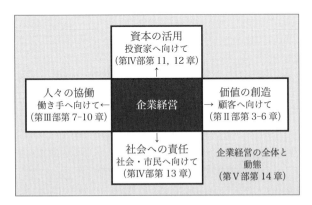

図 2-2　本書の構成

第Ⅴ部には，もう一つ，経営学への案内を付す．本書は，経営学が明らか
にしてきたことに基づいて書かれており，経営学を学び続けるための出発点と
なることを目指して書かれている．その経営学とはどのような学問なのか，経
営学を学ぶことは実践においてどのような意味を持つのか，そしてどのように
学んでいけばよいのかについて述べ，終章とする．

事業のマネジメント
顧客へ向けて

　企業は事業(ビジネス)を行うことを本務とする．事業とは，売っている商品を顧客に買ってもらって利益を獲得することを目指す営みである．その成否は，顧客が求め，なおかつ企業が目指す利益を確保できるだけの価値を創造できるかどうかで決まる．

　企業が事業において価値を創造し，目指す成果をあげるには，そのための基本的な構想を描き，実行しなくてはならない——そもそもどのような企業でありたいか，どのような事業を行うか．その事業において，どのような商品によって，どのような顧客に向けて，どのような価値を，どのような仕組みで創造するか．どのようにして競争相手を凌ぎ，顧客に選ばれるようにするか．

　第II部では，顧客へ向けて価値を創造するための事業のマネジメントという観点を中心におきながら，企業が事業で成果をあげるためには何をどのように考える必要があるかをみていく．第2章で示した企業経営の四つの側面の内，第一の側面について論じるパートとなる．

第3章　事業の目的と成果

企業の目的，事業の定義／事業の成果——価値の創造と獲得／
顧客にとっての価値／事業のための基本構想——経営戦略

1. 企業の目的，事業の定義

企業が事業で成果をあげるためには，まず，その前提，出発点として，どのような企業でありたいか，どのような事業を行うかを定めなくてはならない．簡単にいえば，企業の目的である．

企業は定款で事業目的を定めている．定款とは，法律上，企業を設立する際に定めるもので，その中でどのような事業を行うことを目的とするかを具体的に記さなければならない．例えば，食料品類の販売業，家具類の製造業というように．事業の内容が変わったり，加わったりすれば，定款に記載する目的も変更・追加される．

また，企業は営利を目的としており，よくいわれるように，その最大化こそが企業が目指すものであるととらえることもできる．経済学ではしばしばそのような前提に基づいて企業の行動や市場のメカニズムについて分析が行われる．

しかし，定款に記された事業内容も利益も，ともに企業の目的であることに間違いはないが，目的のとらえ方としては一面的である．企業の目的はより多面的にとらえ，定めることが可能であり，大切になる．いくつかの重要な論点がある．

使命，理念，定義

一つには，企業として，自らのあるべき姿，目指すべき姿，重視すべき価値観などを定めることが大切になる．いわば，企業としての「志(こころざし)」である．

優れた経営成果を生み出している企業は，おしなべて明瞭で独自の使命(mission)，将来像(vision)，理念(value)などを定めているといわれている．イ

ギリスの小売企業として大きな成功を収めたマークス＆スペンサーは，自社の使命を「イギリスの勤労階級に対して，上流階級の品物をより優れた品質で彼らにも手が出せる価格で提供することによって，イギリスの階級社会を打破すること」であると定めた．絆創膏などで有名な米国のジョンソン＆ジョンソンは，自らの理念を「我が信条(credo)」としてまとめ，その中で医師，看護師，母親など商品を使用する人々，自社の工場や事務所などで働く人々，地域社会や環境に対して責任を負うことなどが謳われている．

卓越した業績を長く続ける企業を分析したジム・コリンズらの研究によれば，その鍵は長く経営の基礎となる基本理念を定めることにあるという (Collins and Porras 1994)．組織のリーダーの役割を論じたフィリップ・セルズニックの古典的研究は，使命や理念などを設定し，基礎となる価値観を組織に浸透させることこそ経営者の最も重要な仕事であると述べている (Selznick 1957)．目指す山頂があることで苦しい山登りが続けられるように，目指す使命や理念があることで困難な企業経営の努力が導かれ，継続される．使命や理念は企業，事業の基本的なあり方を導くとともに，第 III 部以降で述べるように，企業としてのアイデンティティを確立し，組織内の人々を束ねる組織文化の核となり，さらには企業経営全体の判断の拠り所ともなりうる．

使命や理念を基礎にしつつ，企業はさらにどのような事業を行うかを定めなくてはならない．前述の通り，企業が携わる業種は定款に記載されている．だが，ここでいう，どのような事業を行うかという問題は，そうした定款の記述を超えて多様な角度からの検討を要するものである．

とくに重要とされているのが，「事業の定義」とか「ドメインの設定」といわれる問題である．前者では，その重要性を指摘したピーター・ドラッカーによれば，「われわれの事業は何か」，「われわれの事業は何になるか」，「われわれの事業は何になるべきか」が問われる (Drucker 1973)．後者では，「企業としてあるいは事業としてどのような活動領域を担うか」，「どのような顧客に向けて，どのような価値を創造するか」，「そのためにどのような機能を担っていくか」が問われる．

いずれも，企業であれば当然決めてあるはずのシンプルな問題，当たり前の問いにきこえるかもしれない．だが，事業のマネジメントの出発点となる重要

な問いであり，この問いにどのように答えるかで，時として決定的な違いがうまれる．

　有名な例を二つ紹介しよう．一つ目の例は米国の通信企業の AT&T である．グラハム・ベルの電話の発明を機に創設された同社は，やがて米国の独占的な電話会社として大きな成功を収めたが，これは，単一の電話通信システムによって全米の人々が誰とでも通話できる「ユニバーサル・サービス」こそ自社の事業であると定義したからであるとされている．この定義は，AT&T の社長で中興の祖といわれるセオドア・ヴェイルが熟慮を重ねて決したものであり，この観点から米国社会に対して自社の意義を訴え，経営のあり方を導いたことが同社の発展を牽引した．後に AT&T が創設した研究開発部門であるベル研究所はトランジスターの発明を初めとして多くの技術革新を生み出し，ノーベル賞受賞者も多数輩出したが，その源にもこの定義があった．

　もう一つの例は米国の鉄道会社である．こちらは事業ドメインの設定の仕方が企業の発展を妨げた例となる．米国の鉄道会社は19世紀半ば以降進展した大企業の時代を先導し，大きな成功を収めた（第1章）が，その後，モータリゼーションが進む中で時代の流れから取り残されてしまった．これは，自社の事業を鉄道業，つまり鉄道を敷いてその上を乗客や貨車を載せた列車を走らせることを自社の事業ととらえてしまったために起きたことであり，もしより本質的に「輸送サービス」が自社の事業ドメインであるととらえていれば，別の可能性があっただろうと指摘されている（Levitt 1960）．

　企業の使命，理念，事業の定義，ドメインは最初から明確に定まっているとは限らない．企業が事業を進めていく中で事後的に確立されることもある．松下電器産業を創業し，日本を代表する企業の一つに発展させた松下幸之助は，自社の経営理念，使命を定めたことの重要性を強調し，その年を「創業命知第一年」と名付けた．だがそれは創業から13年後のことであった．

　一旦定めたものが長期にわたって通用するとは限らない．環境の激変や経営危機に直面して，あるいは自らの発展成長にともなって，見直し，転換していくことがある．アマゾンは，目指す姿を当初の世界最大のオンライン書店となることから世界最大のオンラインストアへと変更した．先ほどの米国の鉄道会社の失敗は，当初のドメインが拙かったというよりは必要な見直しを怠ったた

めだったととらえることもできる[1].

　かといって，頻繁に見直すようでは，経営を牽引するものとしての重みを欠いてしまう．とくに，基本となる理念や使命は長く維持することが重要となる(Collins and Porras 1994)．松下電器産業は，2000年から大きな経営改革を実行したが，その時も約70年前に松下幸之助が定めた経営理念は保持され，むしろ改革の基準，羅針盤となったという(田中 2007)．必要に応じて見直すべきものは見直しつつ，長きにわたって通用する独自の基本的な理念を持つことが大切となる．

目標

　企業にはさらに具体的な目標が必要となる．目的や使命，理念はもちろんのこと，定義やドメインも抽象的な概念で表現されており——そうでなければ長きにわたって企業の発展を牽引していくことは難しい——具体的な方策や行動を導き促すためには，より具体的な目標を設定しなければならない．殊に目指す方向に向かってどの程度前進しているかを客観的に確認できるような基準が望ましい．

　これも様々な設定の仕方がありえる．多くの企業が目標として掲げるのが収益，利益の水準である．例えば，五年後に売上高2000億円，総資産利益率5％を目指す，といった具合に．目指す規模や成長のテンポ，業界におけるシェア(市場占有率)や地位，新商品の比率や海外での売上高の比率などを目標として設定するケースもある．

　目標に欠かせない項目であり，企業の最も基本的な目的とされる利益については注意深く理解する必要がある．「営利企業」と呼ばれる通り，企業をその他の組織から区別する最も顕著な特徴は利益を得ることを目的としている点にある．だが，利益それ自体は全ての企業に共通の目的である．目的としてはごく単純で抽象的なものであり——実は，後に論じる通り，それが利益という目

---

1)　自動車産業で同じ問題がおきるかもしれない．人々が所有・運転する自動車を製造・販売することがドメインなのか，モビリティのサービスを提供するのがドメインなのか．かつての鉄道企業がそうであったように，自らの事業をどう定義するかによって，自動車産業における経営の成否が大きく左右されることになるかもしれない．

的の「強み」なのだが——それだけからどのような事業をどのように行うか，企業をどのように経営するかを具体的に導き出すことはできない．利益とは，目的というより，手段，条件，結果であるという捉え方もできる．

　利益は企業の目的にとって切っても切り離せないものだが，その位置づけや意味については後の第IV部，第V部で改めて論じることとしたい．ここではさしあたり，利益という目的，目標は多面的な検討を要する問題であることだけ記しておこう．

2. 事業の成果——価値の創造と獲得

　目的，定義，目標のあり方は多様であるが，どのような目的であれ，どのように定義されたものであれ，そしてどのような目標を目指すのであれ，事業であるからには，それはただ一つの成果をあげることによってしか実現しえない．売っている商品を顧客に買ってもらって，得られた収益が投じた費用(例えば，人件費，設備投資，原材料費，広告宣伝費，金利など)を上回って利益を得るという成果である．

　前章ですでに述べた通り，これを「価値の創造」と呼ぶ．顧客にとっては欲しいと思う商品を買うことができ，同時に企業にとってはその商品が売れることで利益が得られる，という意味で価値が創造されていることを指す．価値が創造されている時，それは，顧客が求めるものをその費用を上回る価格で提供していることになる[2]．事業とは，費用を投入した資源と活動をより大きな価値に転換する営みなのである．

　企業の目的も目標も，個々の顧客に対して一つ一つの商品で価値を創造することを積み重ね，継続してはじめて達成できる．それ以外に方法はない．この

---

2)　類似の概念に「付加価値」がある．これは，外部から投入したものに価値を付加して商品として供給していくという意味で，売上から原価(外部に支払った費用)を差し引いた金額で定義され，主として内部で費やした人件費と利益などから構成される．本書でいう「価値の創造」はこの「付加価値」に近いものだが，顧客にとって価値が創造されている(払ってもよいと思える価格で求める便益が得られる)こと，そして企業内部で費やした費用(人件費など)も含めた上でなお，その費用を上回る収益を得ていること，つまり利益が生み出されていることを合わせて，「価値の創造」と呼ぶ．

成果を達成できなければ事業は成り立たず，企業は存続しえない．

　この企業経営の生命線となる，価値の創造はどうすれば可能になるのか．これが事業のマネジメントの根本問題となる．

　企業が価値を創造しようとする時，そこには三つの難しさがある．第一に，価値が創造されるかどうかは顧客が決める．買うか買わないかを決めるのは顧客であり，その判断は，その商品が提供する便益を欲するかどうか，そしてその商品が(その便益を得るためであれば)払ってもよいと思える——これを英語で"willing to pay"という——価格(顧客にとっての費用)以下で売られているかどうかで決まる．このような自由意志と主観を持った顧客に買ってもらえるかどうか，ここに価値創造の第一の難しさがある．

　第二に，競争相手がいる．利益が得られる商品である限り，競争は避けられない．砂糖に群がるアリのように，利益があるところには企業が集まってくる．群がるアリ同士の競争に勝ち抜いた企業だけが価値(利益)を獲得する．

　その行方を決定するのは，やはり顧客である．顧客は，同種の価値を提供してくれる複数の企業の商品の中から特定の商品を選び，購入する．顧客が選ぶのは，便益，費用(価格の安さ)で優る商品，つまり顧客にとって最良の価値を創造してくれる商品である．顧客は常により優れた価値を求め，少しでもよいものがあれば，そちらを選ぶ．選ばれた企業だけが価値の創造に成功する．企業は顧客にとって最良の価値を創造することで競争に勝って価値を獲得しなくてはならない．これが，市場メカニズムの原則，事業の宿命であり，価値創造の第二の難しさである．

　第三に，他の企業の協力をあおがなくてはならない．企業は，単独では事業の成果を得ることはできない．製造企業であれば，流通を担当する企業，素材，設備の生産を担当する企業，小売企業であれば，仕入れる商品の生産や設備の生産を担当する企業，商品の物流や決済を担当する企業，携帯電話の通信事業者であれば，携帯端末やアプリケーションソフトを生産する企業，コンテンツを提供する企業などを必要とする．顧客に選ばれ，買われるためにはこれらの企業——これを「協業企業」と本書では呼ぶ——と協力しなくてはならない．と同時にしかし，協業企業は自らの利益を求める存在である．協業の結果として顧客に買われ生み出される全体の利益から分け前を競い合う交渉相手でもあ

る．価値の創造に向けて協業企業と協力しつつ，いかに自社にとっての価値の獲得（利益の分配）に結びつけるか．ここに価値創造の三番目の難しさがある．

　顧客に背を向けられ，競争相手に抜かれ，協業企業に見放されてしまっては，価値の創造・獲得はかなわず，事業は成り立たない．一つの単純な方法は，価格を下げることだ．安くすれば，競争に勝ち，顧客に喜ばれ，協業企業にも歓迎してもらえる可能性が高まる．しかし，企業が必要とする利益を犠牲にするわけにはいかない．個別に短期に利益が出ていないことはありえても，事業である限り全体として一定期間を通じて利益を獲得することが不可欠となる[3]．投じた費用に自社が目指す利益を上乗せし，その分だけ価格が高くなってもなお顧客に買ってもらえるか，競争に勝てるのか，協業企業と一緒にやっていけるのか．ここに価値の創造と獲得の成否がかかってくる．

　事業が成り立つためには，扱いが難しいこれら三者——我儘で気まぐれな顧客，飽くことなく果敢に競争をしかけてくる競合企業，不可欠だが自己中心の協業企業——との，それぞれ性質を異とする関係の中で，企業は自ら投入した資源と活動から価値を創造，獲得しなくてはならない．価値は，顧客，協業企業，そして自社にとって創造されなくてはならないし，競合企業との競争，協業企業との利益分配の中で獲得されなくてはならない．

3. 顧客にとっての価値

　このような難しさを抱える価値の創造と獲得において，最終的な決定権を握るのが顧客である．商品の価値を認めるのも，競争の雌雄を決するのも，協業の成否を決めるのも，顧客である．顧客が価値を認め，買ってくれるかどうかに全てがかかっている．

　顧客はなぜ買ってくれるのか，選んでくれるのか．価値の創造と獲得にとって最も基本となるこの問題について，もう少し踏み込んで理解しておこう．

　重要な点が二つある．一つは，価値は顧客が認識・評価するものであるとい

---

3) 化粧品会社は試供品を無料で配布し，民間放送局は無料でテレビ番組を流す．しかし，化粧品会社は試して気に入った顧客からのその後の購入によって収益と利益を得ており，民間放送局は視聴者向けに広告を流すことでスポンサーから収益と利益を得ている．

うこと．もう一つは，顧客が認識・評価する価値は多面的なもの(多様な要素から構成される価値の束)であるということ．

　まず，価値があるかどうかを決めるのは顧客の主観である．企業がどう思うかではない．企業がよいと思っても，顧客がそう思わなければ，価値はない．コストをかけ，「よい商品」「素晴らしい商品」を作り，ぎりぎりの利益をのせて，買いやすい価格を設定したのだから，売れないはずがない――と企業の方で自負しても，顧客がそう思わなければ，意味がない．サッカーはボールがゴールに入ったかどうかで決まる．それは(ほとんどの場合)誰の目にも明らかな，物理的な基準である．経営は商品が売れたかどうかで決まるが，それはそれぞれの顧客の主観的な判断による．逆に言えば，顧客がその価値を認めるよう，求めるよう企業が働きかけることが大切になる．

　第二に，顧客が求める価値を構成する便益と費用は多面的で広い範囲に及ぶ．企業が売るのは商品(製品，サービス)であり，その商品自体の便益(機能，性能，役務など)と費用(価格)が顧客が求め選ぶ価値の中心的要素であることは間違いない．だが実際にある商品において，ある顧客が，特定の企業の特定の商品を選び，購入する，つまり，競合する数ある商品の中で他でもないその商品を選択する際に検討する要因として，それは一部を占めるにすぎない．その商品を認知する，選ぶ，買う，入手する，準備する，使う(使い続ける)，さらには返品する，手放す，処分する，といった商品の購入前から購入，使用，使用後に至る一連の過程に関わる多様な便益と費用が関わる．

　どういうことか．具体的な例を使って説明しよう．第1章の冒頭で紹介した会社員に再び登場してもらって，彼女が購入した商品のいくつかについて，なぜその商品を選んだかを語ってもらおう．

　自宅のマンションにはいくつか家電製品がありますが，この内，電子レンジ，テレビ，オーブントースターは，今から7年前，京都の大学に入学して下宿した時に買ったものです．入学前に母と来て，京都駅の近くにある家電量販店で買いました．その日のうちに実家に帰らなくてはならなかった母が急いでいたので，あれこれ商品を比較することなく，売り場のスタ

ッフが説明し，薦めてくれるものから選び，短時間で一気に買いました．指定した日に下宿まで搬送し，据え付けまでしてくれるのもありがたかった．駅の近くにはもう一軒量販店がありましたが，こっちを選んだのは，同じ量販店が大阪の実家の近くにもあって，母が登録していたカードが使えて，ポイントもたまっていたからです．ポイントの分だけ割引があって，保証期間の延長に使えました．故障しちゃうと大変だから，これで安心できました．結局，期間内に故障しませんでしたけどね．同じ年の夏に実家がクーラーを買い替えた時に，この買い物でたまったポイントを使って安くなったと母が喜んでいたのを覚えています．就職が決まって東京に出て来て，新たに冷蔵庫，エアコン，洗濯機などを買いましたが，今度は別の量販店で買いました．もう母のカードは使えなかったし，マンションから三駅で行ける新宿に大きな店があったのが一つの決め手でした．この時も値段が手頃で店員さんが薦めてくれたものを選びましたが，洗濯機だけは，少し高かったけど，乾燥機付きの音が静かな機種を選びました．仕事が忙しくて夜しか洗濯できないので．

プライベートで使っているパソコンのワープロ，表計算，プレゼンテーション用のソフトは，みんなも使っているソフトを買いました．職場のパソコンでも同じソフトを使っています．もともと実家で父親が使っていたパソコンに同じソフトの昔のバージョンが入っていて見様見まねで使い始め，さらに高校の時の授業で習って使い方を覚えました．大学でも同じソフトのバージョンアップしたものを使い，今に至っています．自分がこれまで作ったファイルがそのまま使えるし，職場を含めて，みなが同じものを使っているので，とても便利です．ボーイフレンドはこういうのに詳しくて，プレゼンテーション用のソフトは，もっと凝った資料が作れるからと，私の知らないものを使ってるんですけど，私にはありえない選択肢ですね．いまさら新しいソフトの使い方を覚えるのは面倒だし，なにより会社の同僚とやりとりできないと困るから．

仕事中はいつもペットボトルの水を飲んでます．水分補給は美容と健康に大切だから．よく買うのは，出勤途中，会社の近くにあるコンビニです．忙しくて昼休みに外に出る余裕がなさそうな時にはランチ用のおにぎりを一緒に買ったりできますし．午後にもう一本買うこともありますが，そういう時は会社の建物にある自販機で別のブランドの水を買っています．コンビニで買っているブランドの方がペットボトルのデザインがかわいくて好きなんですけど，自販機ではそれが売ってないから別のブランドです．

洋服は結構ネットで買います．とにかく仕事で忙しいし，あちこち見て回るのも大変なので，ネットが便利です．とくによく使っているサイトが二つあります．どっちも，私好みの服が多いから気に入っています．クレジットカードも住所も登録してあるから，手続きは簡単．会員なので，送料は無料だし，受け取りの日時も指定できて，とってもありがたい．あと，気に入らなかったら返品が簡単にできて，しかも無料なのが助かりますね．届いたものを着てみると，画面で見るのとはだいぶ違っていて気に入らないことも結構あるから．

このあいだの夏のボーナスで，思い切ってフランスの有名なブランドのバッグを買いました．ファッションにうるさい友達は持っているし，このブランドなら他の友達にも自慢できるから．銀座の旗艦店で買いました．ゴージャスな雰囲気で，店員さんも丁寧に接してくれて，すごく満足でした．

　いろいろな例をあげたが，どの商品でも，彼女が特定の商品を選ぶ際に，競合商品と便益と費用を比べた結果は部分的な役割しか果たしていない．選び，買い，入手する際の便益と費用(短時間で買える，薦めてくれる，登録してあるカードやポイントが使える，通勤途中のコンビニで買える，職場の自販機で買える，指定の時間に配達してくれる，据え付けてくれる)，使用における便益と費用(使い方を知っている，昔のファイルがそのまま使える，友達と交換できる，故障したらすぐに無料で直してくれる，皆に認知してもらえる)，さらには返品における便益や費用まで

重要な要因になっている.

　言い換えれば,買った商品と競合する商品の便益と費用を直接比べただけでは,ある顧客がなぜその商品を選んだのかはわからない,ということだ.特定のパソコンのソフトや水やブランド品のバッグが選ばれるのは,多くの人が同じ商品を使っていること,便利な場所で売っていること,多くの人に知られていること,当人が以前から利用していることが重要なのであって,その商品だけみても選ばれた理由はわからない.仮に,商品それ自体としてより優れた便益をより安い価格で提供してくれるソフトや水やバッグがあったとしても,多くの人が使っていなければ,通勤途中のコンビニエンスストアで売っていなければ,多くの人に知られていなければ,以前に利用してもらっていなければ,選んでもらうのは難しい.商品の外側に重要な要因がある.

　多様な要因の内,何が重要かは商品によって違う.他に多くの人が同じ商品を使っていることがパソコンのソフトでは重要だが,オーブントースターではそうではない.同じ商品でも,顧客によっても違う.彼女は自分が使い慣れていて,みなが使っているパソコンのソフトを選ぶが,ボーイフレンドは凝った資料が作れるソフトを選ぶ.

　同じ商品,同じ顧客でも,状況によっても違う.重視する要因は顧客の事情,おかれている状況により変わる.学生の時には母親に都合のいい量販店で店員が薦める安い洗濯機を選んだが,就職した後は自分に都合のいい別の量販店で乾燥機能付きで静かな洗濯機を選んだ.

　それぞれの商品,顧客,状況に応じて,多様な要因がからみあって,どの商品が選ばれるかが決まる.むろん,商品自体の便益,費用に問題があれば,選んでもらえない.当然のことながら,商品単独としての便益,費用は重要である.しかし,それだけでは決まらない.競合する商品間で差が大きくなければ,なおさらそうだろう.ちなみに,ここでは個人の消費者を例に出したが,法人の顧客であっても事情は同じだ.商品自体の便益や費用は重要であるが,それ以外の多様な要因が関わるという点で違いはない.

　顧客にとっての価値がこのようなものであるとすれば,それは,事業の成果,つまり,顧客に買ってもらえるかどうかは企業の総合的な,時間をかけた工夫と努力で決まることを意味する.もし商品単独の便益と費用で決まるなら,企

業の中で主として商品の開発と生産を担当している部署——製造企業でいえば，設計開発部門と工場，小売業でいえば，マーチャンダイジング（商品仕入れ）と販売の現場——が今現在開発・生産している商品の出来不出来が事業の成否を握ることになる．しかし，多様な要因がからんでいて，しかも過去のできごと——ポイントがたまっている，すでに多くの人に使ってもらっている，自分が使ったことがある，多くの人に知られている——が重要な意味を持つのだとすれば，企業の様々な部署の様々な取り組みが，過去から現在そして将来にわたって成果に影響することになる．

また，顧客が求める価値の束の一部(時には重要な一部)は外部の協業企業に委ねなくてはならないことも意味する．彼女にミネラルウォーター，洋服，家電製品を買ってもらうためには，特定の量販店やコンビニエンスストア，インターネットの流通サイト，あるいは宅配業者が協業企業であることが重要であった．顧客に選ばれるためには，どの企業とどのように協業するかも重要な要因となる．

4. 事業のための基本構想——経営戦略

事業の成果は，顧客のこのような選択によって決まる．それぞれの顧客が(主観的に)認識し，重視する広義の便益と費用の束において，最良の価値を提供すること——ここに向けて資源を投入し，協業企業とも協力しながら事業活動を推し進め，工夫と努力を続ける企業が，価値を創造，獲得することに成功する．

そのためには，価値の創造と獲得にともなう難しさを乗り越え，目指す成果を実現するための構想が必要となる．企業経営においてその基本を担うのが「経営戦略」である．

「戦略」とは，企業経営に限らず広く使われる言葉である．一般に，目的を実現するための構想，方策を指し，とくに長期，大局的なものをいう．戦略論の源流にある軍事の世界では，「戦略」は，短期，局所の問題を扱う「戦術」と区別する用語として位置づけられている．戦略は，短期，局所的な観点からは導き出されない長期，大局的な構想，方策を考えるためのものであり，その

決定は，多くの部分(大局)に不可逆的(長期的)な影響をもたらす．そもそも短期，局所的な方法で達成できる目標であれば戦略は必要ない．今，各部分で取り組んでいることをそのまま続け，集めるだけではなしえない成果を生み出すために戦略がある．

　企業によってはことさらに明示的な戦略を定めないまま事業で成果をあげているところもあるだろう．それでも，成果をあげている背後には，それを可能にしている基本的な方策としての戦略が——結果的にだとしても——あるはずだ．偶然や幸運に頼らずに傑出した成果を長く生み続けることを目指すのであれば，企業は優れた戦略を必要とする．

事業戦略，企業戦略

　企業経営における戦略には，大きく，二つのレベルがある．特定の事業における戦略，つまり「事業戦略」と，企業全体としての戦略，つまり「企業戦略」(あるいは全社戦略)である．

　複数の事業を抱える企業では事業戦略の上位に位置するものとして企業戦略を必要とする．国境を越えて事業活動をどのように国際配置，展開するかという国際化の問題や，他の企業との合併や買収の問題も，個々の事業レベルの戦略を超えて企業の長期，大局的な行方を左右する企業戦略として扱うべき主題となる．

　どちらも，経営戦略において重要な役割を担うが，経営戦略の基本単位となるのは事業戦略である．企業の成否は，一つ一つの事業において顧客に商品を買ってもらって利益を得られるかどうかで決まるからだ．企業戦略はそれ自体で直接に価値の創造・獲得に結びつくわけではない．企業戦略は，個々の事業にどのようにどれだけ寄与するかによってその真価が問われる．

　それはしかし，企業戦略が二義的な役割しか担わないということを意味するのではない．企業戦略は，事業戦略以上に長期，大局的な問題を扱うという意味ではより「戦略的」であるともいえる．個々の事業戦略を集めただけでは到達できない成果を生み出せる可能性を，企業戦略は備えている．ただ，その成否を最終的に決めるのは事業レベルでの成果であり，そこに結びつかなければ企業戦略に価値はないという意味で，事業戦略が経営戦略の基本単位となるの

である.

　その事業戦略を定めるためには，主に，三つの基本的な問題について検討しなければならない．第一に，誰を顧客とし，その顧客にどのような商品，どのような価値を提供するか．第二に，その顧客に選ばれることを目指して競い合う競争相手にいかに勝つか．第三に，顧客が求める価値を生み出し，競争に勝つために，どのような事業の仕組みを用意するか．これらの問題についての構想を描き，目的，目標に向かってその全体を束ねたものが事業戦略となる．それは，先述の三つの関係者，①顧客，②競争相手，③協業企業との関係の中で，自社の資源と活動を駆使して，価値の創造，獲得を積み重ね，目指す成果を達成していくための長期，大局的な論理を示すものとなる.

　以下，第Ⅱ部では，ここから三つの章を使って事業戦略と企業戦略についてみていく．第4章で事業戦略の一つ目と二つ目の問題（①誰に何をなぜ買ってもらうか，②競争をどのように凌いで選んでもらうか），第5章で三つ目の問題（③他の企業とも協力しながらどのような事業の仕組みを用意するか）を論じた上で，第6章で事業戦略の全体像について議論する.

　第6章ではさらに，企業レベルでの戦略をとりあげ，複数の事業に取り組む戦略，国際的に事業活動を進める戦略，合併買収を活用する戦略について論じる[4]．その上で，第Ⅱ部の締めくくりとして，企業経営における戦略の意味について述べる.

　全体を通じて第Ⅱ部は，顧客へ向けて価値を創造するための事業のマネジメントという観点をベースにおきながら，企業が事業で目指す成果をあげるために何をどのように考えればよいかについてみていくものとなる.

---

4)　事業戦略，企業戦略に加えて，事業を行うために必要となる主要な機能（生産，販売・マーケティング，研究開発，財務など）のそれぞれについての基本構想を扱う「機能別戦略」もあるが，機能別戦略については，本書では第6章で簡単に触れるだけにとどめる．機能別戦略も，その意義の中心は個々の事業での成果への貢献にあるが，機能別戦略が事業戦略や企業戦略の柱や牽引役として中核的な役割，意義を担う面もある．この点も含めて後述する.

第4章　顧客と競争

顧客と商品の設定／競争優位 —— コスト優位と差別化／
競争優位の要因 —— 優位な資源・能力，有利な立場／競争優位の構築

1. 顧客と商品の設定

　事業を行う上で，企業は顧客と商品を決めなくてはならない．だれに何を売るか，つまり，どの市場で事業を行うかを決めるという問題であり，事業戦略を定める上で考えるべき第一の基本的な問題となる．

　企業であれば当然考えているはずの基本的でシンプルな問題にきこえるかもしれない．しかし，前章で触れた企業の目的，事業の定義の問題がそうであったように，これもまた，事業のマネジメントの出発点，そしてまたゴールとなる問題であり，顧客と商品の設定のあり方は時として重要な意味合いを持つ．

　第1章で取り上げた事例でいえば，フォードは，それまでの自動車メーカーが対象にしていた富裕層ではなく一般大衆をターゲット(標的)とし，贅沢な奢侈品ではなく生活に欠かせない廉価な必需品としてT型フォード一車種のみを生産・販売したことが，傑出した成功の源となった．そのフォードを追い抜いたGMの成功は，「あらゆる財布とあらゆる用途にあった車」，つまり多様な顧客層に向けて多様な乗用車を販売することを基本方針として生み出されたものだった．ヤマト運輸は，宅配便事業を立ち上げるに際して，従来の郵便局のサービスに(潜在的に)不便を感じていた主婦層を最初のターゲットとして主婦層が利用しやすいようサービスを設計し，その後巨大な規模に成長する新市場を開拓した．前章で紹介したマークス＆スペンサーは，企業の目的として「中産階級の下層に位置する人々や労働者階級」をターゲットに「低価格で質の高い衣料品」を主力商品とすることを掲げたことが，イギリスを代表する小売企業へと発展する礎となった．どの例も，顧客と商品の設定の仕方が成功の土台となっている．

市場の細分化

　顧客と商品の設定が重要になるのは，市場は均質ではないからだ．個人であれ，法人であれ，顧客は多様である．同じ商品でも，事情，利害，好み，感情，状況によって，ある顧客は他の顧客と異なる価値を求める．同じ顧客でも状況によって求める価値が変わる(第3章)．一様ではない顧客の中で，どのような顧客を目指してどのような商品を売るかを定めなくてはならない．漫然と，やみくもに「顧客一般」を目指して「一般的な商品」を売り出しても成果はおぼつかない．

　ターゲットとする顧客を特定するために必要となる作業が市場細分化(セグメンテーション)である．市場をいくつかの異なるセグメント(部分)に分けることをいう．

　細分化のためには，どの角度から市場を切り取るかを考えなければならない．代表的な切り口としては，個人の顧客向け(消費財)であれば，人口統計的特性(年齢，性別，世帯規模・属性など)，社会経済(所得，学歴，職業，宗教など)，地理(居住地域，都市の規模，人口密度，気候など)，心理(性格，関心・興味，ライフスタイル，価値観など)，行動(使用頻度，使用場面，ロイヤルティなど)などの切り口がある．組織の顧客向け(生産財)であれば，組織タイプ(営利企業，公的組織，非営利組織など)，企業・産業統計的特性(業種，規模，所在地など)，組織購買行動(購買組織特性，購買基準など)などがある．

　細分化は，顧客を分けること自体に意味があるのではない．男性も女性も求めるものに違いがなければ，性別は細分化の切り口としては無意味となる．購入において各顧客群が重視する価値の違いをとらえる切り口でなければならない．時には斬新な切り口を見出すことが大きな意味を持つ．ある缶コーヒーは，飲む時間帯で顧客を区分し，朝に缶コーヒーを飲む顧客をターゲットにして大きな成功を収めた．年齢，性別，職業など既存の細分化とは異なる切り口を見出したのがその鍵であった．

　細分化はまた，セグメント間は異質でセグメント内は同質な顧客群を特定することが重要となる．細かくみていけば顧客はそれぞれに異なるが，個々の顧客毎に対応することはかえって企業側の負担を増やし，非効率になるおそれが

ある．一定の市場規模で共通性を持った顧客群を識別し，しかし他の顧客群との違いは顕著となるようなグループ化が望ましい．細分化の方法が有効なものであることも必要だ．違いを識別するための方法が多くの費用を要したり，客観性や精度に欠けたりすると使えない．

商品ミックス

顧客が一様でなければ，提供する商品も一様ではすまない．それぞれの顧客が求めるものに応じて，異なる商品を用意しなくてはならない．

商品の多様性は，典型的には，商品系列（ライン）と品目（アイテム）で表現される．系列は関連性の高い商品の集まりを指し，品目はそれぞれの系列の中でのより細かな種類を指す．洗濯機を例にすれば，主要なラインとしてドラム式洗濯乾燥機，タテ型洗濯乾燥機，全自動洗濯機，二層式洗濯機などがあり，それぞれのライン別のアイテムとして容量の異なる機種があり，機種によってはさらにその下に特別な機能の有無やカラーの違いによるバリエーションがある．

どのような組み合わせで商品群を用意するかを「商品ミックス」と呼び，ラインの数を「広さ」，アイテムの多さを「深さ」と呼ぶ．多様な顧客セグメント，多様な商品がありうる中で，どの顧客セグメントに向けてどのような広さ，深さで商品ミックスを用意するかを決めなくてはならない．

いくつか代表的なアプローチがある．まず，市場の大半を構成するマス・マーケットに向けて単一商品を大量に売るという簡潔なアプローチがある．フォードがT型フォードだけを大衆向けに大量に販売したのはその代表例だ．他の色を求める顧客の声を尻目に黒一色しか用意しなかったのは有名な話だが，それほどフォードのアプローチは徹底していた．ただ，マス・マーケットといっても単一の商品ではカバーしきれないセグメントはあるし，商品が広く普及し，顧客が求める価値が多様化すると，異質な顧客セグメントに向けて異なる商品を用意しなくてはならない．

その場合，主に二つのアプローチが考えられる．一つは，多様な顧客セグメントに向けて多様な商品群を広く，深く整える広角的アプローチだ．このアプローチの本格的なものをフルライン・ポリシーと呼ぶ．こちらではGMが代表例となる．業界の大手企業はしばしばフルライン・ポリシーをとる．

もう一つは，顧客セグメント，商品ミックスを特定のものに絞って集中する
アプローチである．単一セグメントに向けて単一の商品を用意する限定的なア
プローチもあるし，顧客セグメントを絞って複数の商品群を用意する，あるい
は商品を絞って複数の顧客セグメントに売っていくといった中間的なアプロー
チもある．

顧客と商品の選択

　様々な可能性，選択肢がある中で，企業はターゲットとする顧客セグメント
と商品ミックスをどう定めるか．

　一つには，事業として，企業として何を目指すかが重要な基準となる．特定
の地域に根ざした企業，特定の問題を抱えた顧客に感謝される企業，世界的な
企業を目指す企業，どれを目指すかによって顧客と商品の範囲は違ってくる．

　規模，成長性の目標も重要だ．企業として大きくなりたい，成長したいので
あれば，規模の大きな顧客セグメントを広くカバーし，多くの商品ライン，ア
イテムを用意しなければいけない．国境を越えることを厭わないのであれば，
大規模な先進国市場や成長の著しい新興市場を含めて広く世界市場に顧客を求
め，そのための商品ミックスを用意するという選択肢が有力だろう．特定の顧
客セグメント・商品に集中するとその好不調に左右されるリスクがあることか
ら，これをきらって複数の顧客セグメント・商品をカバーするという考え方も
あるだろう．

　競争の観点から顧客セグメント・商品ミックスを選定するという発想もある．
競争は同じ顧客を目指して行われることから，顧客・商品の設定はつまり誰が
競争相手になるかを設定することを意味する．ここから，例えば，ある競争相
手を避けるために異なる顧客セグメント・商品ミックスを選ぶ，逆に最大のラ
イバルに対抗して真正面からぶつかり合うために同じ顧客セグメント・商品ミ
ックスを狙うといった考え方が出てくる．自社の商品に，他社にはない特徴や
強みがあれば，それを重視する顧客セグメントを狙うというアプローチがある
だろう．

　以上は，企業の目標や市場・競争の観点から，つまり外的な要因から範囲を
設定する考え方だが，もう一つ，顧客セグメント・商品ミックスの範囲を広く

したり狭くしたりすること自体がもたらす内的なメリットやデメリットから設定する考え方もある．これについては次章の「水平方向の範囲」のところで詳しく説明するので，ここでは省略する．

　多様な顧客への対応については，商品だけでなく，事業の仕組みのミックスについての検討が必要になる場合もある．前章で述べた通り，顧客が求め，選択の基準とする便益，費用は広い範囲に及ぶ．そうした広義の価値において顧客が求めるものが一様でないとすれば，必要な事業の仕組みも一様ではすまない．例えば，実店舗で購入することを重視する顧客とインターネット経由で購入することを重視する顧客の両方をターゲットに含むのであれば，それぞれの価値を提供するために異なる仕組みが必要となる．この問題についても，事業の仕組みについて論じる次章で改めて取り上げることにして，今は議論を先に進めることにしよう．

2. 競争優位 —— コスト優位と差別化

　ターゲットとする顧客セグメント，用意する商品ミックスを定めた上で，企業が考えなくてはならないのは，同じ顧客を標的とする競争相手に対していかに優位を築き，顧客に選ばれ，価値を獲得するかという問題である．事業戦略の基本的な問題の二つ目である．

　顧客は，競い合う複数の企業の商品の中から，どのようにして購入する商品を選ぶのだろうか．その基本原則は図4-1によって描写できる．

　これは，ある商品分野において競合する種々の商品の便益と費用をプロット

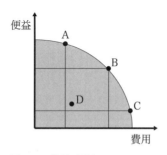

図4-1　費用−便益フロンティア

したものである．縦軸は上にいく程顧客にとって便益が高くなること，横軸は右に行く程顧客にとって費用，つまり商品の価格が安くなることを意味する．図中の曲線は，便益と費用において最良の組み合わせを備えた(つまり原点から遠い位置にある)商品を結んだもので，「費用–便益フロンティア」という．フロンティアが原点に向かって凸状であるのは，便益を高めるための追加コストが逓増するからである．フロンティアが図の右下に近い辺りでは，さほど費用をかけずに便益を高めることができるが，左上に移るにつれて便益を高めるための費用が大きくなる．

このフロンティア上に位置する商品は顧客に選ばれる可能性を持つ．ある便益を前提にして最も安い費用，ある費用を前提にして最も高い便益を提供できる商品だからだ．内側に位置する商品には可能性がない．他に便益，費用の両面でより望ましい商品が存在するからだ．Dは，Aよりも便益で劣るが，安いので，選ばれるかもしれない．Cよりも高いが，便益で上回るので，選ばれるかもしれない．しかし，Bと比べれば，便益で下回り，価格は高い．選ばれるチャンスはない．

企業は，競争相手を退けて顧客に選ばれるためにはフロンティア上に位置する商品を用意しなくてはならない．この時，費用を安くするには便益を一定の水準にとどめる必要があり，一方で高い便益を提供しようとすると高い費用がかかるのだとすれば，競争優位を目指すには大別して二つの方向が考えられる．

顧客にとっての費用の安さを強調するやり方と，顧客にとっての便益の高さを強調するやり方である．図4-1でいえば，前者はフロンティアを右にシフトすることに注力する方法であり，後者は上にシフトすることに注力する方法である．競争戦略論で著名なマイケル・ポーターは，この二つを競争優位のための基本的な方法とし，それぞれ「コスト・リーダーシップ」(以下では，「コスト優位」とする)と「差別化」と呼んだ(Porter 1980)[1]．

コスト優位と差別化

コスト優位とは，文字どおり，コストで優位に立つこと，つまり競合企業よりコストが低いことをいう．

顧客にとって大事なのは価格だが，競争において大事なのはコストである．

価格を下げれば，顧客に歓迎され，売れ行きは好転するだろう．だが，コストの裏付けのない値下げは企業にとって利益を圧迫する行為となる．下手をすると，競争相手の対抗を招いて価格引き下げ競争に陥り，どの企業も利益が出せない状態に追い込まれる．これでは価値の創造に失敗したことになる．

　価値を創造するには，企業はコスト優位によって実際のコストを低くすることで，低価格であっても必要な利益を確保できなければならない．自社の方がコストが低く，競争相手は利益を犠牲にせずには同水準の低価格で勝負できない，という状態にすることがコスト優位の目指すところとなる．コストで優位に立てれば，実際に価格を下げて競争相手を退けることもできるし，競争相手と同程度の価格で販売してより多くの利益を獲得し，それを事業の拡充，競争優位の強化のための原資にすることもできる．

　もう一つの差別化(differentiation)とは，特定の便益において特異性を持つことで，競争相手の商品と差異をつけることをいう．差別化もその便益を所与とすれば最も安い価格であることが重要だが，差別化の焦点はあくまでも特定の便益で優れていることにある．価格の安さは最重要の訴求点とはならない．差別化されていれば，同じ価格の商品でもその便益を重視する顧客に選ばれる可能性が高いし，その便益で勝っているため高い価格をつけても選ばれる可能性が高まる．

　差別化は価格競争の回避を可能にするという意味で重要な方法となる．価格競争は値段を下げればすむので，利益を削ることに耐えられる限り，どの企業にとってもひとまず可能である．しかし，特定の便益における差別化は限られた企業だけが可能になる．その便益を重視する顧客に対しては，価格競争を回避できる可能性が高まる[2]．多くの顧客に共通した効果を持つ価格(コスト)での勝負とはこの点で異なる．逆にいえば，差別化が難しくなると価格競争が中

---

1) ちなみに，ポーターは，前のセクションで論じた，ターゲットとする顧客セグメント・商品ミックスの範囲の設定について狭くするか広くするかの二つの方法があるとした上で，競争優位の二つの方法と範囲設定の二つの方法を組み合わせて，競争のための基本戦略を①コスト優位戦略，②差別化戦略，③集中戦略の三つに分類している(Porter 1980)．①，②は顧客セグメント・商品のターゲットを広くとる場合の基本戦略であり，③はターゲットを狭くとる場合の基本戦略であり，③はさらにコスト優位に力点をおく集中戦略と差別化に力点をおく集中戦略に細分類される．顧客セグメント・商品の範囲を広くするにしても狭くするにしても，企業が競争相手を凌いで価値を獲得する方法はコスト優位と差別化の二つに分類される．

心になる．これを「コモディティ化」という．コモディティ化が進むと，顕著なコスト優位にある場合を除き，多くの企業は苦しくなる．

コスト優位，差別化について注意すべき重要な点が二つある．一つは，すでに繰り返し述べていることだが，コスト優位も差別化もその対象は，商品自体の便益，費用にとどまらず，広い範囲にわたるという点である．図4-1では，縦軸が「便益」，横軸が「費用」とだけ記したが，どちらも実際には広義にとらえなければいけない．商品により，顧客により，顧客の状況により，様々な要因が便益として費用として関わってくる．企業はターゲットとする顧客が重視する便益と費用に向けて差別化，コスト優位を進めなくてはならない．

もう一つは，企業はついコスト優位と差別化の両方を追求しがちになるが，それは中途半端な結果を招くだけで，どちらかに集中した企業に敗れるおそれがあるという点だ．英語では "stuck in the middle"（二つのものの板挟みで動きがとれない）ともいわれる問題で，ポーターが先ほど触れた競争優位の基本戦略を提示した際に強調した点である．

これについては異論もある．両方を追求して成功を収めることは可能だし，差別化も同じ便益で勝負する企業間の競争ではコスト優位が必要になり，コスト優位もコストが同水準であれば差別化が必要になるのだから，差別化とコスト優位はつねに同時に重要になるという議論だ．費用と便益のトレードオフ自体を克服する（フロンティアを右上方にシフトする）ことこそが重要だとの議論もある．

GMの例にもどれば（第1章），同社は複数商品にまたがる標準化を活用することで差別化しつつコストが安いモデルを広範囲に用意する，つまり図4-1の費用-便益フロンティアを外側に拡張しながら，フロンティア上に複数の商品

---

2) 差別化には，「垂直的差別化」と「水平的差別化」の二種類がある．前者は主な顧客の間でどの便益がより望ましいかについて合意がある場合の差別化を指し，後者は顧客の間で合意がない場合の差別化を指す．例えば，自動車で高級車クラス，中級車クラス，大衆車クラスを比較すれば，ほとんどの顧客はこの順番でランクが下がると評価するだろう．しかし高級車クラスでいえば，ドイツ車，イタリア車，イギリス車，米国車，日本車のどれがいいかは個々人の好みの影響が大きく，顧客間で合意を取り付けることは難しい．これが垂直的差別化と水平的差別化の違いである．同じ差別化でも，水平的に差別化されている商品は，顧客セグメントがより限定され，こだわる顧客は多少値段が安くても好みに合わない商品は買おうとしないので，価格競争に向かう可能性がより小さくなる．

——同社の当時の表現を借りれば，「市場における各々の価格ランクの中で最高のもの」——を配置することで成功し，コスト優位に集中したフォードを抜き去った．フロンティアの右下方に位置取りした低価格帯の大衆車クラスではＴ型フォードが優勢を保ち，一方で左上方に位置取りしたごく一部の富裕層をターゲットとする高級で差別化された商品に特化した企業には勝てないとしても，多様な顧客セグメントに向けた多様な商品において差別化とコスト優位を同時に追求することで幅広い顧客セグメントで支持され，顕著な成果を実現したのである．

とはいえ，優先順位を曖昧にしたままどちらも追求すると，焦点がぼやけ，取り組みが中途半端になり，いずれかの戦略を優先した企業に敗れる可能性があるのもまた事実である．企業はそのような危険に十分注意しながら，コスト優位と差別化を追求しなくてはならない．

3. 競争優位の要因——優位な資源・能力，有利な立場

コスト優位であれ，差別化であれ，あるいは両者の組み合わせであれ，ターゲットとする顧客に買ってもらうには，費用−便益フロンティアに位置しなければならない．これが競争優位の基本原則である．では，なぜある企業はフロンティアに位置取ることができて，他の企業はそれができないのか．企業はどのような要因，メカニズムによって競争優位に立てるのか．

この問題については競争戦略論の領域で多くの検討が重ねられてきた．その中心にあるのが，市場や業界の構造に目を向ける議論と企業の資源や能力に目を向ける議論である．

前者では，先述のポーターが「五つの力（あるいは，競争要因）(Five Forces)」という分析枠組を柱にして提示した議論がその代表格となる(Porter 1980)．五つの力とは，業界の収益性に影響を与える要因のことで，①既存企業の対抗度，②新規参入の脅威，③買い手の交渉力，④売り手の交渉力，⑤代替品の脅威を指す（表4-1）．これらの要因が作用する力が強いと業界の収益性が低下する．既存企業の対抗度が増せば企業同士の価格競争が激しくなり（①），商品の販売先（買い手）の交渉力が高まれば値下げ圧力が増し（③），原材料など仕入れ

表 4-1　五つの力

五つの力	概要	主要な要素(例)
既存企業の対抗度	既存企業の間の競争の激しさ	規模が同程度／差別化が難しい／スイッチングコストが低い／固定費が大きい
新規参入の脅威	新しい競争相手が参入してくる可能性の高さ	既存企業の規模が小さい／既存企業の商品の差別化の程度が低い／流通チャネルへのアクセスが容易
買い手の交渉力	商品の購入者(流通企業を含む)の交渉力の強さ	買い手の集中度が高い／売り手の商品が差別化されていない／買い手のスイッチングコストが低い
売り手の交渉力	インプットの供給者の交渉力の強さ	売り手の集中度が高い／売り手の商品が差別化されている／買い手のスイッチングコストが高い
代替品の脅威	代替品の価値・競争力の高さ	代替品のコスト・パフォーマンスが急速に向上している／代替品の業界の利益水準が高い

資料) Porter(1980)より作成.

先(売り手)の交渉力が高まれば値上げ圧力が増すためである(④). 新規参入とは新たな競争相手が参入してくることをいい, 代替品とは同じ便益を提供する別種の商品のこと――例えば, おにぎりに対するサンドイッチなど――をいうが, これらの脅威が強いとやはり収益性が圧迫される(②, ⑤). この議論は企業の収益性を左右する市場構造上の要因を体系的に明らかにし, 競争優位の要因として外部の構造の重要性を示すものとなった[3].

後者では, 企業を資源の束としてとらえ――これを「資源ベースの企業論」と呼ぶ――それぞれの企業が有する資源やそれぞれの企業が有する能力に違いがあり, その違いが競争優位の差をもたらすという議論が示された.

研究者の間では競争優位の要因としてどちらがより重要かという論争が繰り広げられたが, 本書ではその問題には立ち入らない. 以下では, 双方の議論を踏まえながら, 競争優位の要因を, 大きく, ①「優位な資源・能力」, ②「有利な立場」の二つに分けて整理して概説する. ①は企業の内側にある違いに由来するメカニズム, ②は企業の外側にある違いに由来するメカニズムであり, 企業の競争優位はこれらの二つのいずれか, もしくは組み合わせによって形成

---

3) 五つの力は, 業界の魅力度(収益性)を規定する市場構造を分析する枠組みであって, 個々の企業の競争優位を分析するためのものではない. しかし, 同じ業界でも企業によって市場構造は異なるところがあり, それが個々の企業の収益性の差をもたらす, つまり競争優位の要因となる.

される，という捉え方である．

優位な資源，能力

資源とは，既に述べている通り，経営，事業を行うために必要となる，ヒト，モノ，カネ，情報などを総称していう．能力とは，企業が目指す成果を一連の活動によって生み出す組織としての力のことをいう．「コンピテンス」とも呼ばれる．経営資源や能力が競争優位に結びつくというのは直感的にわかりやすいだろう．競争相手と比べてよりよい便益をより安く生み出せる経営資源，能力を有する企業がフロンティアに位置できるというメカニズムである．主なものをあげていこう．

資源の量

資源の規模が大きいことが競争優位の源泉となる．ある種の活動は，規模を拡大するにつれて，必要な固定的な費用の増加率が下がることで，商品の単位当たりのコストが下がる．これを「規模の経済」という．例えば，ある商品を生産するには，量に関わりなく一定の固定設備が必要になるが，生産規模を大きくすると，商品一単位当たりの固定費用が小さくなり，コストが下がる．また規模の拡大により効率的な設備を投入することが可能になり，コストが安くなるというメカニズムもある．

経験量の大きさも源泉となる．規模の経済ではある一時点での量の大きさが問題となるが，経験量はある期間での累積量の大きさが問題となる．ここで蓄積される資源は情報である．ある経験をより多く積むと，情報が蓄積され，その学習を通じて効率が高まってコストが下がり，品質が安定する．商品や活動の改良につながることもある．これを「経験効果」と呼ぶ．フォードの成功はＴ型フォード一車種を大量に長期に生産し続けることでコスト優位を高めていったもので(第1章)，規模の経済と経験効果を最大限に活かした例として有名だ．

規模の経済も経験効果も，生産だけでなく，販売，サービス，調達，物流，広告宣伝，研究開発など様々な活動領域で成り立つ．各活動で大規模に資源を投入することでコスト優位を築くことができる．販売やサービスの体制を広域，

大規模に整えることは，多くの顧客にとって購入の利便性やサービスの迅速性を高めるという点で便益の増大にもつながる．企業が顧客の購入や使用の実績などに関する情報をより多く持つことで，より効率的で的確な生産・販売や商品開発などが可能になるというメカニズムもある．最近は，情報技術の進展と浸透により，顧客に関するデータをかつてない規模で（「ビッグ・データ」などと呼ばれる）収集，蓄積，管理，分析することが可能になっており，その重要性が高まっている．

　大きな規模や蓄積された経験のメリットを享受するには，そもそも大規模な販売実績が必要となることに注意が必要である．販売の裏付けのないまま単に生産や販売の設備を大規模にするだけではメリットは実現しない．大規模な顧客データも売れなければ入手できない．このため，小規模の企業にとって，大量生産・大量販売で実績をあげている大規模な競争相手が構築している規模の優位に対抗するのは容易ではない．その一方で，大規模に資源を投入している企業にとって，販売が低迷すると大きな負担をかかえてしまうことも意味する[4]．

資源の質，能力

　資源の中には，価値の創造にとって不可欠で希少なものがある．特定の企業がこうした希少資源を専有できると，競争優位の源泉となる．良質・廉価な原材料を確保している，一等地に店を構えている，有力な特許を保持している，天才的なプログラマーや人間国宝クラスの熟練工を社員として抱えているなどがその例となる．ある種の事業・商品では政府の優遇策や許認可が不可欠になるが，限られた数の企業だけが認められる場合，これも希少資源の専有となる．これらの希少資源を利用できない，利用できても高い費用を支払わなければならない，あるいは質の劣る資源しか利用できない企業は，競争上不利に立たされる．

　企業が持っている技術，ノウハウ，ブランドなどの資源の質や，組織の能力も競争優位の重要な源泉となる．これらにおいて競争相手より優れていること

4）　第11章で管理会計について説明する際に紹介する「損益分岐点分析」は，規模と利益のこのような関係を分析するものである．

によって，よりよい商品を，より安く，より迅速に開発・生産・販売・サービスすることが可能になる[5]．技術，ノウハウ，ブランドなどは物的な資源ではなく，情報や知識に依拠するものなので，「情報的資源」，「無形資産」，「見えざる資産」などとも呼ばれている．

　この種の情報，知識や能力は，ヒト，モノ，カネとは異なり，同時に多重に利用できるし，処理・加工・改善して新たな情報・知識・能力に転換・進化させることもできる．こうしたことから，競争優位の源泉としてとりわけ重要な役割を担っていると論じられている（伊丹 2003）．

　先ほど述べた資源の量的優位も競争優位につなげるには能力が大切になる．活動の規模が大きくても，必要となる複雑で高度な管理を担える能力がなければ，かえってコスト高になってしまう場合がある．「経験効果」は別名，「学習効果」ともいわれるが，蓄積した情報を活かせるかどうかは学習の能力にかかってくる．大量の顧客データを保有していても，それを有用な，つまり質的に優れた情報に転換する能力を欠けば，宝の持ち腐れとなる．

有利な立場

　「資源」や「能力」が企業の内側に目を向けるのに対して，「立場」は企業の外側に目を向ける．「立場」とは，文字通り「立っている場」のことで，企業が外部の関係者との関係においてどこに位置取りしているかをみる．

　外部の関係者とは，企業が価値を創造し獲得する上で重要な役割をはたす個人や組織を指す．主に，顧客，供給業者・流通業者・補完品業者などから構成される．事業を進める上で関わるこれら外部の関係者に対して競争相手よりも有利な関係にある企業が競争優位に立つというメカニズムが，「有利な立場」となる．主なものとして，以下がある．

顧客との関係

　外側の関係者としてまず重要なのが，顧客である．企業は，ターゲットとする顧客との間になんらかの関係——「無関係」という関係も含めて——を持つ

　5）　能力は，自社が担う活動に関するものに加え，外部の企業との協業を進めていくための活動に関するものも含まれる．この点については，次章で論じる．

ている．その関係において競合する企業の間で違いがあり，その結果，いずれかの企業がその顧客にとっての便益と費用で優位に立つことがある．このメカニズムが，顧客との関係における「有利な立場」である．

まず，目指す顧客にすでに買われていることが有利に働く場合がある．これは初めて購入する顧客には成立しないが，一旦買った商品を買い替える，買い増す時に作用する．この種のメカニズムとしては企業の側に成立するものと，顧客の側に成立するものがある．

前者のメカニズムとして重要なのが，先にも触れた，顧客情報である．企業は購入してもらった顧客の情報を得ることで，それ自体を資源として活用することもできるが，当該の顧客との有利な関係を築くことにも活用できる．購買や使用の実績，あるいは顧客のプロフィールについてデータを持つことによって，買い替えや買い増しに向けて，的確なタイミング，内容で働きかけることができる．顧客情報を持たない競争相手は不利な立場におかれる．購入に至ってなくても，例えば，検索やアクセスの実績などインターネットを通じて収集されるきめ細かな顧客情報を持っている企業は，情報を持たない企業に比べて，その(潜在的)顧客との関係において有利に立てる．

一方，有利な関係が顧客の側に生まれるメカニズムとしては，「スイッチングコスト」「経験財」「信頼」などがある．

「スイッチングコスト」とは，ある商品を買った顧客がその商品を買い替える時に別の商品に切り替える際に発生するコストのことをいう．切替え自体のコストであって，商品自体のコストではない．あるパソコン用のソフトを使っている人が別のソフトに切り替えると，改めて使い方を覚えないといけないし，過去に作成したファイルが使えなくなる．あるインターネットサイトを利用している人が別のサイトに切り替えると，新たにクレジットカードや住所を登録しなくてはならないし，溜まっていたポイントも使えない．こうしたスイッチングコストが高いと，顧客はすでに買って，使っている商品と同じ商品，あるいは同じ企業の商品を買い続ける可能性が高くなる．

「経験財」とは，使ってみなければ価値がわからない商品を指す．例えば，頭痛薬は人によって効く薬が違う．効くかどうかは実際に服用してみないとわからない．商品説明や宣伝をみても効くかどうかわからない．この種の商品で

は，一度買って満足している顧客は，効くかどうかわからない他の商品には手を出さず，同じ商品を買う可能性が高い．「信頼」についても同様の作用が働く．ある商品，ある企業の商品が，故障しないか，あるいは故障した時に的確に対応してくれるかを，商品を実際に使った経験を通じて判断する場合，実績を上げている企業，商品は引き続きその顧客に選ばれる可能性が高くなる．実績がない企業の商品は信頼を得にくく，不利になる．

　以上は目指す顧客との直接の関係に関するメカニズムだが，他の顧客群との関係を経由する間接的な関係に関するものもある．

　「ネットワーク外部性」はその一つである．ネットワーク外部性とは，同じ商品や標準を使う人の数が多いほどその商品・標準の価値が増すことをいう．人とのやりとりや交換，接続などが重要な商品の場合，同じ商品・標準を使っている人が多いと価値が上がり，少ないと価値が下がる．ネットワーク・オークションのサイトは買い手と売り手が多い程，その魅力が高まる．広く普及しているパソコンのソフトは，多くの人々とファイルを交換したり，共同で使えたりするので，価値が大きくなる．この種の商品・標準では，既に多くの人に使ってもらっている企業の商品は，商品自体の価値ではなく，使っている人の数が多いことによって顧客に買ってもらえる可能性が高まる．

　「ブランド」も間接的な関係を通じて影響を及ぼす．ブランドとは，ある企業の商品(群)や企業に対して人々が抱いている意味的・象徴的価値のことをいう．顧客当人にブランドを好ましく思ってもらうことで買ってもらうという直接的影響のルートがもちろん重要だが，周囲の人々に認知されていることで買ってもらうという間接的な影響のルートも重要である．ドイツやイタリアの有名ブランドの高級車や，フランスの有名ブランドのバッグは多くの人に知られている．自宅の駐車場にとめていれば，街を走り周れば，小脇に抱えて街を歩けば，周りから認知される．他者から認められることを重視する顧客にとっては，多くの人々が知っていることがそのブランドの商品を選択する決め手となる[6]．

　前出の経験財や信頼も，当人の経験だけでなく，他の人々(例えば，家族や知

---

6)　先ほど述べた通り，ブランドは企業の資源(資産)として捉えることができるが，顧客との関係の一要素として捉えることもできる．

人，世間，あるいは専門家)の経験の中で評価が醸成され，それが伝わって，特定の顧客の選択を促す場合もあるだろう．この場合には間接的な関係となる．

多くの要因をあげたが，全て，企業がターゲットとする顧客，もしくはその顧客が影響を受ける他の顧客群(家族，知人，世間など)との関係をめぐるメカニズムである．買われている，使われている，満足してもらっている，使われ続けてトラブルがない(あるいはトラブルに迅速・適切に対応してくれる)ことが知られている，多くの人々に認知されている——顧客およびその顧客が影響を受ける他の顧客群とこうした関係を築いている企業は他社よりも立場が有利となり，選ばれる可能性が高まる．立場が不利な他社は，たとえ商品自体が優れていたとしても選ばれる可能性が低くなってしまう．

供給業者・流通業者・補完品業者との関係

もう一つ，外部の関係者として重要なのが協業企業である．企業がある商品を作って，売って，買ってもらって，使ってもらう上で協力を必要とする供給業者・流通業者・補完品業者などである．

繰り返し述べている通り，顧客が購入に際して検討する価値は，商品自体の価格や品質・機能に限られない．顧客が重視する広義の価値には自社では賄えないものがあり，それらで費用-便益フロンティアに陣取れるかどうかが協業する企業にかかる時，協業企業との関係が重要になる．この問題については協業について詳しく論じる次章で改めて述べることとして，ここでは，協業企業との関係が競争優位の重要な要因となることだけ指摘しておこう．

この他，業界や商品によっては，政府，公的機関や非営利組織との関係が有利であることが競争優位であるために重要になることもある．国内企業の方が海外の企業より政府との関係において有利になることがあるのは，その例である．

▍4. 競争優位の構築

企業は，優位な資源・能力，有利な立場のいずれか，あるいはその両方によって，顧客にとっての(広義の)便益(差別化)と費用(コスト優位)においてフロン

ティアに立つことで，価値の創造と獲得という成果を得る（図4-2）．

　優位な資源・能力，有利な立場は，コスト優位，差別化の背後にあるメカニズムである．顧客にはみえないし，顧客は気にしない．顧客が気にするのは商品をめぐる広義の便益と費用だけである．だが，表舞台に現れるこの結果は，舞台裏の競争優位のメカニズムで決まる．企業は競争優位のメカニズムを通じて自らの優位を築かなくてはならない．

　そのためにはまず，自社の競争優位の源泉（あるいは劣位の原因）を正しく理解しなければならない．誤った理解のまま手を打っても，的外れなものになる．かえって自社の競争優位を損なう可能性もある．顧客との有利な関係に支えられているのに，能力を過信して有利な関係が通用しない顧客を目指してしまう，場合によっては大事な顧客との関係を台無しにしてしまうといった愚策を選びかねない．どこに強みがあり，どこに弱みがあるか，的確に理解し，競争優位を築かなくてはならない．

持続的競争優位

　競争優位を築けたとしても，その先の問題がある．築いた優位をいかに保つかという問題である．ある一時点で優位にあっても，競争相手が簡単に追いつけるのであれば，成功は短命に終わる．継続事業体である企業にとって競争優位は長く保持されなければならない．これを「持続的競争優位（sustainable competitive advantage）」という．

　資源・能力，立場は，備わっているものではなく，自ら培い，築くものである．放っておけば，油断すれば，摩耗し，追い抜かれ，崩される．企業は，優

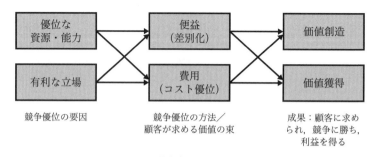

図4-2　競争優位の方法，要因

位な資源・能力を培い，有利な立場を築き，それらが追いつかれないよう，崩れないよう，主体的に，意図を持って，多くの工夫と努力を重ねていかなくてはならない．

どのようにして競争優位を持続するか．

ある種の要因は，持続する競争優位に直結する．特定の特許や希少な資源が顧客に選ばれる上で決定的な重要性を持っている場合，つまりそれなしには他の企業は太刀打ちできないような場合，それらを専有し続けられる企業は競争優位を持続できる．製薬業界では，画期的な医薬品の特許を獲得することで競争優位を持続できることがある．世界のダイヤモンド業界を主導してきたデビアスの発展の出発点は 19 世紀末に南アフリカで発見されたダイヤモンド鉱山をほぼ独占したことにあった．まさに「希少な資源の専有」が成功の鍵となった例である．

ネットワーク外部性とスイッチングコストが重要な商品では，多くの利用者を獲得した企業の競争優位が雪だるまのように膨らんでいく状況が生まれる．利用者が多いことが更なる購入者・利用者を誘い，一旦利用を始めた顧客の多くが他の商品に切り替えないとすれば，多くの利用者を獲得した企業の優位が増幅する．競争相手はなす術を失い，やがて「一人勝ち」に至る．パソコンのOS(基本ソフト)，応用ソフトでマイクロソフトが世界的に高いシェアを維持できた背後ではこのメカニズムが働いている．家庭用 VTR でビクターの標準が世界に普及し，ライバルのソニーが敗れた過程も同様のメカニズムによる．

優れた能力が様々な業務活動の細かな仕組みの組み合わせとその相互作用によって形成されている場合，その構築に時間がかかる場合，さらにはそうした能力が常に進化を続けている場合にも，優位が持続する可能性がある．他の企業には簡単に模倣できないし，追いついたと思った時にはすでに先にいってしまっている．トヨタ自動車の生産，開発，購買を含むもの造りの能力はそのような特徴を備えているといわれている(藤本 1997)．優れた能力が独自の組織文化に根ざしている場合にも競争優位は持続する可能性がある．組織文化については第 10 章で述べるが，企業の個性を形作り，他の企業は模倣しにくいことから持続的競争優位の源泉となりうる．

歴史的な機会を利用して持続可能な優位を築くというケースもある．建設機

械メーカーのキャタピラーは，第二次世界大戦が始まる直前，米国政府に軍事基地や上陸拠点を世界で建設・整備するために必要な建設機械を供給するただ一社の専属メーカーとして選別された．この結果，同社は米軍の支援を受けながら建設機械のアフターサービスと供給の体制を国際的に拡げることができた．これが戦後に国際的なスケールで競争優位を保持するベースとなった．

　競争相手が模倣を躊躇するメカニズムによって，追随を逃れるというパターンもある．競争相手の成功を支えている仕組みを損なうような方法を活用した場合，競争相手は模倣しにくくなる．例えば，新たな原材料を利用して商品の価値を高めることができた時，大きな投資をして既存の原材料を大規模に生産していた競争相手は，新たな原材料に切り替えるのを逡巡してしまう．

　持続的競争優位を構築するための手段，メカニズムには，このように様々な可能性があるが，重要なことは，可能な方法を総動員すること，そして常に先を行くことである．一つのメカニズムだけでは，また現行のメカニズムに安住していては，優位の維持は難しく，早晩競争相手に追いつかれるだろう．資源・能力も立場も，利用できるメカニズムを総動員し，相乗効果を活用しながら──優位な能力を活用して有利な立場を築き，有利な立場を活用して資源を蓄積し，能力を高めるといった具合に──それぞれを強化し続け，追いつこうとする競争相手よりも先を行くことができれば，優位は持続する．

　例えば，規模の経済は優位な資源の重要なメカニズムだが，これだけに頼っていると持続的競争優位を保持するのは難しいかもしれない．規模で優劣が決まるのであれば，競争相手も（ひとまず）生産や販売の規模を拡大するだろう．先述の通り，小規模な企業には困難であっても，既に一定の規模を抱えている企業であればチャンスはあるだろう．しかし，ある企業の大規模な生産体制が，その優れた生産管理・生産技術の能力に支えられており，しかも，質の高い広告宣伝を継続的に大量に投入し，ブランドが広く知れ渡り，サービスの体制も広く整え，長年の実績により商品の信頼性が多くの顧客に認められ，大手の流通企業とも良好な関係にあるといった多様なメカニズムが相乗的に作用して大量販売が可能になり，大量生産の規模の経済が実現されているのだとしたら，他社は簡単には追いつけない．さらに，販売実績によって蓄積している大規模な顧客情報を利用して，効果的な販売促進につなげ，さらには，優れた能力も

活用して商品開発の効率，質を高めることができれば，他社はますます追いつくのが難しくなる．

競争優位の追求

　企業はこうして持続的競争優位を目指す．だが，どのような状況においても永続する競争優位はない．優位にある企業は，優位を保ち，他社を引き離すために工夫，努力する．劣位にある企業は追いつき，追い越すことを目指して工夫，努力する．その攻防で競争の行方は決まる．

　この攻防において企業は次のことに注意しなくてはならない．

　第一に，差別化もコスト優位も，また背後にある資源・能力，立場も，それらが意味を持つかどうかを決めるのは顧客である．

　競争優位をめぐる問題では，つい競争相手との違いに目が向かう．コスト優位も差別化も，資源・能力の優位性も立場の有利さも，競争相手との比較の問題である．しかし，企業は企業同士で直接競争しているわけではない．評価を下すのはあくまでも顧客であることを忘れてはならない．

　顧客が重視しない便益や費用で競争優位にあっても，そのための資源，能力，立場でいくら優れていたとしても，それは事業の成果には関係ない．例えば，技術開発能力で優れ，ある商品の性能で競争相手に勝ったとしても，目指す顧客がその性能を重視しなければ文字通り「無益」である．目指す顧客が重視する便益と費用において持続的な競争優位を構築できるか．あくまでもこれが問題なのである．

　ただし，それは，企業は受動的な存在に過ぎない，全ては顧客次第である，ということを意味するわけではない．自社が優位，有利にあるメカニズムによって可能になる便益，費用を重視する顧客を選び，探し出し，さらにはそうした便益，費用を重視するよう顧客に働きかけ，促すことが重要な課題となる[7]．

　第二に，競争の相手や方法は多様であり，変化する．

　競争といえば，通常，目の前で立ちはだかる既存の競合企業のことを念頭に置くだろう．しかし，競争相手はそれだけではない．新しい企業が登場するか

---

7)　顧客の側からいえば，逆に，企業の側からそのような働きかけがなされることを理解しておくことが大切になる．

もしれない．あるいは，同じ価値を提供できる他の業界の商品が競争相手になるかもしれない．前者を新規参入企業といい，後者を代替品という[8]．さらに，商品は同じでも新たな競争の方法や事業の仕組みが現れることもある．どれも，競争のあり方を大きく変容させる要因となる．いくつか例をあげよう．

　20世紀前半，電気製品は真空管を使っていた．真空管のメーカーがしのぎを削って競争していた．だが1947年にトランジスタが発明されると，半導体が真空管を駆逐した．その半導体業界では，当初は米国の新興の企業が主役であったが，その後，後から参入した日本企業が大きな成功を収め，さらに韓国や台湾の企業が新たに台頭し，成功した．真空管の時代から競争優位を維持した企業は存在しない．

　腕時計（ウォッチ）産業では，長く，スイスの機械式時計メーカーが世界を主導したが，1970年代に入ると，機械式に比べて精度を飛躍的に高めたクオーツ・ウォッチを武器に日本の時計メーカーが台頭し，スイスの時計産業を苦境に追い込んだ．しかし，スイスの時計メーカーは，デザイン性を強調したウォッチ，さらにはブランド価値を高めた高級機械式ウォッチの世界的な拡販で復活をとげ，他方でクオーツ・ウォッチは価格競争に陥っていった．そればかりか，デジタル式の時計が登場し，さらには携帯電話，スマートフォンが計時機能を担う代替品として台頭し，日本の時計メーカーをめぐる競争はさらに厳しさを増している．80年代半ばまで機能した持続的競争優位のメカニズムは通用しなくなった．

　日本の家電メーカーは，かつて，全国に張り巡らせた自社の商品を専門的に扱う家電ショップを通じて家電製品を販売し，競争していた．しかし，時代とともに販売の中心は多くの家電メーカーの商品を一堂に扱う大型の家電量販店に移り，最近ではインターネット経由の販売がウエイトを高めている．優秀な系列家電ショップ網を整えていたこと，有力な家電量販店と緊密な関係を築いていたことの重要性は縮小してしまった．

　競争する企業，商品，方法は多様であり，変化する．現下の競争で優位を維持できても，安穏とはしていられない．企業は，多様で変化する競争の中で優

---

8)　先ほど紹介した，ポーターの「五つの力」で取り上げられている「新規参入の脅威」「代替品の脅威」の問題である．

位を構築し，維持し，あるいは再構築しなければならない．再構築となれば，それまで持続的競争優位を築いていたことがかえって足枷になることがある．組織の変革を要するような場合には，第10章で論じる通り，なおのこと困難となる．そうした困難も乗り越えながら，企業は競争優位を保たなければならない．

第三に，競争の仕方は公正でなければならない．三番目にあげているが，それは重要性が低いからではない．むしろ最後に強調しなければならないからである．

競争において企業が目指すのは価格競争を避けることである．経済学では，需要と供給は数量と価格によって調整され，競争の結果，利益がなくなる（価格が限界費用に一致する）均衡点に到達することで社会の経済的厚生が最大化される，と論じられる．完全競争を「理想」とする議論である．しかし，企業が目指すのは利益の確保であり，そのために価格競争に陥ることを避けようとする．ここまで述べてきたことはそのための方策，メカニズムであった．競争の戦略とは，価格競争が部分的，一時的に機能しないための工夫，努力であり[9]，利益はその成果である．

だが，そうした工夫，努力は，あくまでも競争のルールを遵守したものでなければならない．独占禁止法など競争をめぐる法的義務に則ったものでなければならない．自由な競争を阻害する不公正な手段による非競争，競争優位は違法行為である．市場が機能することを妨げ，社会を損なうからだ．企業は利益を獲得し続けることを目指すとしても，経済学が説くように，背後で市場メカニズムによる競争圧力が作用しなければならない．公正な工夫と努力は戦略となるが，不公正な方策は戦略ではない[10]．

---

9) ちなみに，本章で紹介したポーターの「五つの力」は，もともと企業の高収益を必要に応じて是正すべき「問題」として分析を重ねてきた経済学（産業組織論）の議論を，逆の視点から眺め，価格競争を避けるための手がかりとして捉え直すことで導かれたものだった．

10) ここでは，競争をめぐる法的義務を論じたが，企業は倫理的な責任も問われる．また，企業経営，戦略において問われる法的義務，倫理的な責任は競争の問題に限られない．これらについては，第13章，第14章で改めて議論する．

第5章　事業の仕組み

事業の仕組み／組織の範囲／協業のマネジメント／
価値創造・獲得へのビジネスシステム——活動，資源，能力，関係

1. 事業の仕組み

　事業で成果をあげるためにどのような仕組みを整えるか．これが事業戦略を
定める上で考えるべき三つ目の基本的な問題である．

　それは，もう少し分解すると，商品を作り，顧客に買ってもらうためにどの
ような資源と活動を用意するか，それらの内，どこまでを自社で担い，どこま
でを外部の企業にどのように任せるか，そしてそれらが価値の創造と獲得に結
びつくように全体としてどのような仕組みを整えるか，という問題となる．こ
の仕組みのことを「ビジネスシステム」という．

　顧客にとっての価値が表舞台，その価値においてフロンティアに位置するた
めの競争優位のメカニズムが舞台裏の仕掛けであるとすれば，ビジネスシステ
ムは舞台の枠組みにたとえることができる．どのような枠組みで舞台を用意す
るかによって，表舞台でどのような価値が創造されるか，舞台裏でどのような
競争優位のメカニズムが可能になるかが基礎付けられる．

価値創造のための資源と活動の全体

　ビジネスシステムを整えるためには，まず顧客に商品を買ってもらうために
どのような資源と活動が必要になるかを考えなくてはならない．くりかえし述
べている通り，顧客がある商品を買う時，広く多様な価値の束が関わる．した
がって，そのための資源と活動もまた広く多様なものが必要となる．

　まず，ある商品を作り，売り，買ってもらい，使ってもらうために用意しな
ければならない一連の資源と活動がある．原材料，部品，機器，設備，施設な
ど商品の生産に必要な種々のインプットの生産，それらを用いた商品の生産，
生産された商品の顧客への販売，購入した顧客への各種サービス（据え付け・修

理・メンテナンス・補充品の供給など）——といった活動とそれに必要となる資源である．この他，物流，金融，情報管理，商品や技術の開発，広告宣伝，（場合によっては）商品の売却・リサイクル・廃棄などのための資源と活動も必要になる．

　こうした資源と活動の連なりを「バリューチェーン(価値連鎖)」と呼ぶ．原材料の生産から顧客へのサービスに至る各段階で価値(費用を上回る価値)が創造され，それらが積み重なって，最終的に顧客が求める価値の束へと結実していく一連の資源と活動の全体を指していう[1]．

　加えて，ある商品を顧客に買ってもらうには，その商品と補完し合って顧客にとっての価値を高める別種の商品が必要になる．これを「補完品」という．例えば，ゲーム機にはゲームソフトが必要だ．ゲームソフトが高くてつまらなければゲーム機を買う人はいない．ゲーム機が高くて性能が悪ければゲームソフトを買う人はいない．鉛筆には紙と消しゴムと鉛筆削りが，IH調理ヒーターにはIH調理ヒーター用の鍋釜が必要になる．おにぎりと海苔，タイヤとレストランガイドもお互いに補完品の関係にある[2]．片方の商品がそのバリューチェーンを通じて作られ，顧客に買われ，使われることが，もう片方の商品が買われ，使われることを可能にし，促す．

　さらに，当該の商品(および補完品)の生産，販売，使用などに関わるインフラ，制度・規制も必要だ．電気がなければ，電気製品は使えない．道路がなければ，自動車は走れないし，宅配サービスは成立しない．様々な標準や安全基準がなければ，多くの商品に混乱と不安が生じる．

　つまり，ある商品を作り，顧客に買ってもらうためには，①当該商品のバリューチェーン，②補完品のバリューチェーン，そして③インフラ，制度・規制

---

1)　一連の活動の全体を「バリューシステム」，その内，特定の企業の内部で行う活動の集合を「バリューチェーン」と呼ぶ場合もあるが(Porter 1985)，本書では，原材料から最終の顧客に買われ，使われるまでに必要となる一連の資源と活動の集合を「バリューチェーン」と呼ぶことにする．

2)　有名なレストランガイドを作成しているミシュランは，フランスのタイヤ・メーカーである．郊外を含めて魅力的なレストランを紹介する情報は，ドライブの価値を高め，車の走行距離を伸ばし，タイヤの需要拡大につながる．自動車が普及すれば，レストランガイドを求める人は増え，レストランの顧客も増える．ミシュランは，ホテル，旅行のガイドブックや自動車旅行向けの道路地図も出している．

が必要になる．どこかに不足や不備があると，事業が成立しないか，あるいは創造される価値が縮小してしまう．本書では，この全体を「価値創造システム」(顧客への価値創造のために必要な資源と活動の体系)と呼ぶことにする[3]．

例えば，冷凍食品を作って買ってもらうためには，冷凍食品の生産，そのための原材料や生産設備の生産，冷凍食品を冷凍のまま輸送・保管できる物流，冷凍食品を冷凍のまま販売できる販売網などが一連のバリューチェーンとして必要だ．加えて，補完品として各家庭に冷凍庫を備えた冷蔵庫や電子レンジが備わっている必要があり，さらにはインフラ，制度・規制として電力システム，道路，冷凍食品の安全基準も欠かせない．これらが全部そろって，多くの人々に冷凍食品を買ってもらえるようになる．

ある商品を買ってもらうためにその商品以外に必要なものを確認するには，試みに，その商品だけ持って江戸時代にタイムスリップしてみればよい．自動車を例にしてみよう．自動車は江戸時代の人々の誰もがうらやみ驚く便利な商品である．しかし，必要な価値創造システムが整わないままでは誰も買ってくれない．運転教習所がないので運転の仕方がわからない．自動車が走れる道路がないので運転ができてもどこにもいけない．信号や交通規則，それを守らせる警察がないので危くて走れない．道路地図もナビゲーションもないのでどうやって目的地に行けるかわからない．駐車場がないので目的地に辿りついても停めておく場所がない．ロードサービスも交換部品も修理業者もないので故障したらレッカー車もきてくれないし，修理もしてもらえない．ガソリンスタンドがないのでガソリンがなくなれば重くて動かせない単なる鉄のかたまりだ．

ビジネスシステム

企業が事業を進めるには，これら多岐にわたる価値創造システムのための資源と活動を整え，動かす仕組みが必要となる．それは他の企業との協業を含むものとなる．必要とする資源と活動の全てを一つの企業が単独で担うことは不可能だからだ．この他社との協業も組み入れた全体の資源と活動を動かしていく事業の仕組みがビジネスシステムとなる．

---

3) 類似の概念として「ビジネス・エコシステム」がある．多様な自然環境・生物が相互に関連し合って生態系を構成していることになぞらえた表現である．

企業がある商品で事業を進める時，既存のビジネスシステムの基本形をそのまま活用する場合がある．主要な補完品やインフラ，制度はすでに整っており，バリューチェーンを構成する主な協業企業も揃っていて，それらを所与として，業界他社と共通のビジネスシステムを用いるというパターンである．

　しかし，同じ商品，業界であっても企業によって異なるビジネスシステムを用いる場合もあるし，新たなビジネスシステムを構築する場合もある．画期的な新商品を投入する時や，既存の商品を新たな市場に投入するとなれば，これまで存在しなかった資源や活動，補完商品やインフラまで整えなければならない．大きなスケールで新しいビジネスシステムの構築に腐心した代表例は，電球を発明した時のトーマス・エジソンだろう．エジソンは，電球を買ってもらうために電力システム(発電と送電)を構想し，整えなければならなかった．

　社会や技術の変化に応じて既存のビジネスシステムを改変する場合もあるし，そうした変化を自ら積極的に利用する，さらには自ら創り出す場合もある．例えば，インターネットの普及によって流通のあり方が大きく変化し，一部の企業はこの機会を先んじて積極的に活用することで成功を収めているし，一部の企業は変化の波に乗り遅れて苦戦を強いられている．取り残され，消えていく企業もある．

　第1章で紹介したGM，ヤマト運輸は，ともに新たなビジネスシステムを構築し，大きな成功に結びつけた．GMは，自動車産業の黎明期にあって，フォードなどとともに米国の州政府，連邦政府に道路網を建設するよう働きかけることに腐心した．多くの買い替え需要を促すために中古車の下取りや自動車ローンの仕組みも自ら用意した．ヤマト運輸は，全国を対象に翌日配送を可能にする輸送のネットワークを自ら作り上げ，酒屋，コンビニエンスストアの協力を得て多くの取次店をそろえ，積み降ろし作業に適した独自のトラックを自動車メーカーと共同開発して取り揃え，運輸省(当時)を訴えて規制の壁を突破した．

　多くの企業が既存の仕組みを共用する場合は，ビジネスシステムは事業戦略において後景に退くが，新たなものを整えていく場合には前景に躍り出てくる．ビジネスシステムの違いが事業の成否，競争の行方を左右するような場合には，事業戦略上の主役となる．

その重要なビジネスシステムをどのように設計すればよいか．考えなくては
ならない主な問題は三つある．①必要な資源と活動の内，何を自社で担うか．
②外部に委ねる資源と活動について，どのような企業にどのように任せるか．
③これらが合わさった全体としてどのようなビジネスシステムをどのように動
かすか．以下，順にみていくことにしよう．

2. 組織の範囲

　価値創造システムを構成する資源と活動の中で，どの部分を自社内部で担い，
どの部分を他社や外部の組織に委ねるか．これが一つ目の問題となる．内部で
担うとは，資源を自ら保有（ヒトであれば雇用）し，活動を企業組織内の意識的な
調整によって管理することをいう．どこまでを自社の組織内とするかという意
味で「組織の範囲」，あるいは，企業の内側と外側の線引きをするという意味
で「組織の境界」を決めるという表現もある[4]．

　ビジネスシステムにおいて組織の範囲を定める時，大きく，①水平方向，②
垂直方向，③補完関係の三つの方向について検討しなければならない．

　水平方向は，可能性のある顧客，商品の幅の中でどの範囲をカバーするかを
決める．これは前章で述べた顧客セグメント・商品のターゲットをどう設定す
るかという問題に他ならない．

　範囲内とする顧客セグメント・商品ミックスが定まれば，ターゲットとする
顧客セグメントに向けて商品を作り，買ってもらい，使ってもらうために必要
となるバリューチェーンが特定されるが，垂直方向は，そのバリューチェーン
を構成する一連の段階の中でどの部分を自社で担うかを決める．垂直方向で自
社の範囲に入れることを「垂直統合」と呼ぶ．バリューチェーンを川の流れに

---

4)　範囲の決定は，別言すれば，価値創造システムの資源と活動の中で相互に必要となる調整の内，
どの部分を企業組織内で，どの部分を組織間の市場取引や交渉で行うかを決める決定となる．そ
れはより巨視的に捉えれば，組織と市場の境界を設定するという問題であり，市場のメカニズム
の解明を目指す経済学においても重要な主題となっている．なお，資源と活動は，各々について
組織の範囲を設定する必要がある．また，資源は，すでに述べたように，ヒト，モノ，カネ，情
報などから構成されており，細かく見ていけば，これも各々について組織の範囲を設定する必要
がある．本書ではそこまでは立ち入らず，資源，活動をひとくくりにしてその組織の範囲を論じ
るだけにとどめておく．

例えて，顧客に近づく方向（下流）に範囲を広げることを川下統合，逆方向（上流）に範囲を広げることを川上統合と呼ぶこともある．逆に，外部に任せることを「垂直分業」「外部委託」「アウトソーシング」などと呼ぶ．製造業では生産活動に関するこの決定を「内外製区分」と呼ぶこともある．

もう一つの補完関係は，特定の商品と補完的な関係にある商品群の中でどの部分を自社で担うかを決める[5]．

三つの方向は何を自社の範囲とするかという点で共通しているが，水平方向と残りの二つの間には重要な違いがある．水平方向で自社の範囲外としたものは経営の範囲外におくことができる．しかし，垂直方向，補完関係ではそうはいかない．自社の範囲外としたものも自社の事業にとって不可欠であり，外部の企業に担ってもらわなくてはならない．つまり，水平方向では自社で担うか担わないかを比較して範囲を決定するのに対して，垂直方向，補完関係では自社が担うか外部企業を活用するかを比較して範囲を決定することになる．

自社がどのような資源（ヒト，モノ，カネ，情報など）を有し，どのような活動を行うかを決める三つの範囲の決定は，事業のマネジメントにおいて最も基本的な決定の一つとなる．一旦決めた範囲は容易には変更できない．長期にわたって経営のあり方全体に影響を及ぼしかねない．範囲の決定は戦略的な問題であり，慎重で的確な判断が求められる．

その大切なことをどのようにして決めるか．主に外的な要因から検討する論理と内的な要因から検討する論理がある．前者の論理は，企業としての目的や目指す姿，あるいは範囲に含めるものが魅力あるものかどうか（成長性，収益性，安定性など）という観点から，範囲を検討する．この論理で水平方向の範囲をどう定めるかについては，第4章で顧客セグメント・商品ミックスの設定について論じたところですでに述べた．垂直方向，補完関係についてもほぼ同じ議論が当てはまるので，ここでは繰り返さない．

後者の論理は，三つの方向の各々において範囲を拡げたり，狭めたりすること自体が価値の創造にどのようなプラス，マイナスをもたらすかという観点から，つまり範囲自体に内在する要因から，範囲を検討する．後述するように，

---

5) より細かくいえば，特定の補完品を扱う場合には，その補完品をめぐる水平・垂直方向における自社の活動の範囲をどうするかを決めなくてはならない．これ自体に多様な選択肢がある．

内的な論理だけで範囲を決めることはできないため，外的な論理は必要かつ重要である．一方で外的な論理だけで成果を生み出すことはできないため，内的な論理も必要かつ重要である．以下，内的な論理として，三つの方向における範囲の拡大，集中にどのようなメリット，デメリットがあるかをみていこう[6]．

水平方向の範囲

水平方向に範囲を拡大するメリットとは，範囲を拡げることでよりよい価値が創造できることをいう．いろいろなメカニズムがある．

よく知られるのが「範囲の経済」である．扱う範囲を拡げた方が限定するよりコストが下がることをいう．先端的なユーザー向けのスマートフォンと高齢者向けのスマートフォンの両方を扱う時，一部の部品や生産工程を共用して規模の経済によりコストを下げることができれば，それぞれを別の企業が生産する場合より安くなる．累積生産量が増えれば，経験効果も加わってさらにコストが下がる．GMのやり方——複数の車種の間でエンジンやトランスミッションなど固定費の大きな部品を個々の車種の差別化を損なわない程度に共通化し，モデルチェンジをしても使い続けることで，差別化とコスト優位を同時に達成する——は，この範囲の経済を利用して顕著な成果を生んだ代表例である（第1章）．生産だけでなく，販売サービス，物流，技術やブランドを複数商品間で共用することもできる．

「範囲の経済」は，通常，範囲を拡げることでコストが下がることを意味するが，顧客にとっての便益を高めることも可能だ．例えば，複数の商品ラインにわたって標準化を進め，商品間に互換性を持たせることで顧客にとっての利便性を高めることができる．1964年にIBMが発売した汎用コンピュータ「360シリーズ」は，低価格・低機能から高価格・高機能まで多機種のコンピュータを取り揃え，一つのファミリーとしてくくったものだった．機種間で基本ソフトを共有し，互換性を持たせることで，データ，プログラム，周辺機器

---

6) 価値創造システムには，先述の通り，インフラや制度・規制も含まれるが，これについて本章の最後で触れる．また，組織の範囲については，本章で議論する三つの範囲の他に，複数の事業にまたがってどこまでを自社の範囲とするのかという多角化の問題，事業活動を行う国際的な範囲をどうするのかという国際化の問題がある．これらについては次章で述べる．

などの共用を可能にした．多くの顧客の支持を集め，それがネットワーク外部性とスイッチングコストを通じて顧客の拡大と維持につながり，IBMのコンピュータ事業は歴史的成功を収めた．

　複数の商品間で顧客との関係を共用することもできる．大人服と子供服を扱っているアパレル・メーカーであれば，大人の衣服を買った親との間で築いた関係を子供服の販売に活用できる（逆も可能だ）．顧客は一緒に購入できる，貯まったポイントをどちらでも使えるといった便益を得るし，企業は親との関係を築くために費やした費用を子供向けの商品を売ることで回収できる．協業企業との関係についても，同じように共用によるメリットが成立する．

　一方で範囲拡大によるデメリットもある．個々の顧客セグメント，商品が何かの犠牲を払わなくてはならないという問題がある．範囲拡大のメリットを得るためには複数の顧客セグメント，商品の間で何らかの調整を行う必要がある．この調整が，妥協を強い，制約を課し，個々の顧客セグメント，商品にとって最適ではない結果になる場合がある．範囲拡大により組織の中が複雑となり，利害対立を招くおそれもある．ある顧客セグメント，商品でおきたマイナスの出来事が他の商品に波及してしまうリスクもある．

　逆にいえば，これらのコスト，リスクを回避できることが範囲集中のメリットとなる．範囲を狭くすれば，特定の顧客セグメント，商品に向けて資源と活動を集中し，最適な商品の開発，生産，販売，サービスを追求できる．他の商品との関係を考慮せずにすむので管理もシンプルになる．関西の顧客だけを相手にするのであれば，関東の好みを気にせず関西の好みだけに合わせた商品を用意できるし，販売拠点も接客マナーも関西向けに絞り，「洗練」させることができる．

　ただし，範囲を狭くすれば，広くした場合のメリットは享受できない．この結果，範囲が広い競合企業に対して不利になるおそれがある．また，事業の成否が特定の顧客セグメント，商品のみに左右されてしまうリスクにも気をつけなくてはならない．

垂直方向の範囲

　垂直方向で範囲を拡げる（垂直統合を進める）かどうかは，内部で担う場合と外

部に委ねる場合を比べ，どちらが価値創造に優るかを比較検討して判断する.

　垂直統合のメリットの一つは，バリューチェーン上の異なる段階間の調整を，複数の企業間で行うよりも単一の企業内で行う方が最適化できることにある．異なる段階を，目的や利害を共有しない異なる企業間で分業・調整するより，共通の目的・利害に向けて業務命令で調整できる一つの企業内で行う方が，全体としての最適解を追求できる可能性が高い．とりわけ綿密で迅速な調整が必要な場合，垂直統合のメリットは大きい．

　バリューチェーン上の調整を内部で行うことで成果をあげるメカニズムにはいくつかのものがある．フォードはT型フォードの生産に際して，最終の組立生産はもちろんのこと，自動車部品の生産，鉄鋼やタイヤ用の天然ゴムなど素材の生産，さらにはこれらの部品素材輸送のための船舶，鉄道まで保有した．企業経営の歴史上，おそらく最も垂直統合を進めた例だろう．資源と活動を末端まで全てコントロールすることでT型フォードを高速，大量に生産することが可能になり，廉価な大衆車を実現した．

　ザラ（ZARA）というブランドで知られる，世界最大手のアパレルチェーンであるインディテックスは，高度に垂直統合されたバリューチェーンを事業成果に結びつけた例として知られている．ライバルのH&M，ギャップ，ユニクロが生産を外部の企業にまかせ，ベネトンは販売を外部の企業に任せたのに対し，インディテックスは創業の地，スペイン北部に工場を集中しつつ，世界の主要市場の大都市部を中心に大規模な直営店舗を多数配備し，衣料品の企画，デザイン，生産，販売に及ぶバリューチェーンを一元管理することで最新流行の衣服を短いサイクルで提供する仕組みを実現し，これが成功の源となった．

　コピー機を世界で初めて商品化したゼロックスは，コピー機をリースで提供した後のメンテナンス・サービスや補給品の供給で主要な収益を得るという仕組みを整えて，世界的な成功を収めた．ここでは，開発からアフターサービスに至る垂直統合のメリットが活用されている．顧客はコピー機そのものを求めるのではなく，必要な時にいつでもコピーができる便益を求める．商品の開発生産とサービスの連携（例えば，メンテナンスしやすい設計にする，交換部品や補給品を迅速に生産・補充できるなど）を通じてより適切で迅速な，つまり差別化された，メンテナンス，修理，補充サービスを提供することで顧客にとっての価値

が高まった．

　サービスまで内部に統合することは，顧客にとっての価値を高めるとともに，すでに商品を買った顧客との「有利な関係」をサービス部門が利用することを可能にする．商品本体の利益を絞って価格を抑えて顧客を確保した上で，サービスでより多くの利益を確保することが可能になる．サービスを通じて顧客との関係を継続強化し，そこから得られた情報とサービス部門での利益を開発部品に投入して商品の改善につなげるといった好循環も可能になる．

　この種の仕組みは，メンテナンスや補給品が重要な商品——例えば，プリンター，エレベーター，航空機エンジン，建設機械，発電機など——で多くの企業によって活用されている．日用品の例で有名なのが米国のひげ剃りメーカーのジレットだ．ひげ剃りを売った後，顧客に替え刃を買ってもらい続けることを利益源として大きな成功を収めた．

　垂直統合には，外部の企業に委ねた時に抱える負担を節約できるというメリットもある．バリューチェーンの一部を外部に委ね，調整を企業間で行う（例えば，完成品に使う部品や素材を供給業者から購入する，完成品の販売を流通業者に任せる）場合，調整を市場取引として行うことになる．この時，取引相手を探し出し，交渉し，契約を結び，契約の履行を監視するといった負担が発生する．経済学ではこれを「取引費用」と呼ぶ．とくに，取引相手が利益追求のために自己に好都合な行動（これを機会主義的行動という）をとる可能性があり，この種の行動を契約で制御することも監視することも難しい時，取引費用は膨張する．このような取引費用を節約できることが垂直統合のメリットとなる．

　加えて，バリューチェーンの一部が希少な資源に依存しており，内部統合によってその専有が可能になるのであれば，競争相手がその資源を利用することを制限できるというメリットもありうる．前章で説明した希少な資源の専有による競争優位のメカニズムである．

　しかし，垂直統合はいいことばかりではない．第一に，外部企業を活用する場合に得られるメリットを享受できなくなる．外部にはより優れた成果を生み出せる企業が存在するかもしれない．外部の企業同士を競争させてより望ましい成果を利用できるかもしれない．取引先が社内に限定されがちな社内部門に比べて，複数の企業と取引できる外部の企業は規模の経済や経験効果を通じて

生産コストを下げることが可能になるし，競争を通じて切磋琢磨させることで
より優れた資源，能力を蓄積できるかもしれない．垂直統合しなければ，内部
統合に必要となる固定的な資源を自社で負担しなくてすむ分，身軽で柔軟にな
れるし，リスクも軽減される．

　第二に，個々の段階での最適化が妨げられ，内部管理の負荷が重くなる．水
平方向で範囲を拡大する場合と同様，垂直方向に範囲を拡大し，異なる段階の
間での調整を重視する結果，個々の段階にとっては最適とはいえない結果を招
くおそれがある．組織が複雑化し，調整のために過度なエネルギーが割かれる
ようなことになれば，全体調整の質は劣化し，内部対立にも発展しかねない．
水平方向の拡大に比べ，垂直方向の範囲拡大はより異質な資源と活動を抱える
ことになるので，問題はより深刻となるだろう．自動車産業でフォードほど垂
直統合を進めた企業がその後現れなかったのは，そしてフォード自身もがやが
て垂直統合の範囲を狭めたのも，過度な垂直統合はメリットよりデメリットを
大きくしてしまうからだ．

　逆にいえば，垂直統合の範囲を狭め，外部に委ねれば，これらのデメリット
を避け，外部企業を利用できる，個々の段階での最適化を追求できる，内部管
理の負担を軽減できるというメリットを享受できる．フォードのように製鉄所
まで自ら抱えるのではなく，「鉄は鉄屋」に任せる方がよい結果になる．技術
開発も，社内の研究所に依存するのではなく，広く外部に新しい技術を求め，
活用することで可能性が広がるかもしれない[7]．「オープン化」「アウトソーシ
ング」のメリットといわれる議論である．

　だがそれは，話は元に戻るのだが，上記の垂直統合のメリットを享受できな
いという問題をもたらす．上で述べた，外部の企業に依存することのデメリッ
トも抱えてしまう．さらに優れた成果を生み出せる外部の企業と協業できたと
しても，競合企業も同じ相手と組んでいれば，それだけでは差がつかず，競争
優位に結びつかない可能性もある．

---

[7]　このような取り組みでイノベーションを実現することを「オープン・イノベーション」と呼ぶ
（Chesbrough 2003）．イノベーションについては次章で触れる．

補完関係の範囲

　補完的な関係にある商品の中でどの商品を自社で扱うか，という三つ目の問題についても，垂直方向の範囲と同様，内部で担う場合と外部に委ねる場合を比べ，どちらが価値創造に優るかを比較検討して判断する．

　補完品を自社で扱うことのメリットとして重要なのは，補完的な関係にある商品間の調整により顧客にとっての価値を高められることである．とくに，補完品の間での綿密な調整がそれぞれの商品の価値を高めるのであれば，補完品を自社で担い，異なる企業間では実現しにくい密接な調整を行うことのメリットは大きくなる．さらに，補完商品の間で資源，能力，立場を共有してそれぞれの商品における価値を高める，あるいは一方が他方を支援するというメカニズムもありえる．

　椅子と机は補完関係にあるが，通常は別々の企業が生産することに大きな支障はない．しかし，机と椅子をあわせたデザインの統一性などを顧客が重視する場合には同じ企業で両者を扱うことで効果を高める可能性がある．自転車部品メーカーのシマノは，それまで別々に設計されていた変速機と変速レバーが最適調整された変速システムを開発し，速やかにミスなく変速できる性能を実現することで自転車ユーザーの支持を集め，世界的な自転車部品メーカーへと飛躍する足場を築くことに成功した．マイクロソフトは，補完的な関係にあるパソコン向けの基本システムと応用ソフト，そして応用ソフトの中で補完関係にある文書作成，表計算，プレゼンテーションのソフトを一括して扱い，データのやりとりなど多様な機能を相互に調整して，全体としての商品の魅力を高め，さらにそれぞれにおける有利な立場が互に助け合うことで，これらの分野で世界最大手の地位を築き，維持することに成功した．

　しかし，当然のことながら，他の二つの方向と同じく，補完品の範囲を拡げることにはデメリットもある．補完品同士の調整を優先すると，結果的にそれぞれの商品にとっての最適化が犠牲になる可能性がある．異種の商品を一つの企業内に抱えることで内部管理の負担が大きくなる，という問題がここでも出てくる可能性がある．

　補完品を外部の企業に委ね，特定の商品に集中すれば，こうした問題は回避

できる．補完品をその商品を得意とする別の企業に委ねることでその価値が高まるのであれば，結果として自社の商品の価値が高まる．これが補完品の範囲を限定するメリットとなる．ただし，範囲を拡げた場合にえられるメリットは享受できなくなる．補完品を扱う外部の企業に多くの価値を獲得されるリスクにも注意する必要がある．さらに，優れた補完品を競合企業も同様に利用できるのであれば，自社の競争優位にはつながらない．

範囲の拡大・集中の基本原則

　成功を約束する範囲はない．三つの範囲は，拡大することにも集中することにもメリットとデメリットがある．大切なことは，外的な論理と内的な論理に基づいて，どのような顧客に向けてどのような価値を作っていくのかという目的に向けて範囲を定め，定めた範囲のメリットを生かし，デメリットを抑えることである．

　全体を見渡すと，内的な論理の基本原則は次のように整理できる（表5-1）．範囲拡大のメリットは，広げた範囲に含まれる複数の部分——水平方向であれば顧客セグメントや商品ライン，垂直方向であればバリューチェーンの各段階，補完関係であれば個々の補完品——の関係を利用することで生まれる．各部分を別々の企業で担当して生み出す価値の和より，単一の企業が担うことで生み出す価値の和が大きくなるというのが，その基本的メカニズムとなる．

　部分間を関係づける方法としては，資源，能力，立場を共用する，相互に調整する，一方が他方を支援するといったものがある．例えば，複数種の商品で共通の部品を使って規模の経済と経験効果で両商品ともコストが下がる，生産

表5-1　組織の範囲拡大・集中の基本原則

	範囲拡大	範囲集中
メリット	複数部分間の関係活用による価値増大 外部企業活用のコスト回避*	特定部分での最適化による価値増大 外部企業活用のメリット*
デメリット	複数部分間の関係活用によるコスト増大・価値縮小 外部企業を活用できないデメリット*	他の部分との関係活用による価値増大機会の喪失 外部企業活用のコスト増大*

注）＊は垂直方向・補完関係において範囲を拡大・集中する場合のメリット・デメリット（水平方向については該当しない）．

と販売のきめ細かい調整により差別化された商品を低価格で生産，販売できる，利益を抑えて商品本体を安く売り，アフターサービスや補完品で利益を確保する仕組みを構築できる，といったメカニズムが可能になる．

　また，垂直方向，補完関係においては，外部企業を活用した場合に発生する費用を節約できるというメリットもある．これらのメリットを活かせるのであれば，企業は組織の範囲を拡大することで事業の成果を高めることができる[8]．

　だが，部分間の関係調整は，他方でそれぞれの部分に対してなんらかの妥協や制約——他の部分との関係がなかった場合にはとらない選択肢——を強いることを意味する．調整の複雑さが増せば，全体最適の実現は困難になる一方で個別最適の犠牲は大きくなる．垂直，補完方向についてはさらに，内部化すると外部企業を利用できないというデメリットをもたらす．これらのデメリットを抑えながら，メリットを最大化できるか．ここに範囲拡大の成否がかかる．

　一方で，範囲を集中するメリットは，特定の部分に集中，特化することによる部分としての個別最適化である．調整の範囲が限定され，より簡素であることによって，部分をよりよいものにすることが可能になる．また垂直方向，補完関係については，外部の企業を活用できるというメリットも加わる．その一方で，範囲を拡げた場合のメリットを活用できないこと，また外部の企業を利用することによるデメリットを覚悟しなくてはならない．これらのマイナスをおさえて，メリットを最大化できるか．ここに範囲集中の成否がかかる．

▌3．協業のマネジメント

　事業の根幹は内部の資源と活動にある．内部の資源と活動を通じて自ら創造する価値の質が事業の成果を決める．しかしだからといって，垂直方向と補完関係において外部の企業に委ねる資源，活動が二義的な問題となるわけではない．

8）　ここで思い出してほしいのが，第1章で触れた米国における大企業誕生の歴史である．大企業は，企業組織が資源と活動の範囲を水平，垂直方向に拡大することで誕生，発展した．その過程を分析したチャンドラーは，「調整の経済」がその過程を牽引したと述べている．企業組織内の「見える手」によって管理した方がより良い調整が可能になることが範囲拡大を促していったのだ（Chandler 1977）．

顧客は価値の束によって買うか買わないかを決定する．自社が創造する価値が優れていても，協業企業が分担する価値に不足があれば顧客には選んでもらえない．範囲を集中している企業にとって外部との協業が重要であることは当然として，相対的に範囲を拡げている企業であっても，何らかの重要な資源や活動を外部に任せなくてはならない．内部化したものについても，外部に任せた場合と比較して評価しなければならない．範囲の大小にかかわらず，外部企業との協業のあり方——どの企業に任せて，どのような関係を築き，どのように協業を進めていくか——は，全ての企業のビジネスシステムにおいて事業の成果を左右する重要な問題となる．

協業企業との価値創造

　協業のあり方を考える上で避けて通れないのが，外部の企業は二つの相反する顔を持っているという問題である．一面で価値創造のパートナーであり，他面で創造された価値（利益）の分配を競う交渉相手である——第3章の表現に戻れば，欠かせないパートナーであると同時に自己中心な交渉相手である——という二面性である．

　協業企業は，まずもって，目指す顧客が求める価値の束を協働して創造するために不可欠なパートナーである．ビジネスシステムを構成する協業企業群が全体として価値の束を創造し，顧客に選ばれることを目指す．競争相手も協業企業群として価値の束を創造する．ビジネスは，企業が単独で競う個人競技ではなく，協業企業群がチームを組んで競う団体競技である．より優れたビジネスシステムを整えたチームが顧客に選ばれ，価値を獲得する．

　外部企業との協業を通じてビジネスシステムとして競争相手よりも優れた価値の束を創造するにはどうしたらよいか．三つの要素が関わる．

　第一に，パートナーとなる協業企業が価値の創造において優れているかどうか．自社が創造を担う価値で優れていても，協業で組む企業が創造する価値が劣っていては，ビジネスシステムとして選ばれる見込みはない．ビジネスシステムを構成する協業企業のそれぞれが優れた資源と能力を持ち，また顧客や他の協業企業と有利な関係を築いていることが求められる．

　第二に，自社が協業企業と有利な関係を築いているかどうか．自社が活用し

ている協業企業を競合企業も活用している場合がある．特に優れた協業企業であれば，その可能性が高い．多くの企業が組むことを望むからだ．この時，その協業企業と自社が結んでいる関係が，競合企業に比べて有利であることが重要になる．

　第三に，協業企業との協業の進め方が優れているかどうか．顧客が重視する価値の創造のために緊密な連携(調整)が重要になる活動については，協業企業と優れた連携を行えることが重要となる．

　つまり，①優れた協業企業とチームを組み，その企業と②有利な関係を築き，③優れた連携を行えることが重要となる．前章で論じた競争優位の源泉の問題に立ち戻れば，最初の二つが協業企業との関係における「有利な立場」であり，三つ目が「優位な能力」にあたる．優れた協業企業との関係で有利な立場を築き，優れた協業を行う能力を備えていれば，優れたチームとして他チームを凌ぐ価値を創造することが可能になる．

　例えば，家電メーカーとして第3章で登場した会社員に自社の商品を買ってもらうためには，有力な家電量販店(主要都市の一等地に大規模店舗を構え，多くの顧客が会員カードを所有し，ポイントをためている)と組み，その量販店との関係が競合企業よりも有利であり(長年の取引を通じて信頼関係を築いている，自社との取引規模が相対的に大きいために優先してもらえる)，なおかつ緊密な連携を行える(売れ筋の商品の納品や故障時の部品交換が迅速にできる，量販店からの情報を商品の改良に結びつけることができる)ことが重要になる．

　三つの要素は相互に関係し合う．連携の能力が優れているから優れたパートナーと有利な関係を築けることもあるし，優れた相手と組むから円滑な連携が可能になり，連携の能力が高まることもあるだろう．三拍子揃い，さらに相乗効果が加われば，強固なビジネスシステムが構築されるだろう．

　ただし，三つの要素の全てにおいて優位でなければならないというわけではない．協業企業に優位性がなくても，その企業との関係が有利で，優れた連携を行うことで結果として目指す顧客にとって最良の価値の束を創造できれば，顧客に選ばれる．協業企業の一部に弱点があっても，最良の価値を創造できるチャンスはある．逆に個々の協業企業が優れていても，お互いの関係，連携が悪ければ，創造される価値は最良のものとはならないかもしれない．団体競技

でオールスターを集めたチームが強いとは限らないのと同種の問題だ．個で劣っていてもチームでは勝てるのがチームスポーツの醍醐味だが，ビジネスシステムにもそうした可能性がある．

　企業は，こうして三つの要素を駆使して，協業から最良の価値の束を創造し，顧客に選ばれるビジネスシステムを目指す．だが，それだけでは済まない問題がある．チームとして獲得した利益をチームのメンバーの間でどう分配するかという問題である．

協業企業との価値分配

　協業企業はそれぞれ自らの利益を求めている．チームとして獲得した全体の利益の中から，各社ともできるだけ多くの分配をえようとする．「自己中心の交渉相手」という協業企業のもう一つの顔の問題である．

　小売企業はできるだけ安い値段で商品を仕入れたい．部品メーカーや設備メーカーは自社の商品をできるだけ高い値段で納入したい．物流企業はできるだけ多くの搬送料を受け取りたい．協業に携わる全ての企業が自ら求める利益を確保しようとすれば，顧客が払ってもよいと思う価格を超えてしまうかもしれないし，競争優位を失ってしまうかもしれない．どの企業も，協業する他の企業の利益はできるだけ抑え，自らの利益をより多くしたいと考える．利益の分配をめぐる利害対立からそもそも協業が成立しないというケースもあるだろう．協業における価値の創造と獲得（分配）のジレンマがここにある．

　垂直方向，補完関係における協業企業間の利益の分配は，お互いの交渉力で決まる[9]．交渉力は様々な要因で決まるが，その基本原則はシンプルだ．相対的に，相手への依存度が高く，他に代替する選択肢を持たない側が不利になる．協業のパートナーとして活用できる企業の候補が多いと交渉は有利になり，分け前は大きくなる．逆にこちら側に選択肢がなく，特定の協業企業に依存せざるをえない場合には交渉は不利になり，分け前は小さくなる．

　このため，例えば，ある企業が仕入れ先の設備メーカーの交渉力を抑えるためには，標準的な設備を用いて複数の設備メーカーを競わせることが考えられ

　9）　垂直方向についていえば，これは，第4章で紹介した「五つの力」の中で，ポーターが「買い手の交渉力」，「売り手の交渉力」として論じている問題である．

る．しかし，その結果，設備メーカーとの関係は希薄なものとなる．相互の調整がさほど重要でない設備であればそれでもよいが，最適化された設備を必要とする場合にはより協力的な関係に基づく協業が必要になる．だが，そのような設備はごく少数のメーカーしか供給できないとなれば，設備メーカーの交渉力は強くなる．

こうした問題を避けて，価値を創造しつつ分配を確保するための有力な方法が内部統合となる．内部化すれば，価値創造のために綿密な調整を行い，かつ獲得した価値を自社で確保できる．調整の最適化というメリットを求め，外部企業に依存するデメリットを回避して垂直方向に範囲を拡大するという先述の話である．しかし，議論はまた振り出しに戻るのだが，そもそも全ての資源と活動を内部に統合することは不可能である．先ほど述べた通り様々な理由や状況によって内部統合は得策とはならないことがある．外部により優れた価値を創造できる企業が存在し，競合企業がそこと組んでより優れた価値の束を創造している場合，内部統合に固執すると勝ち目は薄い．

中間組織

綿密な調整を必要とする協業において，分配をめぐる利害の対立を和らげ創造する価値を高める方法として，もう一つ選択肢がある．ここまで，組織の範囲の設定について，内部に統合するか，外部の企業に任せるか，二者択一の問題として議論を進めてきたが，その間をとるという選択肢である．外部の企業と，短期の都合で自社の利害を優先するのではなく，お互いを利害の共同体として位置づけ，長期的，安定的な関係を築くものである．内部統合(組織)と外部企業の活用(市場)の間という意味で，「中間組織」などといわれる．

長期に取引を続けることで中間組織を築く場合もあれば，公式に提携を結んで中間組織を築く場合もある．一方が他方に，あるいは相互に部分的に出資して，相互に独立した企業でありながらも資本関係を含んだ中間組織を形成する場合もある．小売，飲食業界などでみられるフランチャイズ制度も中間組織の一種である．さらに，バリューチェーンのある部分について，その一部は内部統合し，一部は外部に任せるという二つの方法を併用するという選択肢(これを「部分統合」という)もある．

日本の自動車メーカーが部品メーカーとの間で築いている「系列関係」は中間組織の例である．とくにトヨタ自動車は系列の部品メーカーと資本的な関係も持ちながら長期に協業を続けていることでよく知られている．先ほど紹介したインディテックスも，主力の衣料品の生産工程を内部に統合しつつ，縫製など一部工程を地元の中小規模の専門企業に発注しているが，それらの企業とはやはり長期の取引関係を築いている．

　中間組織は，垂直統合と外部委託それぞれの長所を同時に活用する「いいとこどり」を目指すものとなる．長期的な安定的な関係に基づく運命共同体として，分配をめぐる利害調整に神経とエネルギーを消耗することなく，きめ細かな調整による価値創造に傾注することが可能になる．相互に独立した企業であることから内部組織の複雑さや競争圧力の欠如からくる甘えを抑えることも可能になる．

　だが，中間組織にも限界がある．長期安定的な関係を重視するあまり，競争圧力が希薄となって，結局，甘えの構造が醸成されるかもしれない．変化が必要になった時に，他の優れた企業と協業するという選択肢がとりにくくなるかもしれない．独立した企業同士であるために，結局のところ，内部組織のような細かな調整が難しいという問題も出てくる．「いいとこどり」ではなく，中途半端な「悪いとこどり」に終わってしまうおそれがある中で，「いいとこどり」のメリットを最大限活かせるかどうか．ここに中間組織の成否がかかってくる．

協業のマネジメント

　分配において競い合う外部の企業と協業しながらよりよい価値を創造し，かつより多くの価値を獲得するにはどうしたらよいか．ジレンマを解決し，成功を約束するシンプルな答えはない．だが，理解しておくべき基本的な原則は二つある．

　第一に，協業を通じてビジネスシステムとして最良の価値を創造し，目指す顧客に選ばれることがまずは重要である．より多くの分配を獲得することに気を取られて，あるいは中間的な組織で企業間の関係を継続することを優先して，その結果，創造される価値が損なわれ，顧客から選ばれなければ，元も子もな

い．協業企業群として創造，獲得する価値を大きくすることが，分配する価値を多くするし，関係を継続することを可能にする．取り分を増やし，関係を維持するためには，まずもってパイを大きくすることが大切になる．

　第二に，ビジネスシステムとして獲得した価値の協業企業間の分配は，つまるところ，顧客が求める価値の創造にそれぞれの企業がどれほど貢献したかによって決まる．重要で希少な価値，つまり，顧客が重視する価値であって，なおかつ他の企業には生み出せない高い価値を創造できる企業，いうなれば「かけがえのない企業」がより多くの価値を獲得する．顧客にとって「かけがえのない企業」となり，それゆえに他の優れた協業企業から協業のパートナーとして選ばれる——というより，選ばざるをえないような——存在となり，それらの企業と有利な関係を築き，優れた連携を行う能力を備えていれば，協業を通じて最良の価値の束を創造することが可能になり，なおかつその貢献によってより多くの分配をえることが可能になるのである．

4. 価値創造・獲得へのビジネスシステム
──活動，資源，能力，関係

　自社の資源と活動，協業企業に委ねる資源と活動，これらが合わさり，結びつき，その全体が価値の創造と獲得に向かっていく仕組みがビジネスシステムとなる．実際の仕組みには実に様々なものがあるが，成果につなげるために重要となる原則には共通するものがある．

　第一に，繰り返し強調してきたように，ビジネスシステムは顧客に選ばれる価値創造に結びつけなければならない．組織の範囲にも，協業のあり方にも，それ自体としての正解はない．先に論じた通り，範囲の拡大にも集中にもそれぞれにプラス，マイナスがあるし，協業には創造と分配のジレンマが常につきまとう．選んだ範囲，協業のあり方の成否は，ターゲットとする顧客が求める価値の束の創造に結実するかどうかによって決まる．

　第二に，ビジネスシステムは競争優位に結びつかなくてはならない．組織の範囲を決め，目指す顧客の範囲を決め，協業のあり方を決めるビジネスシステムは，自らの優位の源泉となる資源，能力，立場(顧客，協業企業との関係)のあ

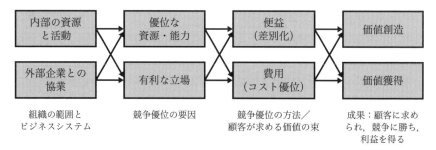

| 内部の資源
と活動 | → | 優位な
資源・能力 | → | 便益
（差別化） | → | 価値創造 |
| 外部企業との
協業 | → | 有利な立場 | → | 費用
（コスト優位） | → | 価値獲得 |

| 組織の範囲と
ビジネスシステム | 競争優位の要因 | 競争優位の方法／
顧客が求める価値の束 | 成果：顧客に求め
られ，競争に勝ち，
利益を得る |

図5-1　価値の創造と獲得へのビジネスシステム

り方を決め，競争優位のメカニズムの基本的枠組みを決めるものとなる．企業は，競争優位をいかに築くかという観点からビジネスシステムを設計し，動かさなくてはならない(図5-1)．

　既述の通り，競争は同種のビジネスシステムの間で行われる場合もあるが，異なるビジネスシステムの間で行われることもある．同じ商品，同じ業界でも多様なビジネスシステムがありうる．ある企業が顧客セグメント毎に，あるいは地域や国毎に異なるビジネスシステムを用意するケースもある．そのミックス自体が独自のビジネスシステムとなることもある．

　例えば，アパレル業界では，インディテックスは生産・販売統合，ユニクロは生産委託を活用した販売，ベネトンは販売委託を活用した生産を中核としていて，それぞれに仕組みが異なる．さらに，一部の企業は直営の実店舗での販売を重視し，別の企業は自社のインターネット・サイトでの拡販も同時に追求し，また別の企業はインターネットでの販売は専門のサイトに委ねている．

　様々な可能性がある中で特定のビジネスシステム（あるいはそのミックス）を選んだ企業の各々が，異なる仕組みを通じて異なる価値を創造し，それぞれの資源，能力，立場を通じて競い合い，目指す顧客が重視する価値の束で最良のものを用意したものが選ばれる．

　第三に，ビジネスシステムによる競争優位は維持されなくてはならない．優れた成果を生むビジネスシステムは他の企業も模倣しようとする．簡単に模倣できるのであれば，競争優位は短命に終わる．しかし，ビジネスシステムは持続的競争優位につながる可能性を持っている．前章で述べたように，競争優位を持続するためには様々なメカニズムを総動員することが重要になるが，ビジ

ネスシステムは様々な要素と関係者から構成されているだけに，資源，能力，立場の全てを活用した多面的な優位を作り出す可能を持っている．そうなれば，模倣は困難となり，競争優位は持続する．本章で触れた，IBM，インディテックス，トヨタ自動車，ゼロックスなど，そしてヤマト運輸も GM も，いずれも独自に優れたビジネスシステムを創造したことによって長く続く大きな成功を実現した．独自の優れたビジネスシステムを整えることは，持続的な価値創造と獲得のための有力な方法となる．

　裏を返せば，挑戦する企業にとっては，新たなビジネスシステムを創造することが一つの重要な課題，有力な武器となる．とすれば，ビジネスシステムで成功している企業にとっては，有力な新しいビジネスシステムが登場した際にどう対処するかが重要な問題となる．その時，既存のシステムが対抗策への足かせになりかねないことに注意する必要がある．多くの要素と関係者から構成されていることが，一方で模倣を困難にするが，他方で変革への障害ともなるのだ．

　ビジネスシステムで全てが決まるわけではない．ビジネスシステムは，あくまでも基本的な枠組みを定めるものである．同じビジネスシステムを使って競争する場合もあるし，優劣は，仕組みではなく，実際の活動，資源，関係の細部にわたる違いによっても生み出される．ただ，ビジネスシステムは基本的な枠組みを決めるだけに，その影響は広く，深く，長く及ぶ．細部が優れていても仕組みがおろそかだと成果は限られるし，仕組みが良ければ細部が生きてくる．あるいは，細部が生きるような仕組みを用意するという発想もあるだろう．

インフラ，制度・規制，非営利組織との協業

　最後に，ビジネスシステムにおけるインフラ，制度・規制，非営利組織の役割について触れておこう．

　インフラ，制度・規制は価値創造システムの重要な構成要素だが，ここまでその議論を省いていた．多くの企業の多くのケースにとって，ビジネスシステムを検討する際に所与のものとして位置づけられるからだ．インフラは特定の専門企業や公的機関，また制度・規制は政府や公的機関などが担う領域であり，多くの企業にとって共通のものとなる．

だがそれは決して，これらの問題が重要ではないことを意味するわけではない．新たな商品，事業を世に問う場合や，関連する技術や社会に重要な変化が起きる場合，インフラや制度・規制の問題はしばしば決定的な重要性を持ち，企業としてその整備，見直しに主体的，積極的に関わることが重要となる．

　GM，フォードが自動車産業の黎明期に道路の整備を政府に働きかけたこと，ヤマト運輸が宅配便サービスを立ち上げた際に規制の壁を乗り越えたことはすでに触れた．変化の激しい情報通信分野などでは，制度・規制や標準の新たな制定や見直しの機会が頻繁に訪れる．規制や標準が変えられずに，あるいは自社に不利な形で決まってしまって涙を呑んだ企業は数知れない．

　商品，業界，そして状況や戦略によって，インフラ，制度・規制の問題に自ら積極的，主体的に関わることが重要になり，その関わり方が業界の行方，事業の成否，企業の命運を左右する．場合によっては政治の問題すら関わってくる．ビジネスシステムの革新や創造に挑む企業は，既存の事業の仕組みで扱う範囲を超えた取り組みが求められる．

　もう一つ，協業のパートナーとして，非営利組織も時として重要な役割を担う．例えば，大学や研究機関は業界によっては技術開発のための重要なパートナーとなる．医薬品業界はその代表だろう．非営利組織との協業は，営利企業との協業とは異質なものを含むが，その組織が目指していることに資する協業関係を築けるかどうか，そこから顧客が求める価値を創造できるかどうか，これらが成否の鍵を握っているという点において違いはない．

第6章 戦略と経営

事業戦略の全体像／イノベーション／
企業戦略——多角化，国際化，合併買収／戦略と企業経営

1. 事業戦略の全体像

　事業戦略を策定するためには何をどのように考えればよいか．前章までの議論をふまえて，改めてその全体像を示すと，図6-1のように描くことができる．

　設定された事業の目的，目標に向かって，①どのような顧客に向けて，どのような商品と価値の束を用意するか，②顧客に選ばれるために競争相手に対してどのように優位を築くか，③事業の仕組みとしてどのようなものを整えるか——これらの三つの問題についての基本構想を束ね，それらが全体として目指す成果に向かう論理が事業戦略の基本的な骨格となる．

　大事なことは，三つの問題の全てについて考えることであり，それらが相互に関連し合いながら全体として将来の目的，目標に向かっていく——つまり，成果に向かって各要素が空間的，時間的につながっていく——論理が組み立て

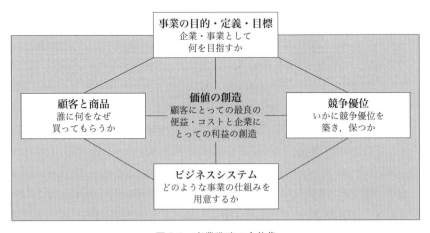

図 6-1　事業戦略の全体像

られていることである.

　論理の組み立て方については様々な可能性がある. ここまで三つの問題について順を追って述べてきたが, それは説明のための便宜上の流れにすぎない. この順番通りに, ターゲットとする顧客が求める価値から出発して, 競争優位のメカニズムを構想し, そのためのビジネスシステムを設計していくという流れでもよいが, それだけではない. 自社がどのような活動を行うかが決まっていて, あるいは重視する資源, 得意とする能力があって, そこからビジネスシステムと競争優位のメカニズムを導出し, 可能になる差別化が有効な顧客セグメントを選び出すという流れもあるだろう. まず重要なライバルとして特定の競争相手がいて, その企業に対抗する(あるいはその企業との直接の競争を避ける)という観点からビジネスシステム, 競争優位のメカニズム, ターゲットとする顧客セグメントを決めていくという流れもある. さらには, 後述するように, ある事業の戦略を自社で行っている他の事業との関係から, つまり企業戦略の観点から導き出すという流れもあるだろう.

　また, 戦略の論理は当初から出来上がっているとは限らない. 事前に策定しておくことは大事だ. だが的確な将来予想に基づき, 長く通用する戦略を策定するのは容易なことではない. 後述する通り, 現実の戦略はしばしば事後的な見直しを重ねる. その結果としてより優れた戦略が導かれる場合もある.

　組み立てる出発点, 順番, タイミングにはこのようにいろいろな可能性があるが, どのような場合であれ, 戦略はその全体が目指す成果に結実していく論理を持たなくてはならない. 個々の問題について綿密な検討を重ねたとしても, それらを貫く全体としての論理を欠いたままでは戦略たりえない.

　個々の検討が無軌道に漂流することのないよう, 全体を束ねる要（かなめ）の位置にあるのが, 事業が目指すべき成果「価値の創造」である. 注意を商品, 顧客, 競争, 仕組みの各々に断片的に向けるのではなく, それらを相互に連関させながらいかにこの成果を実現するかという観点を出発点とし, 到達点としなければならない.

　企業, 事業としての目的, 定義, 目標を明確に定めることも重要となる. 経営戦略論の先駆者の一人であるイゴール・アンゾフは目的(目標)と戦略は区別しなければならないと論じた(Ansoff 1965). 両者を混同し, 目的を設定したこ

とで満足してしまうことがあるからだ．目的を実現する手段を構想することにこそ戦略の焦点がある．ただ，目的が与えられないことには具体的な戦略を導くことはできないし，第3章で触れた通り，目的の設定・表現の仕方そのものが優れた戦略を導き出す鍵になる場合もある．両者はきってもきれない関係にあり，目的の設定は戦略にとって重要な意味を持つ．

機能別戦略

以上が事業戦略の全体像となるが，これは「骨格」にすぎない．実際の事業戦略をより具体的で実のあるものとするためには，さらにいくつかの観点から検討を加え，立体的に「肉付け」しなくてはならない．

不可欠となるのが，機能別の戦略である．生産，販売・マーケティング，研究開発，財務，情報システムなど，事業を進める上で必要となる主要な機能のそれぞれについて基本構想を定めたものが機能別戦略となる．これにより，各機能において目指す成果を生み出すための活動，資源，能力，仕組みの基本的なあり方，方向が定められる．

機能別戦略は，一面では事業戦略を構成する下位の要素として位置付けられるが，他面ではむしろ事業戦略を導く基軸として位置づけられる場合もある．かけがえのない価値を創造できる機能の戦略を中心にして事業戦略を組み立てるというアプローチである．「もの造り」を得意とする企業であれば，骨格となる生産戦略を定め，それを土台にして事業戦略を導くことができるだろう．「技術力」を強みにしている企業であれば，長期的なコア技術の開発戦略を基軸にして事業戦略を策定するというアプローチがとれる．「マーケティング」を中核に据える企業の場合には，ブランドの構築・浸透に向けての商品企画，流通，販促，広告宣伝などを柱にしながら，顧客との関係を構築・維持し，発展させることを目指して事業戦略を練り上げるだろう．

事業戦略と機能別戦略は，双方向に作用し合う関係にある．決して上位(事業)から下位(機能)へという一方向の関係に限定されるものではない．むろん，個々の機能だけでは事業の成果を生み出すことはできない．機能は事業の目的，成果ではなく，手段である．各機能のあり方は，あくまでも，価値の創造という中心点にいかに寄与するかという観点から検討されなくてはならない．だが，

優れた事業戦略を導き出すためには，各機能戦略を過不足なく通り一遍に検討するというより，何かの機能戦略を中核に据えることが重要な鍵となることもあるのだ．

外部環境からの肉付け

　事業戦略を立体的に肉付けしていくためには，外部環境の状況などから検討を深める観点も重要になる．それは，ここまで論じたことを骨格にしながら，自社を取り巻く市場や競争など外部環境の状況とその変化に対応する，あるいは自社の成果につながるよう外部環境に働きかける，という観点から事業戦略をより綿密，具体的に組み立てるものとなる．

　幾つかの代表的な切り口について，ごく簡単な記述になるが，エッセンスを紹介しよう．

SWOT　　SWOT とは Strengths（強み），Weaknesses（弱み），Opportunities（機会），Threats（脅威）の頭文字をつなげたものである．事業戦略の策定に際して，自社の強みと弱み，そして外部環境の機会と脅威をよく検討した上で，強みに基づき，弱みを乗り越え，機会を活かし，脅威を抑えるという視点から戦略のあり方を導く，という枠組みとなる．戦略策定のための基本的な枠組みとして広く流布している．強み，弱みは，内部の要因となるが，競争相手との相対的な関係から論じることから外部の要因とも関係する．

PEST　　PEST とは，Politics（政治），Economy（経済），Social（社会），Technology（技術）の頭文字をつなげたものである．外部環境を捉える際に見るべき重要な四つの領域を示している．市場，業界といった企業を直接取り巻くものだけでなく，政治，経済，社会，技術の状況やその変化も射程に入れる観点である．単に受身だけではなく，主体的に働きかけることも含めて，これらの四つの領域をめぐる状況の分析評価を踏まえて事業戦略を策定するものとなる．SWOT 分析における外部環境の機会と脅威を整理するための観点として位置付けることも可能だ．

ライフサイクル　　ライフサイクルとは，人の人生が乳児期から老年期までいくつかの段階を経ていくように，商品や業界も経時的にいくつかの段階——典型的には，導入期，成長期，成熟期，衰退期——を経ることをいう．この段階に応じて，主たる顧客層や顧客が求めるものが変化する，あるいは競争の様相が変化することを踏まえて，事業戦略を定めるという切り口となる．

市場地位　　業界を構成する企業の地位は，一様ではない．伝統的な経済学が想定する完全競争市場では，同質の企業が価格と数量だけで競争する世界が想定されているが，現実の市場では，異なる地位を占める多様な企業が併存している．代表的な地位としては，リーダー，チャレンジャー，ニッチャー，フォロワーなどがあげられる．その置かれている地位によって，どのような戦略があり得るか，どのような戦略が効果的かを検討するというのがこの切り口となる．

競争相手との相互作用　　戦略は，自社単独で実行して成果が決まるものではない．常に競争相手が存在し，競争相手もまた戦略を定め，実行する．そのやりとり，相互作用の中でそれぞれの企業がどのような成果を得るかが決まる．そういう競争相手との相互作用に焦点を当てるのがこの切り口となる．経済学や政治学などで発展したゲーム理論が得意とするテーマとなる．局面毎の相互作用を扱うのであれば，それは戦略というよりは戦術の領域になるが，戦略が優れていても，戦術で躓けば成果は損なわれるし，相互作用を念頭において長期大局的な仕掛けを整えていくという観点は戦略のための重要な切り口となる．

2. イノベーション

　事業戦略においてもう一つの重要な問題となるのがイノベーションである．
　イノベーションとは，新しい商品を創造すること，あるいは既存の商品を生み出す方法(生産方法やビジネスシステムなど)を新たに創造することをいう．より抽象的にいえば，価値創造における革新を意味する．
　第1章の冒頭で紹介した会社員が使っている商品の幾つかは20世紀に誕生

した(テレビ，電子レンジ，航空旅行，電気冷蔵庫)．幾つかは最近になって登場した(電子メール，スマートフォン，動画配信サービス)．古くからある商品(衣服，水，パン，コーヒー，配達サービス，宿泊サービス)も，その質や価格，生産の方法，ビジネスシステムは昔とは様変わりとなっている．いずれもイノベーションの産物である．第1章で紹介したGM，ヤマト運輸の例も，商品(自動車，小包配達サービス)そのものは以前からあったが，ともに新しいビジネスの方法を創造したケースであり，これらもイノベーションである．

イノベーションは，その重要性を明らかにしたヨーゼフ・シュンペーターによれば，経済発展を牽引する中核的な営みとなるが(Schumpeter 1950)，個々の企業にとっては事業の成否，命運を左右する重要な要因となる．既存の商品や方法を改良していく漸進的なイノベーションは，費用–便益フロンティアを拡張し，市場の拡大や競争優位に結びつく．従来にない商品や方法を生み出す飛躍的なイノベーションは，新しい市場や業界の創造につながり，主役交代の契機ともなる．

画期的なイノベーションによって新しい企業が台頭し，それまで成功していた企業が主役の座を失う例は，数多く知られている．パソコンの誕生により，アップルやマイクロソフトなど新しい企業が登場し，大きな成功を収めた一方で，コンピュータ業界の巨人IBMは米国史上最大の赤字を出すまで追い込まれた．コダックは素人でも簡単に写真が撮れるカメラを発明し，フィルム業界の巨人となったが，デジタルカメラの登場とともに写真用フィルムの市場がほぼ全滅し，経営難に陥った．

イノベーションの実現

成功を目指してイノベーションに取り組む企業には，二つの重要な問題がある．一つは，イノベーションをどのように生み出すかという問題，もう一つは，生み出したイノベーションをどのように事業の成果に結びつけるかという問題である．

イノベーションの実現には，既存の商品や方法にはない難しさがある．まず，不確実性が高い．とくに画期的なイノベーションの場合，今までなかった商品，方法が顧客に受け入れられ，事業として利益を生み出すか，つまり価値の創造

に成功するかどうかが事前にはわからない．成否が不確実な中で，貴重な資源を投入して事業化してよいのか，難しい決断を迫られる．新たな商品，方法によって代替されてしまう既存の商品や方法の担い手から抵抗，反対，反撃を受けるという問題もある．

　新しい商品や方法を顧客に受け入れてもらうために，バリューチェーン，補完品，インフラ，制度・規制などを新たに整えなければならない場合，つまり新たなビジネスシステムが必要になる場合(前章)には，イノベーションの実現はさらに難しくなる．必要な資源の規模と範囲が大きくなり，関係者が増え，利害は複雑になるからだ．第一次大戦後，米国でラジオのメーカーとして創設されたRCAは，ラジオ受信機を多くの人々に買ってもらうためにラジオ放送網の構築と魅力あるラジオ番組の制作に多くの資源を割き，放送規制の整備を働きかけた．ソニーは，家庭用VTRを世界に広げる過程で著作権侵害で訴えてきたハリウッドの映画会社との裁判に勝たなければならなかった．電球を発明したエジソンが電力システムの構築まで取り組まねばならなかったことは前章で紹介した．

　このような難しさがあるイノベーションを実現するには，技術力もあり，資源も豊富で，資金力も政治力も備えた大企業が有利なはずだ．だが，大企業がイノベーションで後塵を拝することがあるのは，業績の維持拡大への圧力や保守的な管理体制が成否が不確実なイノベーションへの投資を妨げるからだ．不確実性が(相対的には)小さく，事業規模が大きい既存の事業への投資優先や，過去の成功体験への固執，既存の顧客や協業企業との関係への配慮などが，新しいことへの挑戦を鈍らせる．クレイトン・クリステンセンの研究によれば，既存企業は主要顧客の要求を最優先することから，主要顧客が価値を認めないイノベーションの事業化で出遅れてしまうケースが様々な業界で観察されている(Christensen 1997)．

　逆にいえば，優先すべき既存の事業や顧客，制約となる成功体験やしがらみがなく，新しいことに果敢に挑戦できる新興の企業にとっては大きなチャンスとなる．ベンチャー・キャピタルなど，イノベーションに挑戦する新興の企業を支える仕組みが整っていれば，チャンスはさらに大きくなる[1]．ただし，だからといって新興の企業にとってイノベーションの難しさがなくなるわけでは

ない．新興企業がイノベーションによって大きく成功する例は華々しく耳目を集めるが，その背後では資源も影響力も乏しい無数の新興企業がイノベーションの夢をかなえることなく姿を消している．

　既存の大企業であれ，新興の企業であれ，イノベーションが難事であることに変わりはない．新たなことに果敢に挑戦する企業家精神（英語表現をとって「アントレプレナーシップ（entrepreneurship）」ともいう）に溢れ，イノベーションの難しさを理解し，乗り越えた企業がイノベーションを実現する．

　ハードルは高いが，イノベーションは常にどこかで誰かによって生み出される．イノベーションによって業界の地図が描き直される歴史は，様々な分野で——その頻度，程度は業界，時代，国により異なるが——繰り返されている．どのようなイノベーションがいつ誰によってどのように生み出されるかは不確実だとしても，事業戦略にとってイノベーションが機会としても脅威としても常に関心と注意を振り向けるべき重要課題であることは確実である．

イノベーションと事業成果

　イノベーションを実現したとしても，企業にとってそれは通過点に過ぎない．もう一つ，イノベーションからいかに事業成果を獲得するかという問題がある．

　イノベーションを実現しても事業での成功にたどり着けるとは限らない．1970年代始め，イギリスの大手レコード会社EMIはCTスキャナー（コンピュータ断層撮影装置）の開発に成功した．契約したビートルズの記録的なレコード売上によって得た利益を注いで行った研究から生み出されたもので，新たな医療診断を可能にした画期的なイノベーションであった．開発した技術者はノーベル賞を受賞した．だが，受賞の年，EMIはCTスキャナーの事業を売却した．商品投入から8年目のことだった．後から参入した大手の医療機器メーカーとの競争に敗れたためだった．画期的なイノベーションを生み出しても，事業の成果につながらなければ，社会への貢献は果たせたとしても——CTスキャナーはビートルズが残した最も偉大な遺産であるという意見もある——経営としては失敗となる．

---

1)　創業については第14章で触れる．

どうすれば実現したイノベーションを事業成果に結びつけることができるか.

イノベーションの実現には既存の商品,方法にはない難しさがあることは述べたが,ひとたびイノベーションが生み出された後,どの企業がどのようにして事業成果を獲得するかとなれば,前節まで説明してきた事業戦略の議論に立ち戻る.顧客に求められる価値において持続的な競争優位を構築した企業が事業成果を得るのである.そこに向けて,他社に先駆けてイノベーションを実現したこと,つまり先行者であることの優位——これを「先行者の優位(First Mover's Advantage)」という——を活用できるかどうか.これがイノベーションから事業成果を獲得するための鍵となる.

先行者は先んじることで,投入,蓄積した資源の量,質で他社を上回り,優れた能力を培い,高め,顧客や協業企業と有利な関係を築くことで,持続的な競争優位を築けるチャンスがある.ただしそれは約束されたものではない.先行者としての工夫と努力いかんにかかる.逆に,先を越されてしまった企業は,後発者として先行者に優位を築かせないように工夫,努力することが重要となる.両者の攻防が,誰が持続的な競争優位を築くか,誰がイノベーションからの成果を獲得するかを左右する.

チャンスは先行者の方が大きいことは確かである.それこそが企業がイノベーションに取り組む重要な理由となる.ただ,工夫と努力で劣れば後発者が成果を享受する.イノベーションの実現に費やした資源と努力は水泡に帰してしまう.

EMI が CT スキャナーの事業売却に追い込まれたのは,先行者の優位を活かし切れず,後発の企業との競争に敗れたからだ.一方,富士フイルムは,EMI と同じように,デジタルレントゲン装置という画期的な医療診断機器を開発,事業化したが,こちらはその後長年にわたって収益を拡大し,画期的なイノベーションを事業の成果に結びつけることに成功した.優れた特許によって後発者の参入を遅らせる,生産の規模で優位に立つ,技術開発で常に先頭を走る,販売サービス網を整えて主要な顧客と良好な関係を築く,デジタルレントゲン機器のネットワーク化でも主導権を握る——富士フイルムは先行者の優位を活かし,競争優位を保ったのである.

ヤマト運輸の宅配便も先行者の優位を活かした例だ(第 1 章).宅配便は,当

初，業界の常識に反するビジネスで，他社は関心を寄せなかった．だがヤマト運輸が5年後に宅配便事業で黒字を出したことが知られるや否や，35社におよぶ後発者が参入し，突然，競争が激しくなった．しかしヤマト運輸は先行していた時期に整えた仕組みを橋頭堡として，さらに工夫と努力を積み重ね，次々に新しい宅配便サービスを展開しながら，後発者の攻勢をかわし，トップの座を維持した．

3. 企業戦略——多角化，国際化，合併買収

以上みてきた事業戦略が企業経営における戦略の主柱となる．企業経営の成果は，ある事業で商品を顧客に買ってもらって利益を出せるかどうかで決まり，そのための基本構想が事業戦略になるからだ．

だが，企業にとっての戦略的な問題はそこにとどまるものではない．自社の目的，目標を，単独の事業によって，一国内で，自社の取り組みだけで達成するのであれば，事業戦略がそのまま企業の戦略となる．しかし複数の事業に携わること，事業活動を海外にまで拡げること，合併や買収を活用することが重要な選択肢となる場合は，個々の事業をめぐる戦略の範疇を超える企業レベルの戦略として，これらの問題について基本構想を検討し，判断を下さなくてはならない[2]．いずれも，資源，活動の範囲を拡げる取り組みとなり，組織のマネジメントに大きな負荷を与える問題となる．企業経営に広範囲に長期的な影響をもたらし，ひるがえって事業レベルの戦略と成果に影響を及ぼす．

企業レベルの戦略をめぐる基本原則は，個別の事業における組織の範囲の拡大について前章で論じたことと多くの共通点を持ちつつ，それぞれに固有の問題を含んでいる．前章の議論との重複を最小限にとどめながら，三つの問題についてみていこう．

---

2) 仮に，自社の戦略として，単独の事業を，一国内で，合併買収を活用することなく進めるという方針を定めていたとしても，有力な競合企業が複数の事業を持ち，事業活動を国際的に行い，合併買収を積極的に活用しており，そのことが競争上の優劣に無視しえない影響を及ぼす場合には，これらの問題について検討，判断を迫られることになる．

多角化

単独の事業にとどまらず複数の事業を行うことを多角化(diversification)とい
う．日本を代表する総合電機メーカーの一つである日立製作所は，電球，洗濯
機，冷蔵庫といった個人向けの商品から，エレベーター，交通システム，発電
システム，医療機器，金融システム，半導体など法人向けの商品まで，広範囲
にわたる事業を行っている．

事業を一つしか持たない企業は，事業戦略がそのまま企業としての戦略とな
る．しかし，多角化した(しようとする)企業は，個々の事業の戦略を超えて，
複数の事業から成る企業全体の戦略として，なぜ，どのような事業に進出する
のか，そして進出した複数の事業を全体としてどのように営むかについて基本
構想，つまり「多角化の戦略」を定めなくてはならない[3]．

多角化の方向と要因

多角化には，水平，垂直，補完の三つの方向がある．前章の組織の範囲につ
いての議論と同じである．ただし，水平方向については，個別事業では顧客セ
グメント・商品の範囲を拡げる──例えば，洗濯機事業で全自動洗濯機だけで
なく洗濯乾燥機まで商品ラインを拡げる──ことを意味したが，多角化におい
ては異なる事業へと範囲を拡げる──例えば，洗濯機の事業だけではなく，冷
蔵庫の事業も，さらには医療機器やエレベーターの事業まで手を拡げる──こ
とを意味する．より異質な他事業，他業界への水平的拡大となる[4]．

それぞれの方向へ企業はなぜ多角化するのか．そこには外的な要因から検討
する論理と内的な要因から検討する論理がある．これも，前章での議論と同じ
である．

---

3) 第8章で説明するように，多角化企業は「事業部制」という組織構造をとることが多いが，事
  業戦略は主として事業部レベルの責任者(事業部長など)が管掌するのに対し，多角化戦略は主と
  して全社レベルの責任者(経営責任者など)が管掌するものとなる．
4) 垂直方向と補完方向については，個別事業における範囲と多角化における範囲に違いはない．
  ただし，前者では範囲に含まれるものは一つのビジネスシステムを構成する要素として位置づけ
  られるのに対して，後者では互いに半ば自立した異なる事業として位置づけられるという点で，
  性格を異とする．

外的には，企業が自ら設定する目的，使命，ドメインなどが要因となる．何を目的，使命とするか，何をドメインとするかがどのような事業へ多角化するかを導く．個別の事業でこれらが重要な鍵になることを第3章で述べたが，異なる事業を抱える多角化企業にとっては全体を束ねる上でも重要な鍵となる[5]．

成長や安定の追求も複数の事業へ進出する要因となる．事業が一つしかないと，企業として成長がとまったり，下手をすれば縮小，消滅してしまうおそれがある．長期の成長を目指す企業にとって，多角化は重要な選択肢となる．先ほど触れたように，コダックはデジタルカメラの登場とともに経営難に陥ったが，片や，写真用フィルムでコダックの背中を追いかけていた富士フイルムはデジタルカメラも含めて他の事業分野に多角化したことで発展，成長を続けた．

一方，内的には，既存の事業との間で何らかの関係を活用できることが他の事業へ進出する誘因となる．既存の事業で蓄積した資源（例えば技術や販売拠点）や顧客との関係を他の事業でも有効活用できる，複数の事業間の関係から得られるメリットによって各事業の成果を高めることができる，といったことから多角化を進める．

外的な論理で多角化する場合も，内的な論理の裏付け，つまり複数の事業を行うことが個々の事業の成果に寄与するメカニズムが必要となる．設定したドメインに合致する事業，成長が期待できる事業に多角化しても，有力な競争相手が待ち受けていたり，魅力を感じて他にも多くの企業が参入したりして，激しい競争に巻き込まれるかもしれない．そもそも個々の事業の戦略を他の事業と無関係に策定するのであれば，一つの企業が複数の事業を行う戦略上の意味は乏しい．多角化の戦略の意味も成否も，複数の事業を相互にどのように関連づけ，どのように成果に結びつけるかという問題に向かう．

多角化のマネジメントと成果

異なる事業間で相互に活用できる関係にはどのようなものがあるか．

---

5) この一例となるのが阪急電鉄である．明治時代に関西で鉄道事業を立ち上げた同社は，沿線の宅地開発，温泉開発，宝塚歌劇団創設，ターミナル駅隣接の商業施設開設などに取り組んだ．事業の定義，ドメインを狭くとらえて斜陽の道をたどった米国の鉄道会社（第3章）とは対照的だ．多様な事業がお互いに補い合いながら，人々の移動の価値を高め，移動の需要を創造することで全体として繁栄するメカニズムが作られた．

とくに重要なのが，「範囲の経済」である．前章で触れた通り，範囲の経済とは扱う範囲を拡げることでコストを下げたり，便益を高めたりできることをいう．前章ではある事業内の「範囲の経済」を論じたが，ここでは事業間の「範囲の経済」となる．基本的な論理は事業内と同じだ．複数の事業の間で部品，生産設備，販売サービス拠点，技術力，ブランド，顧客からの信頼，流通業者との関係など，資源，能力，立場を共用することで，それぞれの事業の商品のコストを下げ，便益を高めることが可能になる[6]．

　もう一つ，多角化企業が利用できるメリットとしてよく語られるのが，「プロダクト・ポートフォリオ・マネジメント(PPM)」である．これは，複数の事業の間で競争力と市場の成長性に違いがある場合に，事業間の資金配分において活用できる方法である．競争力が強く，利益率が高いが，市場が成熟化して新たな投資をあまり必要としない事業は資金に余裕がある．他方で，市場の成長が期待され，多くの投資を必要とするが，競争力が弱く，利益率が低い事業は資金に余裕がない．この時，前者の余裕資金を後者に配分するのがPPMの考え方である．汎用的な資源である資金を，財務的な事情を異とする複数の事業間で再配分することで企業全体として将来の成果を高めることが可能になる[7]．

　事業間のこうした関係を利用できれば，多角化企業は個々の事業単独では実現できない成果を生み出すことができる．だがその一方で，発生するコストもある．異なる事業間で何らかの関係を利用することは，結果的に，個々の事業に何らかの犠牲，最適とはいえない選択肢を強いる可能性がある．複数の事業間の調整によって，問題が複雑になり，意思決定に時間がかかり，利害対立を招くこともある．

　例えば，前述のPPMの考え方で資金配分する場合，資金を拠出する事業にとっては自らの成果が限られてしまう——資金を自らの事業に投じることで新たな成長が実現するかもしれない——し，自ら稼ぎ出した利益を別の事業に利

---

6) これは水平方向に多角化していく場合のメリットである．この他に，垂直方向，補完方向に多角化していく場合があるが，その場合のメリットは前章で論じたことと基本的に同じになる．
7) PPMは，通常，多角化のマネジメントとして語られるが，個々の事業のマネジメントでも応用できる論理である．ある事業で複数の顧客セグメント・商品ラインを扱っている時，相互に資金を戦略的に再配分して全体の成果を高めることができる．

用されることに不満を抱くこともあるだろう．求める人材のタイプや意思決定のスタイルが違う事業を一つの企業組織が抱えること自体に無理が生じるかもしれない．ある事業部で起きた問題（例えば不祥事）が他の事業にも影響するといった負の波及効果もありうる．

　多角化は，このようなコストをできるだけ抑えながら，メリットを最大限生かし，企業全体としての成果を高めることを目指す．各事業を別々の会社で行って創造・獲得する価値の総和より，一つの企業として行うことで創造・獲得する価値の総和を大きくできるかどうかで成否がわかる．この原則は，個別事業における組織の範囲について前章で論じたことと共通するが，多角化の場合には，相互調整する資源，活動，立場はより異質なものとなり，おまけに半ば自立した事業同士の問題となるだけに，利害関係・調整は一層込み入ったものとなる．

　多角化によって企業は実際に望ましい成果を実現できるか．これまでの分析によれば，企業は多角化を進めると売上は大きくなるが，進めすぎると利益率が低下する傾向があることが観察されている（Rumelt 1974，吉原他 1981）．過度な多角化によって，得られるメリット以上にコストが膨らむからである．殊に関連性が薄い多角化を進めると望ましい成果を生み出すのが困難になる．

　逆にいえば，関連性の高い事業分野への多角化——同じ技術や能力を活用できる事業や同じ顧客をターゲットとする事業への進出——は，プラスに作用する可能性を持っている．その鍵を握るのが，複数の事業を行うことのメリットの最大化とコストの最小化に向けての多角化の戦略とそれを実現するための組織のマネジメントとなる．

　多角化の戦略は，個々の事業の戦略を超えて，企業全体を方向づけるという点で，まさに「戦略的」な課題である．個々の事業の戦略は，多角化の戦略の中に位置付けられることになる．ただし，多角化の戦略の成否はあくまでも個々の事業における成果（事業戦略で扱った問題）にかかっていることを忘れてはならない．そこに結実しないのであれば，多角化の戦略がいくら洗練されていても成功には繋がらない[8]．

選択と集中

多角化を進めても，思い描いていたような成果が出せない場合がある．当初出せていても，状況が変わって出せなくなる場合がある．成果に結びつかなければ，多角化の戦略は再考を迫られ，事態を打開できなければ，その事業からの撤退を考えなければならない．

どの事業を続け，どの事業から撤退するか．これを「選択と集中」という．撤退は痛みをともなう厳しい選択肢となるが，避けて通ることはできない．様々な事業へ進出した日本の総合電機メーカーは過度な多角化が重しとなって業績が低迷し，選択と集中の決断を余儀なくされた．前出の日立製作所も，かつてはより広範にわたる事業を行っていたが，幾つかの事業から撤退し，事業分野の重点を絞り込むことで業績の回復を果たした．

止むを得ず事業を手放す場合もあるが，よりよい成果を生み出すために積極的に分離独立させる場合もある．いわゆる「スピンアウト」「スピンオフ」といわれる取り組みである．ある事業が別の事業と一緒になっていない方がよいという判断に基づくスピンアウトもまた，多角化戦略の重要な課題となる．

先ほど多角化の成功例で紹介した富士フイルムは，実はそもそもスピンアウトから生まれた企業であった．大日本セルロイド（現ダイセル）という化学メーカーが写真フィルムの事業に多角化した後，分離独立させて設立されたのが富士フイルムであった．既存の事業との異質性が高いフィルム事業を別会社として分離独立させた方がより大きな成果につながると考えたからであった．

計測器企業としてスタートした米国のヒューレット・パッカードは，プリンターやパソコンなどの分野へと多角化したが，やがて，計測器事業をアジレント・テクノロジーという名前の企業として分離した．次いで，アジレントが医療分野へと多角化して成果をあげると，再び計測器事業をキーサイト・テクノロジーという名前の企業として分離した．計測器事業は，創業のビジネス，つ

---

8) 特定の事業を中心にして全体の戦略を導く，あるいは特定の事業が全体のために犠牲になるという考え方はありえる．また，多角化のメリットには，個々の事業での直接効果とは別に，より間接的，長期的なものも含まれる．例えば，多様な事業を抱えることで，人材に多様な経験をさせることが可能になり，将来のリーダー，経営者を育成する機会が拡充する．あるいはある事業が危機に陥った時に，他の事業が雇用の受け皿となるかもしれない（第9章，第14章）．ただ，いずれにおいても，将来の全体の総和の拡大に寄与することが求められる．

まり「本家」であったにもかかわらず，二度にわたって社名を「弟分」の事業に譲って自ら「分家」していったことになる．これは複数の異質な事業を一つの企業の中で営むことのメリット，デメリットを検討し，また特定の企業名，ブランド名を，分離する企業のどちらが継承することがより合理的なのかを検討した上での判断だった．

国際化

国際化とは企業が市場と活動の場を自国の国境を越えて海外に広げることをいう．戦後に創業し，日本を代表する企業として大きく成功したソニーや本田技研工業は，創業間もないころから海外に進出し，販売，生産，開発など多くの活動で国際化を進めた．より大きな成功を目指す上で，それが不可欠であったからだ．

国内でも，市場や活動拠点の地理的範囲を拡大するかどうかは重要な問題となるが，国境を越えて範囲を拡大するかどうかは質的に異なる問題となる．国が違えば，政治も経済も法律も社会も文化も違う．国境を越えると，戦略として，組織として，そして経営として，企業が考えなくてはならない問題は格段と複雑になる．

国際化は，通常，段階を経て進んでいく．国内で地歩を築いた後，成長を目指して海外に市場を求め，販売サービス，生産，研究開発，財務など様々な活動を海外で展開する，といったパターンである．あるいは，国内と海外で同時に事業活動を展開するパターンもあるし，先進国企業が母国市場では受容されない商品を発展途上国で事業化するといったパターンもある．

国際化を進める動機には，海外市場の政治的な要因(保護主義など)や為替レートなどによる不利・リスクを逃れるために生産活動を現地に移すといった受動的なものもあれば，主要な活動を海外で実施した方が，成長，発展が可能になる，創造する価値を高め，競争優位を築くことができるといった能動的なものもある．

経緯，動機が何であれ，国際化していることを成果に結びつけるメカニズムが重要となる．各国においてターゲットとする顧客に向けて創造する価値が，競争相手——同じく国際化している競争相手もいれば，国内中心に活動してい

る競争相手もいるだろう——と比べてよりよいものになるか，そこに国際化していることが寄与するかどうか，ここに国際化の成否がかかってくる．

とくに重要なのが，複数の国に様々な資源と活動を配している中で，①グローバルなスケールでの統合，②各国固有の状況に合わせた適応，のそれぞれをいかに高めていくか，という課題となる．国際化の強みの一つは，特定の国の活動だけでは到達できない規模で多様な資源を有し，活動を行い，これらを統合し，相互に活用できることにある．一方で，顧客が求め，重視する価値や，協業企業が求める関係や取引のあり方，さらに政治的要請などは，国により異なる．そうした国別の違いに適応することを疎かにすれば，各国での成果は限られてしまう．

この相互に矛盾する二つの要請の強度は，商品により，国により違うとしても，国際化した企業は両方の要請に応えなくてはならない．その巧拙が成果を決める．具体的には，適応に軸足を置いた分散型(国別に自立した海外子会社を設けて，それぞれの市場への適応を重視する)，統合に軸足を置いた中央集権型(本社のコントロールを強め，グローバルな統合，スケールメリット，効率性を追求する)，両者の組み合わせ(地域単位での統合と適応のバランスをとる，機能別・商品別に世界の中心となる拠点を割り当てる)など，いくつかの代表的なアプローチがある(Bartlett and Ghoshal 1989)．どのアプローチにせよ，それぞれに長所と短所があり，組織的に高度なマネジメントが求められる．

多様な価値観，利害，文化を背景に持つ異質な人々を雇用し，異質な社会で企業活動を行うことはまた，国際化した企業の組織，人材のマネジメントを一層複雑にする．さらに，国際化した企業は，母国はもちろんのこと，活動を行う各国社会，さらにはグローバル社会全体に対して責任を担うことになる．活動を行う各国間の利害対立(経済的，政治的，文化的利害など)に巻き込まれる場合も出てくる．一国内だけで活動を行う場合に比べて，対処すべき問題の範囲と複雑さを飛躍的に増大させる国際化は，後でまた触れるように，戦略の問題であると同時に，あるいはそれ以上に組織，企業経営全体の問題となる．

合併買収（M&A）

ある企業が別の企業と合体して一つの企業になることを合併といい，ある企

業が別の企業の全体もしくは一部を買いとって自社の一部とすることを買収という．これらを合わせて「合併買収」，あるいは英語の略称から「M＆A(Merger and Acquisition)」という．

　合併買収は企業が組織の範囲を拡大するための重要な手段となる．自らの資源によって範囲を拡げる方法——これを「内部成長」と呼ぶ——に対比される選択肢となる．一つの事業の中でその範囲を水平方向，垂直方向，補完方向に拡大する場合，さらには新たな事業に多角化する場合や，活動の場を国際的に拡大する場合，その全てにおいて重要な手段として活用される．さらには，一部の事業を売却して(買収されて)撤退する，あるいは吸収合併されることで経営危機を乗り越える，といった形でも使われる．

　合併買収は，今日，世界中で広く活用されている．かつて日本では，合併買収に対して消極的な姿勢が根強かったが(それでも合併による新日本製鉄，第一勧業銀行の誕生や，日産自動車によるプリンス自動車の買収など著名な例も存在した)，近年では積極的，活発に活用されている．19世紀半ばから20世紀にかけて米国で大企業が登場し，発展していった過程でも積極的に活用された．

　合併買収は，二つの独立企業が個別に創造・獲得する価値の合計よりも，統合された一つの企業が創造・獲得する価値の方が大きくなることを企図して行われる[9]．その基本原則は組織の範囲拡大をめぐる前章の議論と同じである．ただし，合併買収に固有の問題がいくつかある．

　範囲拡大による価値の拡大を目指すという点では内部成長も合併買収も変わらないが，その手段としての合併買収には内部成長にはないメリットがある．「時間を買える」というメリットである．内部成長では資源を自ら獲得，蓄積し，能力，立場を築かなくてはならないが，合併買収はすでに事業を行っている企業をそのまま活用できるため，時間を要しない．とくに，自社の既存の資源，能力だけではなかなか進出できない分野や地域へと速やかに範囲を拡げる場合には，合併買収は有効な方法となる．

　他方で合併買収には内部成長にはないリスクやデメリットがある．そもそも相手企業の合意が得られない可能性がある．買収の場合だと，相手企業の経営

---

9)　第12章で見る通り，こうした合併買収の財務的な分析評価を行うことが企業財務の主要な課題の一つとなる．

陣が反対しても，一定数の株主が株式の売却に合意すれば買収は成立する．これを「敵対的買収」というが，市場価格よりも高い株価での買い取りを提案することがその鍵となる．そのためには，統合によって創造・獲得する価値が増大するという基本原則がなおさら重要になる．また，合併買収の案件によっては，独占禁止法の適用を受けて承認されないことがある．合併買収後の企業が競争を制限すると判断される場合である．

　合併買収が円滑に進んだ場合でも，思惑通りに成果を生み出せるとは限らない．別の企業のことなので事前の情報が不十分で，事後的に問題が発覚するかもしれない．統合後に組織や仕組みを一つにまとめるコストや弊害が想定していた以上に大きい場合もある．銀行が合併した後，両行が用いていた情報システムの統合に苦労したケースがあった．合併買収で一緒になる企業の組織文化（第10章）が異質で，融合が進まないこともあるし，「あの企業と一緒になるくらいなら辞めて他に移ろう」と人材が抜けてしまうケースもあるだろう．

　合併買収の成果は，合併買収後に一つとなった組織が目指す成果を生み出せるかどうかにかかっている．統合によって成果を生み出す論理が描けるかという点で戦略的な問題であると同時に，合併買収後の組織を期待通りに動かせるかという意味では組織の問題となる[10]．

戦略的提携

　範囲を広げる手段として，内部成長でもなく，合併買収でもなく，両者の中間として，「戦略的提携」という選択肢もある．それぞれの企業はお互いに独立したままで提携し，時には共同で新しい企業を設立して，事業活動を進めるという方法である．これも，多くの企業によって活用されている．

　この方法は，内部成長，合併買収のそれぞれの長所を活用できる選択肢となる一方で両者の短所を抱えてしまう可能性もある．事後的に，双方の思惑が変わったり，利害の不一致が表面化したり，主導権争いが浮上したりするかもしれない．しかし，短所を抑え，問題を防ぎ，長所を上手に活用できるのであれ

---

10) 多くの企業を買収して創業したGMの経営において，デュラントが失敗したのは全体を統合する努力が足りなかったからであり，スローンが大きな成功を収めたのは統合から見事な成果を生み出せたからであった（第1章）．

ば，有力な方法となる．期間限定で活用するという考え方もあるだろう．

　日産自動車がフランスのルノーと行った提携は，当初は経営不振であった日産自動車の救済策として実施されたが，やがてそれぞれの強みを活かした戦略的提携としての色彩を強め，日産－ルノー連合としての世界的な躍進を可能にした．だが，主導権をめぐる緊張関係が表出する局面もあり，提携の可能性と難しさを物語る例となっている．

4. 戦略と企業経営

　事業レベル，企業レベルの戦略についてここまで論じてきた．その結びとして，企業経営における戦略の意味，役割についてさらに理解しておくべき重要な点をいくつか述べておきたい．

戦略的思考

　戦略とは，目的，目標を達成するための長期的，大局的な手だてを考えるためのものである．

　それは，いくつかの部分(手段)が時間をかけて目的，目標に向かって連関していく構想となる．必要な部分は結果として整うのであって，途中段階では不備，不足がある．そもそも戦略とは，現状の延長では達成できない成果を実現するためのものであり，成果達成に必要な部分は時間をかけて整えられていく．次第に整えられていく部分が空間的・時間的に連鎖して成果に至るその全体の論理が戦略の構想となる．

　それはまた，長期・大局の観点から様々な方策の中での優先順位を定めるものとなる．短期・局所の観点から実行したいことであっても，長期・大局の観点から優先順位が低ければ，控えなければならない．場合によっては，将来の全体のためにある部分がある時点で犠牲を払うこともある．それぞれの部分がその都度実行したいことを寄せ集めた総花的な構想は戦略とはなりえない．戦略とは，様々な手だてが目指す成果に向かってつながっていく道筋，シナリオ，ストーリー，メカニズムの設計図である，あるいは優先順位を決め，集中し，突破していくための構想である，といわれるのはこのためである[11]．

ただし，長期，大局的な基本構想が重要であるといっても，それは，瞬間や細部を軽視するものではないし，戦略の軌道修正を否定するものでもない．経営において，ある瞬間の決定，行動や細部へのこだわりが決定的な意味を持つことがある．また，実行を通じて戦略が事後的に軌道修正されていくこともある．

　本田技研工業が国際的に飛躍するきっかけとなった米国での二輪車事業の成功は，事前に本社で構想された戦略に基づいたものではなく，主力商品での失敗をきっかけにして現地で事後的に浮上した戦略によって導かれたものであった(Pascale 1984)．マイクロソフトの成功はIBMパソコンの基本ソフトに採用されたことが出発点になったが，それは事前には想定していなかったチャンスを活かしたものであった．IBMがパソコンに参入する際，当初，マイクロソフトはパソコン用の言語を担当したが，途中で，基本ソフトを引き受ける可能性が高かった別の会社が受注しないことを知って，急遽，基本ソフトを引き受けたことで新たな戦略が可能になったのだ．

　事業の成功は，時に，あらかじめ構想されていた長期，大局的な戦略ではなく，このような事後的な修正，一瞬の機会の活用によって生み出される．事後的に形成される戦略は，事前に「意図された戦略」に対比して，「創発された戦略(創発的戦略)」と呼ばれる(Mintzberg他2009)．先々を正しく見通すことが難しく，実行する過程で明らかになることがあるとすれば，戦略は事後的な修正を経て形成されるものとなる．

　瞬間・細部，事後的な修正が重要であるからといって，事前に描いた長期・大局の構想が無用であるというわけではない．ヤマト運輸やGMの例のように，意図された戦略が成功を導くこともある．また，創発された戦略においても事前の意図された戦略は重要である．参照すべき事前の構想があることで，重要な瞬間・細部が明らかになり，学習すべき課題と見直すべき方向が浮かび上がる．さらに，事後的に創発された構想であっても，それが優れた成果に結びつくには，その後の基本方向を示す新たな戦略として定められることが大切となる．

---

11) 表現は違うが，こうした指摘として，例えば，青島・加藤(2012)，伊丹(2003)，楠木(2010)，沼上(2009)，Rumelt(2011)などがある．

本田技研工業の成功を導いた戦略は事後的に創発されたが，そもそも米国へ進出する，そして自ら販売網を構築するという基本戦略があったからこそ見出され，実行できた戦略であった．マイクロソフトも，もともとパソコン用のソフトウエアで成長するという基本構想を抱いていたからこそ，千載一遇のチャンスを見出し，その後の戦略の重要な布石となる迅速果敢な行動がとれた．そして，両社とも，創発された戦略がその後の基本構想となり，それに基づく一連の取り組みによって傑出した成功を生み出した．

　戦略のない現場任せ，成行き任せの経営は，局所・短期の行動に走る．迷走や混乱を招き，あるいは徒労に終わりかねない．組織の末端，局所・短期の論理だけではたどり着けない可能性を切り拓くのが戦略である．事前の戦略があることで，戦略の事後的な創発，機を見るに敏な戦略的行動も可能になる．

構想と実行——戦略と組織

　構想された戦略は重要だが，構想自体からは経営の成果は生まれない．経営の成果は，戦略に基づいて，事業活動が行われ，顧客が求める価値が実現され，顧客に選択されて，はじめて生み出される．いくら優れたものであっても，構想はあくまでも構想に過ぎない．ネコにスズをつけるというアイデアがいくらよくても，誰かがスズをつけなければただの空論となる．勇気あるネズミが名乗り出ても，実際にスズをつける実力がなければ，絵空事に終わる．実行されない優れた戦略は実行された劣った戦略を超えることはできない．

　戦略における実行の重要性は，戦略における組織の重要性という問題にたどり着く．それはまずもって，実行は実際の業務活動を通じて現場で行われるものであり，それらを担うのが組織だからだが，それにとどまらない重要性を組織は有している．

　一つに，組織はそのマネジメントが難しいからこそ戦略にとって重要となる．次章からみていくように，組織は思い通りに動かない．だからこそ，その組織のマネジメントに優れていれば，それは武器になり，価値につながる．競合には真似できない優れた組織能力が顧客にとってかけがえのない価値の創造を可能にする．

　組織の範囲を広げる時，組織のマネジメントの重要さは増大する．そのメリ

ットを高め，デメリットを抑えることは組織のマネジメントにかかるからだ．多角化，国際化，合併買収となれば組織の負荷はなおさら大きくなり，企業レベルの戦略における組織のマネジメントの重要性は一層高まる．多角化，国際化，合併買収は，戦略の問題であると同時に，すぐれて組織の問題でもあるのだ．

　組織はさらに，戦略を生み出す主体であるという点で重要である．戦略が実行されるには，戦略が構想されるだけではなく，それが承認され，計画に落とし込まれなければならない．企業は，とくに大企業になれば，計画なしには動かせないが(第8章)，その計画を策定するプロセスは多くの関係者と部門，つまり組織が担うものとなる．

　加えて，実行された戦略は，そもそも構想されたものでもなく，また計画されたものでもなく，現場の活動の中で中間管理者(ミドル)層や最前線で汗をかく人々によって創発される場合があるのは，先ほど述べた通りだ．

　米国の半導体メーカーのインテルはパソコン用のマイクロプロセッサーで主導的な地位を築いたが，その戦略は上層部で構想されたものではなく，躊躇する上層部を尻目に現場が推し進めた結果，事後的に形成されたものであった(Burgelman 2002, Gawer and Cusumano 2002)．先述の本田技研工業の米国での戦略も，米国に送り出された現地のメンバーによって見出され形成されたものであった．

　戦略は実行によって実質となり，また，実行の中で形成されるのだとすれば，戦略は，経営トップや企画部門のスタッフの専管事項ではなく，現場を含む組織全体が関わり，生み出すものとなる．

　もう一つ，組織は，戦略とは関係なく，重要である．戦略のいかんにかかわらず，企業は必要な業務を着実になしとげる基本動作を身につけていなければならない．個々の機能における業務管理がその基礎となる．それに長けていれば，優位な能力として戦略上の重要な武器になるのはすでに述べた通りだが，少なくとも基本動作ができなければ，そもそも戦略や能力をうんぬんする以前の問題として，事態は深刻である．現場を含め，組織の誰かが何かのミスをしても，企業は痛手を被り，場合によっては取り返しのつかないダメージを受ける．事業は総合的な営みであり，実行された仕事の集積である．基本方向を定

める戦略の役割は——上で述べた通り，とても重要であることは重ねて強調しておくが——その一部にすぎない．

　戦略は，つまり，組織のことをよく理解し，考え，組織を動かせるものでなくてはならない．戦略は組織によって実行されなければならない．組織が拒めば戦略は選択・実行されない．組織が優れていれば，戦略の有力な武器となるし，優れた戦略自体を生み出すことができる．そもそも組織が機能しなければ，戦略の出る幕すらない．戦略は組織の問題を抜きにしては意味をなさない．

　そういう組織のマネジメントは，戦略の観点だけから進めるわけにはいかない．組織には組織として目指すべき成果があり，組織としての問題，課題，論理がある．その組織のマネジメントについて理解し，考えるのが，次のパートの主題となる．

第 III 部

組織のマネジメント

働く人々へ向けて

　価値が創造されるかどうかを決めるのは顧客だが，そもそも価値の創造を担い，可能にするのが，企業の働き手であり，働き手による仕事である．働き手に熱心に働きたいと思ってもらわなければ企業は成り立たないし，その働きぶりが価値の創造に結びつかないことには事業は成り立たない．価値の創造に向けて様々な仕事を分担する人々が一丸となって協働するためには，仕事の枠組みと流れが整っていなければならないし，人々の関係と連携が良好でなければならない．

　この働く人々と仕事を束ね，動かすのが組織のマネジメントである．それは，顧客と企業にとっての価値を創造し，企業が目指す成果を生み出すためのものであると同時に，人々がやる気を抱き，やりがいを見出しながら働く機会を生み出すためのものである．それはまた，組織が組織である故に抱え込む問題を乗り越えるためのものであり，組織が組織であるからこそできることを追求するためのものでもある．

　第 III 部では，組織が本来的に抱える難しさ，問題点を理解した上で，働く人々の協働からより優れた成果をひき出すための人々と仕事のマネジメントという観点を中心にすえながら，企業が組織のマネジメントにおいて何をどのように考える必要があるかをみていく．第 2 章で示した企業経営の四つの側面の内，第二の側面について論じるパートとなる．

第7章　協働の体系

企業経営における組織／個人の意思，多様性，限界／
集団のコスト，弊害／組織の限界と可能性／組織のマネジメント

1. 企業経営における組織

　組織とは何か．組織論の泰斗，チェスター・バーナードの定義によれば，
「二人以上の人々の意識的に調整された諸活動・諸力の体系(システム)」のこと
をいう(Barnard 1938)．さらにつづめれば，「人々による協働の体系」である．

　組織は，一人ではできないことを成し遂げるためのものである．そしてまた，
多くの人々の単なる集まり(烏合の衆)でもできないことを成し遂げるためのも
のである．だから二人以上の人々を必要とし，諸活動・諸力の意識的な調整，
つまり協働を必要とする．バーナードは今述べた組織の定義を示した上で，そ
の例として「一人では動かすことができない大きな石を五人の人間が動かすこ
と」をあげている．組織を用いることで，つまり，五人の人間が共通の目的に
向けて力を合わせることで一人ではできないことができるようになる．

　多数の巨大な岩を積み重ねて作られた古代の巨大建造物は，多くの人々を専
制的な力や宗教的な影響力によって働かせることで作られたものかもしれない
が，現代の企業の経営は自らの自由意思で働く人々が協働することで成果を生
み出すものである．大規模なグローバル企業になれば，時には10万人を超え
る様々な国籍の人々が国境を越えて協働し，世界中の顧客が求める価値を生み
出し，長期にわたって存続，発展していく．成果の荘厳さでは古代の巨大建造
物に見劣りすることはあっても，協働の規模，範囲，複雑さと生み出す価値の
大きさという点では遜色ないといってもいいかもしれない．第1章で触れた通
り，19世紀半ば以降，現代の企業経営の礎が築かれたわけだが，それは，協
働の規模，範囲，複雑さの飛躍的な増大を可能にした組織のマネジメントの革
新，高度化によって成し遂げられたものであった．

　優れた組織のマネジメントは，人々がやる気を抱き，やりがいを感じながら

働き続ける機会を生み出し，働く人々の熱心で的確な協働を促すことで優れた価値の創造を可能にする．前の章の最後で述べた通り，組織は，戦略を実行し，価値創造，競争優位の担い手となり，さらに戦略の創造も担う．大規模なグローバル企業であれ，中小規模の地方企業であれ，経営とは組織を駆使する営みであり，組織は企業経営の中核となる．

　それは一面で，組織を動かすこと自体が難しいからである．顧客が求める価値，競争相手には生み出せない価値の創造は，多くの人々の優れた協働によってはじめて可能になるが，その協働自体に難しさがあり，その難しいことをやり遂げるからこそ，他社には実現できない希少な価値を生み出せるともいえる．

　卓越した戦略によって宅急便ビジネスを創造し，大きな成果を生み出したヤマト運輸の小倉昌男はこういっている．

　　　事業のアイデアがどんなにすばらしいものだったとしても，それは一人で実現できるものではないはずだ．もちろん経営者には企画力のようなものが必要だが，それと同時に，人を動かす術を持ち合わせていなければ，自分の企画を形にすることはできない．（中略）実際にやってみると，人を使って事業を進めていくのはひどくむずかしいことだ．人間はコンピュータのような機械とは違うから，こちらが正しいと思っている理屈どおりに動いてくれるとはかぎらない（小倉2004）．

　組織のマネジメントの一つの鍵は，この「ひどくむずかしいこと」を理解し，乗り越えることにある．それはどのような難しさか．主として個人レベルの問題と集団レベルの問題に整理することができる．順にみていこう．

2. 個人の意思，多様性，限界

　組織は個人が集まって構成されるが，その個人は，自由で，多様で，能力に限界がある．

　企業で働く人は，自らの自由意思に基づいて就業し，仕事を行う．他者がその判断や行動を直接支配，制御することはできない．小倉昌男がいった通り，

機械やコンピュータであれば操作者の思い通りに動作させることができるが，企業で働く人間はそうはいかない．暴力と恐怖による強制労働でもなく，宗教的信仰に基づく奉仕活動でもない．

就職するのも退職するのも自由である．人により，状況により，就職，退職の自由は制約を受ける．働きたい企業に就職できず，望まない仕事に就くことがある．性別や人種で希望の仕事に就けないことがある．転職が難しくて，辞めたくても辞められないことがある．ただ，原則としては自由である．「何人も，公共の福祉に反しない限り……職業選択の自由を有する」と憲法（第22条第1項）で保障されている現代の社会において人々に働いてもらうには，企業は，人々に勤めたい，勤め続けたいと思ってもらわないといけない．

優秀な人材に就職してもらい，働き続けてもらったとしても，企業の期待通りに働いてくれるとは限らない．企業の目的と個人の目的は違う．個人にとって働くこと以外にも大事なことがある．働くことについても，各人が欲しないこと，許容できないことがあり，企業の期待には一致しない．当初は一致しても，やがて一致しなくなることもある．

企業が求めることを働き手がその通り実行しているかを確認することにも限界がある．利害の不一致と情報の非対称性があると，つまり，任す側と任される側の利害が異なり，任された側が期待通りに働いているかどうかについての任す側の情報に限りがあれば，期待通りに働いてもらうのは難しくなる．経済学ではこれを「プリンシパル（任す側）＝エージェント（任される側）問題」と呼ぶ．

あくまでも本人の意思によって仕事をする人々に，辞めずに働き続けてもらい，期待通りに働いてもらうためにはどうしたらよいか．企業ができることは限られている．その基本は，給与，昇進，安定した雇用，自身の成長など，働くことに関して働き手が求めるものを企業が提供することで，やる気を抱き，やりがいを感じてもらって，勤めたい，働き続けたい，期待される仕事に熱心に取り組みたいと思ってもらうことである．働き手の期待に応えることで，企業が期待するように働いてもらうよう促すのである．

だが，働き手が求めるものを望むままに提供することはできない．商品の価格を顧客が受容できる水準に抑え，なおかつ自社が必要とする利益を確保するには給与を一定水準にとどめなくてはならない．昇進のポストにも限りがある．

提供できるものに限りがあれば，期待通りに働いてもらうことは難しくなる．

　その上，人はみな違う．働く人々はお互いに異質である．仕事において，人生において，何を求め，何を好み，何を得意にしているか．何をきらい，何を苦手としているか．それぞれに違う．同じ人でも，時間を経て，状況が変わり，経験を重ねて，価値観，優先順位，得手不得手，好き嫌いは変化する．それぞれに違う多様な人々に働きかけ，協働するよう促さなくてはならない．

限定された合理性

　かりに働き手に熱心に協働してもらえるとしても，もう一つ問題がある．そもそも個々の働き手の能力そのものに限界がある，という問題である．

　仕事における人々の行動は，一つ一つの意思決定に基づいている．経営上層部の戦略的な問題であれ，現場の定常的な業務であれ，意識的であれ，半ば無意識的であれ，各人が，個々の場面で，その時々，自ら決定し，行動する．どのようにしてどのような意思決定がなされるかが，経営の成果の質を決める．

　理想は最適化に向けた合理的意思決定である．検討すべき問題と目指す目的，目標を明確に定め，可能な選択肢をもれなく抽出し，各選択肢がもたらす得失を明らかにし，設定した基準に基づいて最良の選択肢を選び，実行に移す．人々がその都度このような意思決定を行えば，組織の成果は優れたものに向かう．

　だがそれは，全知全能の人であれば，の話だ．人は，多くの場合，少なくとも意図としてはできるだけ合理的であろうとするが，実際には知的にも，精神的にも，肉体的にも，能力に限界があり，時間に限りがある．全ての情報を集めることはできない．多くの情報を集めたとしてもその処理能力に限界がある．抽出される選択肢は限られ，選択肢毎に期待される結果を正しく予想することは難しく，最良の選択肢を正しく決定することは困難となる．

　実際の意思決定はどのように行われるのか．典型的には，認知，記憶，情報処理の能力に限界がある人が，できる範囲で情報を集め，手元にある限られた選択肢を限られた能力と時間の中で比較・検討し，よいと思える成果を生み出せそうな選択肢があれば，それを選んで先に進む，という形をとる．他にもっと良い選択肢があるかもしれないが，そうした探索はしない．

　例えば，うまくいった類似の前例を参照して意思決定する，いったん決めた

ことを，とくだんの問題がない限り，見直さないまま継続する，といったパターンがある．前の方法や従来のやり方で必要な成果が出せそうだと思えれば，改めて検討するための負担を省けるし，前例があるので説明はつく．従来の方針を続ける方が一貫性があるように思ってもらえるし，これまで自身，同僚，先輩や上司が投入した労力や資源を無駄にしなくてすむ．

こうした意思決定のあり方を「限定された合理性(bounded rationality)」という．人々の合理性は制約されているという意味だ．限定された合理性に基づく意思決定は，「最適化」ではなく「満足化(satisficing)」原理に依拠する．検討している選択肢の中で，設定した基準を満足するものが見つかった時点で決定し，それ以上の探索・検討はしない，という原理である．これが，ハーバート・サイモンとジェームズ・マーチらが明らかにした，実際の人間が日常的に依拠しているであろう，意思決定のメカニズムである(March and Simon 1993)．

そもそも問題が何であるか，判断(満足)の基準が何であるのかさえ，曖昧な場合もあるだろう．判断の基準が複数あり，どちらを優先すべきかはっきりとしてないという場合もあるだろう．ことによると，自分が好む選択肢が成果を生み出せそうな問題を問題として設定して決定する，といった場合すらあるだろう．先に手段があって，目的が選ばれるのだ．この種の意思決定のプロセスを「ゴミ箱モデル」という(Cohen 他 1972)．様々な問題，選択肢，検討の機会などが組織の中に放り込まれていて，たまたま成立した組み合わせによって結果として意思決定がされていく，という過程を表している．

限定された合理性の下では，意思決定は偏ったものとなり，最適な決定にはたどり着かない．組織の中の人々の実際の意思決定がこのようなものだとすれば，その集積の結果である組織の成果もまた最適とはいえないもの，限定合理的なものとなってしまう．

▌3. 集団のコスト，弊害

組織が複数の個人から構成される集団であることからも，問題が発生し，弊害が生まれる．一人ではできないことを人々が集まって成し遂げようとすることが，かえって面倒を増やし，対立をもたらし，合理的な意思決定を阻害する．

複数の人が集団として協働するためには，仕事を分担し，調整をしなければ
ならない．これ自体に手間がかかり，時間がかかる．協働のスケールと複雑さ
が増し，集団のサイズが大きくなれば，問題は深刻になる．調整に不可欠なコ
ミュニケーション自体にもコストがかかる．雑音が入る，正確に伝わらない，
一部しか伝わらないといった問題が生じる．集団の中で仕事を分担する結果，
やりたくない仕事を担当させられて，やる気を失う人が出てくるかもしれない．

　そもそも，自由で異質な個人が集まる時，共通の目的と協働の意思を持つこ
と自体が困難になる．個々の働き手が求めるものを組織が全て提供することは
できないと先ほど述べたが，集団の中で問題は先鋭化する．皆が求めるものに
限りがあり，その獲得をめぐって人々が競い合う時，良好で円滑な協働を期待
するのは難しくなる．人々の違いが，同じ組織で働く人々の間での利害の不一
致や対立(コンフリクト)をもたらし，感情的なしこりを生み，協働を妨げるこ
ともある．協働は，集団を構成する人々が限りある同じものを求めるゆえに損
なわれることもあるし，求めるものが異なるゆえに損なわれることもある．

　集団は，個人間の問題を超えてさらにコンフリクトを増長することがある．
それは，企業組織の中に形成される下位集団の間に生まれる．企業組織は，全
体として一つの集団だが，同時に――ごく少人数の組織でない限り――特定の
種類の業務を担当するとか，ある場所に勤務する，といった形で下位の集団が
形成される．大きな企業組織になれば，数多くの下位集団が形成される．非公
式な集団が形成されることもあるだろう．これらの下位の集団は，一方で各々
の集団内で結束を高め，他方で目的や価値観，利害を異とする他の下位集団と
相反する関係におかれると，それがコンフリクトを生む．コンフリクトは利害
が一致しない個人，異質な個人の間でも発生するが，集団間のコンフリクトは，
それぞれに多くの人が関わっているだけに，時に激しさを増す．

　集団である故に合理的な意思決定がさらに難しくなるという問題もある．上
述の通り，個々人の合理性も限定されているが，意思決定に関わる人数が増え，
関係が複雑になり，加えて利害の不一致や対立があれば，合理性の追求は一層
制約を受け，意思決定の「ゴミ箱モデル」化は一層顕著となる．

　さらに，集団は目指す成果を生み出すために凝集性，仲間意識を高めようと
することがあるが，これが多様な意見を抑圧し，合理的な判断を排除してしま

う方向にも作用するおそれがある．「集団浅慮（グループ・シンク）」，「集団傾向（グループ・シフト）」といわれる問題である．

　全員一致を求める空気が漂い，異なる意見を唱えたり，主流の意見への批判や疑問を呈したりするのが難しくなることがある．これが集団浅慮で，集団の意見が同調する方向に圧力がかかることで意思決定が偏ることをいう．また，ある種の規範を持った集団が内部で議論する内に，仲間内の気安さで気持ちが大胆になったり，責任が分散されることで，規範に沿う極端な意見を表明したり，支持したりすることを躊躇しなくなることがある．これが集団傾向で，集団の意見が極端な方向に傾くことをいう．個人のレベルでも合理性に限界があるが，集団浅慮，集団傾向は，個人であれば下さない決定を導き，合理的な決定を妨げるメカニズムとなる．下位集団のそれぞれで集団浅慮，集団傾向が作用すれば，下位集団間の利害対立は過激さを増しかねない．

　『12人の怒れる男』という米国の映画がある．父親を殺害した罪に問われた少年の裁判で陪審員を務めた12人が有罪か無罪かを評決する過程を描いたものだ．12人中11人が有罪であろうと考えて始まった議論は，ただ一人，検察側の判断に疑問をいだく人間が異を唱え，次第に他の陪審員の意見を変えていき，やがて無罪という評決に至って終わる．結果としてこれが正しい判断となるのだが，その描写は多数派の圧力がいかに手強いものであるかを雄弁に物語るものとなっている．意見の対立が激しくなる中で，有罪派の社会的有力者が，無罪派に転じた陪審員が人種的マイノリティ（少数グループ）であることや，よい職業に就いていないことを指摘する場面も登場する．

　集団による意思決定の弊害を理解するには，有名な映画を持ち出さなくても，企業（大学や役所でもいい）での会議の風景を思い浮かべればよい．通常，集団での重要な決定は会議で行われる．多くの人が参加する会議は，使える時間も場所も限られる．こうなると，会議で多くのメンバーが合意しつつある結論とは違う意見を持っていても，限られた時間の中でその場で決定しなければならないという圧力の中で，異論を挟む発言は「自主規制」されるかもしれない．ある企業の商品企画会議に出席中の社員が頭の中で考えていることを覗いてみよう．

この新商品の企画はどうも発想が古い．これでは売れないのではないか．ただ，どうやらこの企画が今日の会議で通りそうな流れだ．海外出張で前回の会議を欠席したのだが，その時に概ね合意の方向で議論が進んだようだ．それを今更私が蒸し返すのはやめた方がいい．まだ議題が残っている会議をこれ以上長引かせるとなおさら皆に嫌がられる．しかも今日はなんとしても定時に退社したい．長女の誕生祝いのため家族でレストランで食事する予定が入っている．人気の店でようやく予約が取れたのだ．いつもなら早く帰宅できる夫が夕食を用意してくれるので，多少残業しても問題ないが，今日はダメだ．

おまけにこの企画はうちの部長が提案したものだ．部内をまとめ，懐疑的な他部門を前回の会議で説き伏せ，ここまで持ってきた手腕はさすがだ．それを私が反対するわけにはいかない．入社以来目をかけてもらった部長の顔に泥を塗るわけにはいかない．代替案がないわけではないが，詰め切れていない．予定されている新商品発売のスケジュールからいって，これ以上決定を先延ばしすると他部署にも迷惑がかかる．この企画でいいのかどうにも気になるが，これだけのメンバーが揃って決定するのであれば仕方ない．この件は私の責任ではないし，黙っていよう．

　個人で決定するのであれば，都合のつく時にじっくり検討して的確な判断を導けるかもしれないが，関係者が集まる会議でしか決定できないことが制約となってしまうのだ．

　集団であることが自らを変えることを難しくするという問題もある．組織は状況に応じて自らを変革していく必要がある．個人が自らを変えることも難しいが，集団になればなおさら難しい．集団であることが，組織が必要とする変化に対する強固な抵抗の温床となる．事前にうまくいっている集団ほど抵抗は強固なものになりがちだ．それは，上位のレベル（組織全体）でも生じるし，下位のレベル（下位集団）でも生じる．組織全体としての変革を試みても，特定の下位集団が抵抗し，拒み，頓挫することもあるだろう．

4. 組織の限界と可能性

組織は，その活動を個人の意志・意欲に委ねなくてはいけない．自由な個人の意思を誘い，意欲を促すために組織が提供できるものには限界があり，それ自体が人々を競わせ，協働を妨げる．しかも，その個人の意志・意欲のあり方は多様であり，能力には限界がある．組織が人々の集団であることが問題をさらに難しくする．面倒なコミュニケーションと込み入った調整が必要になる．集団であることが合理的な判断を妨げ，制約や偏りを増長させ，必要な変化を難しくする．下位の集団が反目し合い，対抗心と闘争のエネルギーが内部に向けられ，足を引っ張り合うような事態にもなる．いずれも組織が優れた成果を生み出すこと，必要な変化を実行することを妨げる．

余裕があれば，こうした問題を大目に見ることも可能かもしれないが，顧客に選ばれ，競争に勝ち，利益を得なくてはならない企業にそのような余裕はない．

人々の協働の体系である組織に内在するこれらの問題が，価値の創造に向けて組織が合理的，効率的であろうとすることを妨げ，企業を窮地に追い込んでいく．企業は自身の内部に問題を抱えているのである．外的な問題——新たな競争相手が現れたり，市場環境が大きく変質したりする——が原因となった危機であっても，外的な問題への的確な対処が内的な問題によって妨げられるとすれば，それもまた組織内部の問題となる．

キューバミサイル危機，企業のマネジャーの日常

重大な局面におかれた組織の現実を如実に教えてくれる有名な例の一つが，「キューバミサイル危機」における米国政府の対応である．

キューバミサイル危機とは，米ソの冷戦の最中の1962年，ソ連が米国のお膝元であるキューバに核ミサイルを配備しつつあることを米国が発見したことをきっかけに米ソの緊張関係が一気に高まった時のできごとを指す．発見を受けて，同年10月16日にジョン・F. ケネディ大統領がキューバ沖でのソ連船舶の海上封鎖を宣言し，ミサイル基地建設のための物資を運んでいたソ連の船隊が引き返し，その後，ソ連のニキータ・フルシチョフ首相がミサイル撤去を

伝えて危機が収束したのは，10月28日だった．この13日間は，人類の歴史上，全面的な核戦争の可能性が最も高まった瞬間であった[1]．

この時，米国政府はどのように意思決定したのか．多くの人は，おかれた状況の下で様々な選択肢を検討した上で最良と思われる方策を決定したと想像するかもしれない．当時の米国政府が，若く有能な大統領に率いられ，若く才気あふれる閣僚から構成される「ベスト＆ブライテスト」の布陣を誇っていただけになおさらそう思うだろう．だが実際のプロセスを詳細に見ていくと，組織における意思決定の複雑な「現実」が浮かび上がる．この事例を分析したグレアム・アリソンの研究によれば，米国政府の意思決定は，政府内の様々な機関の仕組みや手続きに制約され，様々な政府関係者の行動や人間関係が影響しながら進められたものであって，決して政府が一丸となって合理的なプロセスによって下したものではなかった(Allison and Zelikow 1999)．どういうことか．その断片をいくつか紹介しよう．

そもそもソ連が着々とミサイル基地建設の準備を進めていた中，米国はその発見に手間取った．米国側には，(後から考えれば)ソ連の動きを指し示す重要な情報が同年9月には複数のルートを通じて入っていた．にもかかわらず，本格的な情報収集のために必要な方策がとられぬまま時間が過ぎた．関係する政府機関の通常の諸手続きの中で，必要な情報が必要なところまで届かないまま滞留し，必要な判断がなされなかったのだ．

由々しき事態が進行している可能性をようやく察知したCIA(中央情報局)長官は，情報収集のためのU2偵察機による偵察飛行が必要であると主張した．だが，それが政府内で認められるのにもさらに時間がかかった．偵察飛行の実施には，どの機関が担当するのかという「縄張り争い」の問題を含めて，慎重な検討と準備が必要であった上に，同長官が別途進めていた対キューバの工作が不評であったことや，同長官がその独断的で冷酷な性格から政権内部の多くの人々から好ましく思われていなかったことも影響した．肝腎な会合の際，同長官が新婚旅行で欠席し，代理で出席した部下が偵察飛行の実施に懐疑的な意見を持つ主要メンバーを説得する力がなかったことで，さらに時計の針は進ん

---

1) 映画『13デイズ』は，この出来事を描いたものである．

でしまった．偵察飛行が正式に決定したのが 10 月 9 日，実際に U2 偵察機が
キューバ上空を飛んだのは悪天候のためさらに遅れ，10 月 14 日のことだった．
　緊張が最高レベルに達していた 10 月 27 日には，キューバとは直接関係のな
いところで起きてはいけないことが起きた．米国のアラスカ空軍基地から U2
偵察機が北極圏でソ連の核実験から出た残留物の大気試料を採取する任務で出
動したのだが，航法システムの問題でソ連領空に迷い込み，ソ連のミグ戦闘機
が緊急発進し，対抗して米国の攻撃機が U2 偵察機の上空護衛のために発進し
たのである．この攻撃機には，キューバミサイル危機下の厳戒態勢のルールに
基づき核弾頭搭載の空対空ミサイルが装備されていた．U2 偵察機の任務は，
キューバミサイル危機が発生する前からの通常任務として計画されていたもの
で，それが「予定通り」実施された結果，起きたことだった．結局，ことなき
を得たのだが，事態を知ったケネディ大統領は「どんな場合でも訳のわからな
い馬鹿がいるものだ」といったという．国防長官は同じ間違いが起きないよう
国内外の全ての基地に U2 偵察機の飛行を禁じる指示を出した．運が良かった
ことにこの指示が出されたのは，同じアラスカ基地から次の U2 偵察機がやは
り以前からの予定通りに別の大気試料採取のために発進した直後のことだった．
同機は速やかに任務を中止して帰還した．ホワイトハウスでの極度の緊張をよ
そに，遠いアラスカ基地では以前からの計画を変えることなく粛々と任務をこ
なしていたのだ．
　キューバミサイル危機をめぐる「ベスト＆ブライテスト」の米国政府の内実
がこのようなものであったことは我々を震撼させる．ミサイル基地建設の発見
があと少し遅れれば，海上封鎖という選択肢はとれなくなり，より危険な選択
肢(例えば，米軍の空爆によるキューバミサイル基地の破壊)に傾く可能性が高かっ
た．それは世界を全面核戦争にさらに近づけたであろう．北極圏上空でものご
とが不運な方向に進めば，全く関係のない場所で米ソの戦闘機が核戦争の火蓋
を切っていたかもしれない[2]．
　以上の事例は歴史上最大級の危機における超大国の政府組織の現実だが，企
業経営のごく日常的な風景の中に観察される現実を明らかにしたのが，ヘンリ

---

2)　アリソンは，この出来事を，スタンリー・キューブリック監督が核戦争突入を描いて有名にな
　った映画『博士の異常な愛情』より異常であると述べている(Allison and Zelikow 1999)．

ー・ミンツバーグの調査(Mintzberg 1973)である.

こちらは，5人の企業の経営者(マネジャー)の日常の活動をつぶさに観察・記録した研究の成果である．分析結果によれば，マネジャーの役割は対人関係，情報，意思決定に関わるものに大別され，それぞれはさらにいくつかの細かな役割に整理される．対人関係に関しては，看板，リーダー，リエゾン(組織内外との連絡係)としての役割があり，情報に関しては，管理・監督者，配布者，スポークスパーソンとしての役割があり，意思決定に関しては，企業家，妨害対処者，資源配分者，交渉・折衝者としての役割がある．

こうした多様な役割を担いながら，実際にどのようにして毎日を過ごしているかを分析すると，一つ一つの活動が短時間で断片的であることが明らかになった．主要な活動の半分は9分以内に終了していた．1割だけが一時間以上を費やしたものだったが，その大半はあらかじめ予定された会議への出席であった．といっても会議の内容は通常多岐にわたっており，つまり一つ一つの議題に費やす時間はやはり短かった．朝から夜まで来客と郵便物(いまではオンライン会議とメールだろう)への対応に追われ，休憩も昼食も仕事に関係し，使えると思っていた自由時間は必ず周りにいる部下達に取り上げられた．

経営者に限らず，他の層のマネジャーについても同じような調査結果がある(Mintzberg 1989)．米国の職長56人は，8時間の勤務時間に583の活動，つまり，48秒毎に一つの活動を行っていた．イギリスの中間管理職160人は，中断なしに半時間以上一つの活動に専念できるのは2日に1回程度しかなかった．

現場の管理者から経営トップに至るまで，数多くの断片的な問題にごく短時間で対応する，というのが企業のマネジャーの日常ということになる．そこには，重要な問題をじっくり検討し，最適の決定を下すという姿はみえてこない．

組織の可能性

核戦争の危機への対処であれ，企業の現場の日常の仕事であれ，組織は，組織内の人々が個人として，集団として，最適な決断を下し，協働することを難しくする現実の中に置かれている．組織である故に抱える問題，難しさによって苦境に追い込まれ，自滅していった企業は限りないだろう．

しかし，だから組織には限界がある，組織は役に立たないのだ，という話に

はならない．企業は，組織である故に優れた成果を生み出す可能性を持っている．だからこそ企業組織が形成される．実際に多くの企業組織が優れた成果を生んだ歴史を我々は持っている．一人ではできないこと，烏合の衆ではできないことを成すために組織は作られ，活用され，成果を出す．

　本人の自由な意思に依拠するからこそ，優れた成果が生み出される可能性がある．多様な人々が集まるからこそ，同質な人々が集まるだけではできないことが可能性になる．あえて簡単には最良の選択肢が見出せないような複雑なことに挑戦するからこそ，希少な価値を創造できる可能性が高まる．組織で働く人々が経験し，学習したことを相互に共有し，活用すれば，意思決定の質を高めることもできる．そこに，豊富な知識と鍛えられた判断力を備え，人望を集め，多様な意見を部下から引き出し，集団浅慮，集団傾向にとらわれないよう注意しながら，より良い判断を下せる上司がいれば，チャンスはさらに高まる．組織は，働く人々の能力を高め，優れた上司を育成する可能性も備えている．

　多様で有能な人が集まり，多様な情報，知識，能力，アイデアを活用できることで，「文殊の知恵」を絞り出すことが可能になる．個人の独断ではなく，集団として検討し，決定することで，各人が納得し，正当性が付与され，行動に移ることが可能になる．集団として叡智を結集し，個人の限界を乗り越え，集団であることから生まれるエネルギーを活用することで，優れた成果を生み出す可能性が高まる．

　コンフリクトも，むしろ集団の形成が一定の効果をもたらしているからこその結果ともいえる．異質な人間が集まり，多様な下位集団を形成し，それらが結集することによって初めて可能になる成果を目指すのが組織だとすれば，コンフリクトがあることは，組織を機能不全に追い込むような過度なものでなければ，むしろ自然で望ましい状況だとすらいえる．コンフリクトがない「平和で波風のない」状態は，むしろ組織として生気を失い，衰退に向かいつつあることを示唆しているのかもしれない．

　『12人の怒れる男』は，集団として正しい評決に至る過程の難しさ，集団圧力の強さを教えてくれる例だが，他面で，もし各々が個人で判断していれば，12人中11人は誤った判断をしていたことを教えてくれる例でもある．少数でも異質な意見を持つ人が含まれた集団だったから，そして多様な背景を持った

陪審員が集まったことで当初の有罪説を多角的に検討することができたから，11 人の陪審員は誤った評決を下さずにすみ，少年はえん罪を逃れたのである．

　キューバミサイル危機に対峙した時の米国政府の内実は人々を震撼させる事例であったが，他面で，組織の力で危機を乗り越えた事例であったということもできる．ソ連の基地建設の動きを示唆する情報は，当初は適切に処理されないまま滞留したが，それらの情報がそもそも手元にあったのは，船舶関係工作員，亡命者，キューバ内の工作員などを含む，多角的な諜報活動のための仕組みが整っていたからであった．これらの情報があったからこそ，偵察飛行が実施された．決定までには余計な時間がかかったものの，決定後キューバ上空の偵察飛行が実行されたのは，そのための装備を開発し，訓練を重ね，能力が備わっていたからだった．偵察飛行が実施された後，上空から集めた写真データを速やかに分析し，ミサイル基地建設の動かぬ証拠を押さえることができたのも，全長約 8500 メートルにわたる長大なフィルム，引き延ばした写真で幅約 6 メートル，長さ約 161 キロメートルにおよぶ膨大な画像データをわずか一日で処理できる能力を備えていたからであった．ケネディが TV で海上封鎖を宣言したのは偵察飛行の二日後のことだった．発見が二週間早ければ，米国にはより多くの（より安全な）選択肢があったことは重い事実だが，他方で，発見があと二週間遅れていれば事態はさらに深刻な状況に追い込まれていたことを考えれば，別の評価が可能になる．

　海上封鎖という選択肢を検討し，選んだ過程は，政権を構成する主要機関とその関係者達が短い時間の中で検討を多角的に進めた――それは対立と混乱を含むものではあったが――からであった．ケネディは，海上封鎖の詳細（場所と時間）を決める際には，在米イギリス大使にも意見を求め，その助言を参照している．これは，キューバミサイル危機の一年半前，大統領就任直後のケネディが同じキューバに関連して大きな失態を演じ，その原因が政権内で充分な検討がなされなかったことにあったという反省がなされ，それが教訓として活かされたものであったといわれている[3]．

---

3) これは「ピッグス湾事件」と呼ばれるもので，キューバのカストロ政権の転覆を狙ってキューバ侵攻作戦を強行し，失敗に終わっている．ケネディ政権がこの時に下した決定は，「集団浅慮」の例として取り上げられている（Janis 1982）．

政府内の主要機関，関係者間の対立に振り回され，規則や計画に縛られ，核戦争の一歩手前まで近づいたことを忘れてはならないが，他面で，叡智を結集し，事前の備えにも支えられ，過去の教訓も活かし，最悪の結果を回避する決断を下し，それを実行できる組織の力を備えていたから人類は核戦争を回避することができたと捉えることもできる．

▌5. 組織のマネジメント

　多様な人々に，自らの意志で，意欲を持って賢明に熱心に働いてもらい，能力を高めてもらい，優れた判断，意思決定に基づき，集団の結束力を生かして価値のある優れた協働を行ってもらう．必要な変革を怠らない．これらの課題に応え，組織が必然的に抱える諸々の問題を乗り越え，組織の可能性を追求する工夫と努力の総体が組織のマネジメントとなる．

　組織のマネジメントが拙ければ，組織の問題が噴出し，企業経営は窮地に追い込まれる．優れていれば，組織の可能性が高まり，企業経営は優れた成果を生み出し，存続し，危機を乗り越え，発展する．

　前出のケネディ大統領は，就任直後に 10 年以内に人類を月に送って生還させるという目標を掲げたことでも有名だ．偉業は，人々を魅了し，鼓舞するような野心的な目標を設定することで達成されるという考え方があり，そのような目標を「ムーンショット目標」というが，その呼称はここからきている．だが目標は設定するだけでは達成はできない．困難な目標となればなおさらだ．1969 年 7 月，アポロ 11 号によって「ムーンショット目標」を見事に達成できたのは，NASA を中心とする組織の力による成果であった．アポロ計画における NASA の組織の力は，アポロ 11 号による歴史的偉業もさることながら，アポロ 13 号で事故が起きた際に三人の宇宙飛行士を無事生還させたことにも現れている．想定外の緊急事態にあって，地上スタッフと宇宙飛行士達の叡智と的確な判断によって危機は克服された[4]．他方，後年，NASA のスペース・シャトル・チャレンジャー号の爆発事故では，原因となった部品の製造会社の

---

4) これも映画『アポロ 13』になっている．

担当者が主張した発射延期の提案が十分に議論されなかったことが取り返しのつかない惨事を招いている．こちらは集団浅慮がもたらした悲劇の例となる．

　喩えるならば，組織のマネジメントとは，組織という暴れ馬をうまく乗りこなすための手綱捌きである．手綱捌きが下手だと，馬は動かないか，勝手に走り出して振り落とされてしまう．上手ければ，馬を促し，操り，徒歩ではたどり着けない遠い場所まで速やかに行くことができる．卓越すれば，月まで行けるのだ．

組織マネジメントの五つの問題

　問題を乗り越え，可能性を高めていくため，企業は組織のマネジメントにどのように取り組めばよいか．考えるべき基本的な問題は，大きく，①組織の構造とプロセス，②人材マネジメント，③リーダーシップ，④組織文化という四つの領域に分けることができる．

　第一（組織の構造とプロセス）は，経営の成果に向けて仕事をどのように分けて，調整するかという問題で，仕事の枠組みと流れをどのように整えるかについて考えるものとなる．第二（人材マネジメント）は，働き手にどのように熱心に的確に働いてもらうか，能力を高めてもらうかという問題で，働き手にとっての意欲と意味にどのように働きかけるかについて考えるものとなる．第三（リーダーシップ）は，リーダーに集団・組織をどのように率いてもらうかという問題で，率いられる人々（フォロワー）にどのようにしてリーダーについていきたいと思ってもらうかについて考えるものとなる．第四（組織文化）は，組織全体をどのような文化で束ねていくかという問題で，働く人々を共同体としてまとめるためにどのような価値観をどのように共有するかについて考えるものとなる．

　組織のマネジメントは，協働の体系を整えるための仕事（タスク）と人（ヒューマン）の側面から成る．組織とは意識的に調整された仕事を行うためのものであり，それは協働する人々によって担われるものだからだ．四つの問題は，この仕事と人の両側面についてそれぞれの領域から取り組むものとなる．この後の各章で見ていくように，この内，上記の第一の問題は，主として前者の「タスク・オーガニゼーション」の側面を扱うもの，第二，第三，第四の問題は，主として後者の「ヒューマン・オーガニゼーション」の側面を扱うものとなる．

と同時に，第一の問題は，仕事をするのが人々であることを前提にしているという意味でヒューマン・オーガニゼーションの要素を含んでいるし，残りの三つは，あくまでも仕事における人々を扱っているので，タスク・オーガニゼーションの側面にも関係する．

　四つの問題はつまり，仕事と人のマネジメントについて，それぞれに異なる領域を取り上げて異なる角度から取り組むものであり，それぞれの取り組みが組織のマネジメントを構成する基本要素となる．

　その上でさらに，組織のマネジメントにはもう一つ，つまり五つ目の重要な問題がある．それは，組織が自らを変えたい時，変えなくてはならない時，変革をどのように進めるかという問題である．上で述べた四つの取り組みのそれぞれ及び全体を必要に応じてどのように変えるかについて考えるものとなる．存続，発展を目指す企業組織は，必ずこの問題に対峙しなければならない．

　これら五つの問題は，組織研究の区分に従って，ミクロ的な問題に関わるものとマクロ的な問題に関わるものに整理することもできる．前者は個人や集団のマネジメントに関わること，後者は組織全体のマネジメントや組織と外部の環境との関係に関わることが主たる対象となる．この区分で整理すれば，第二（人材マネジメント），第三（リーダーシップ）の問題が主としてミクロの問題，第一（組織の構造とプロセス），第四（組織文化），第五（組織の変革）の問題は主としてマクロの問題を扱うものとなる．

　以下，三つの章を通じて，これら五つの問題を順に取り上げて組織のマネジメントについて述べていく．第8章で第一の問題（組織の構造とプロセス），第9章で第二の問題（人材マネジメント）を論じる．第10章で残りの三つの問題（リーダーシップ，組織文化，組織の変革）を論じ，その上で改めて組織のマネジメントの全体像を俯瞰する．

　全体を通じて第III部は，一連の仕事を経営の成果に結びつけるために，働く人々の熱心で的確な働きぶりを促すために，さらに存続・発展のために必要な変革を進めるために，組織のマネジメントについて何をどのように考えればよいかについて論じるものとなる．

第8章　分業と調整──仕事の仕組み

1. タスク・オーガニゼーション

　経営とは，具体的に細かくつきつめれば，空間的・時間的に連携された仕事の集成である．組織で働く人々の各々が，どこかで（空間的），ある時点で（時間的），何かの仕事をし，それらが集まり，連なって，結果として目指す成果に結びつく（あるいは，結びつかないこともある）[1]．

　仕事を担うのは人であり，人が動かなければ仕事はない．それは，すでに前章で述べ，改めて次の章でも論じる通りである．だが，人が集まって闇雲に仕事をしても，組織にはならない．成果は実現されず，経営は成り立たない．成果に向けて行うべき一連の活動を，組織を構成する特定の人が特定の場所，特定の時間に行う仕事として割り振り，それらの仕事が空間的・時間的に連動しながら効果的かつ効率的に進められることで，初めて経営を成り立たせる組織となる．この仕事の割り振りと連動を担うのが分業と調整のメカニズムであり，このメカニズムをどのように整えるかがタスク・オーガニゼーションとしての組織のマネジメントの主題となる．

　大きな岩を動かすために人々が集まっても，むやみに押すだけでは目的は達成されない．分業と調整の仕組みを整えなくてはならない．目指す方向に向かって押す仕事，あらぬ方向に転がらないよう軌道を修正する仕事，全員が力を合わせるようリズムを作り合図を送る仕事，これらの全体の仕組みを考え，合意を促し，指示を与える仕事，といった具合に仕事を分け，各々の仕事がきちんと行われ，タイミングと方向がそろい，連動することによって，岩を動かす

---

1)　第Ⅱ部で「活動」と記したものを，ここでは「仕事」と記している．企業で働く人々の観点から論じていく時，「活動」は「仕事」となる．組織のマネジメントの文脈では，この他，「業務」，「課業（タスク：task）」，「職務」といった呼び方もされる．

ことができる.

　分業と調整の仕組みが優れていれば，同じ人数でより大きな岩を動かすことが可能になる．あるいは同じ岩をより少ない人数でより速やかに正確に動かすことが可能になる．もし岩を動かす作業がより困難であれば——例えば，岩が巨大で，重く，いびつな形をしていて，足場が不安定で，移動先がピンポイントで決まっていて，他の岩と組み合わせて巨大な構築物として完成させる必要があり，しかもその出来映えとスピードを別の集団と競い合っているとしたら——より高度な仕組みが必要となる．このような岩を動かすのと企業経営のどちらが難しいかはさておき，多様な仕事の複雑な集成から優れた成果を生み出すための経営において優れた分業と調整の仕組みが必要なことは明らかだろう.

　そのためにはまず，分業と調整，つまり，仕事をどう分けるか，そして分けた仕事をどうまとめるか，という二つの問題について基本的な枠組みを構築しなくてはならない．さらに，用意した枠組みの中で実際に仕事が実行され，目指す成果に向けて円滑に連動する流れを作らなくてはならない．前者が仕事の進め方の「構造」の問題，後者が「プロセス」の問題である．この構造とプロセスから成る仕組みをどのように整えるかが組織のマネジメントの一つ目の問題となり，この問題にどう取り組むかがタスク・オーガニゼーションとしての組織の成果を左右するのである.

2. 分業と調整の枠組み——組織構造

仕事をどう分けるか（分業の枠組み）

　目的を実現するために必要な一連の活動をいくつかの小単位の仕事に分けて，複数の人に割り振って分担してもらうのが分業である.

　分業にはいくつか種類がある（沼上 2004）．まず，「水平分業」と「垂直分業」である．前者の一つが，仕事の種類で分けるものだ．企業が事業を進めるためには，事業活動を担う購買，生産，販売といった仕事，これらの活動を側面，背後から支える経理，財務，人事，法務，広報，研究開発などの仕事が必要である．それぞれの仕事はさらに細かく分けられる．研究開発であれば，基礎的

な研究，各要素技術の開発，製品開発，知財管理，研究企画などの仕事から構成される．このように担う役割，機能の違いによって仕事を分業することを「機能別分業」という．

水平分業にはもう一つ，同じ種類の仕事を複数の人で分担するという分け方もある．例えば，一人で担当するのでは量が多いので複数名で分担する，同じ仕事を異なる時間帯(昼のシフトと夜のシフト)毎に分担する，という方法だ．こちらは「並行分業」という．

これらの水平分業とは別に，ある仕事について管理と実行を分けて，それぞれ異なる人に割り当てる分業がある．仕事の目標，方針，内容，進め方，割振りを決める，調整をする，評価するといった仕事を上司である管理者が担当し，その管理に従って部下が実際の仕事を実行する，つまり権限を配分(決定する仕事と決定に従って実行する仕事の分担)する分業となる．これが「垂直分業」である．

少人数の組織であれば，成員の各々が多種の仕事を担当し，未分化のまま仕事を進めるだろう．しかし，活動の範囲が広がり，規模が拡大し，人数が増えるにつれて，水平，垂直方向に仕事が分割され，異なる人々が割り当てられていく．これは人間が古来活用してきた有効な手段である．仕事を分けて行うことで大きなメリットが得られるからだ．分業の意義を説いたアダム・スミスが用いた有名なピン工場の例を出せば，10人の労働者のそれぞれがピンの生産の全ての工程を担当するのであれば，1人当たり1日20本しか生産できず，合計200本にとどまる．これに対して，10人のそれぞれが特定の工程(針金を伸ばす，まっすぐにする，切断するなど)に特化して機能別分業を行えば，一日当たりの生産量は4万8000本となり，効率は240倍となる．

なぜ分業は有効なのか．まず，仕事の効率化が可能になる．特定の種類の仕事に専念することで，段取りを変えることなく，集中できる．繰り返し経験を積むことで失敗が減り，無駄がなくなり，スピードが上がる．集中的な学習により仕事の質を高めることもできる．

垂直方向の分業についても，実行を担当する側は判断や責任を負うことなく実行作業に集中し，経験，学習を重ねることができる．管理を担当する側は実行作業に煩わされることなく管理に集中し，管理者としての経験，学習を重ね

ることができる.

　特定の活動に特化する仕事を設定することで様々な人が仕事に就けることも
分業の重要な長所である. 肉体的な能力が問われる仕事, シンプルな作業を繰
り返す仕事, 机に向かって集中する仕事, 特殊な技能が必要な仕事, 人との接
触や関わりが鍵となる仕事——これらの多様な仕事を分けずに一人の人に任せ
るとしたら, 適任者は簡単にはみつからない. 各種の仕事に分けて, それぞれ
を別の人に任せるのであれば, 得意な仕事, 持っている能力, 好み, 積み上げ
てきた経験などを異とする多様な人々がそれぞれに就業できる. 分業は多様な
人材の活用を可能にするのだ.

　さらに, 限定された作業を繰り返す仕事, プログラムに従った作業を行う仕
事であれば, 人間ではなく機械やコンピュータに任せることもできる. 機械や
コンピュータは, 疲れることなく, 高速に, ミスなく作業をこなして, 大量・
高速処理を可能にして, 規模の経済の源となる.

　だが, 分業にはデメリットもある. 特定の仕事に特化する結果, 仕事が単調
になり, 意味を見出せなくなるという問題が生じる. 学習の機会も限定されて
しまう. 垂直分業でも同じ問題がある. 実行だけ担当する側は学習の範囲が限
られてしまうし, 指示を受けるだけの仕事を嫌うかもしれない. 管理を担う側
も「手足を動かさない」仕事に面白みを感じられないかもしれないし,「頭で
っかち」な管理となってしまうおそれがある.

　仕事を分けることで, 利害の対立や価値観の違いが生成・助長されるという
問題もある. 分業は, 仕事だけでなく心まで分けてしまうおそれがあるのだ.
分業によって様々な機能が専門化する程, お互いの異質性が高まることを「分
化」というが, 分化が進むことで緊張や対立が生まれる可能性がある.

　そして, 分業は調整を必要とする. 単に分けてそれぞれが勝手に仕事をする
だけでは, 成果は生まれない. 分けた仕事は相互に調整されなければならない.
「分化」されたものは全体の成果に向けて「統合」されなくてはならない. だ
が, 調整, 統合にはコストがかかる. 時間もかかる. うまくいくとは限らない.
分業, 分化が進む程, 調整, 統合が難しくなる. 調整, 統合をはかること自体
が対立や感情的なわだかまりを増長する場合もあるだろう. 成果を生み出すた
めに組織は分業を必要とするが, 分業を進めるほど調整は難しくなり, 適切な

調整なくして分業は無益となる.

分けた仕事をどうまとめるか(調整の枠組み)

そもそも組織は,価格と数量をベースに調整を行う「市場」とは異なる方法で経済活動の調整を行うことに本質的な特徴を持っている.第5章で述べた通り,組織の範囲は,市場を利用する——つまり外部の企業に任せる——より組織内で行う方が優れた調整ができるかどうかで決まる.調整の質が,組織の成果を左右し,組織の範囲を規定するのだ.

では,組織はどのようにして調整を行うのか.組織における調整は三つの方法を用いて行われる(Mintzberg 1983).第一は,活動を分担する人々が相互に直接やり取りしながら自分たちで都度調整するもので,「直接折衝」という.第二は,活動を担う人々の上位に調整の任にあたる管理者を設定するもので,「直接監督」という.先ほど触れた「垂直分業」に当たるもので,管理者が調整を担当する.第三は,活動を担う人々の間で何らかの標準を用いるもので,「標準化」という.直接折衝と直接監督がその都度調整を行う方法であり,標準化は調整のあり方を事前に決めておく方法となる.

調整を適切に行うためには,これら三つの方法を,それぞれの方法が持っている長所を活かし,短所を補い合うようにして組み合わせた枠組みを用意しなくてはならない.

部門化・階層化

直接折衝は,最も素朴な調整方法である.対等な関係にある当事者が直接やり取りするので,綿密で柔軟な調整が可能になる.だが負荷が大きい.少人数であれば成り立つが,関わる人間の数が多くなると成り立たない.直接監督は,管理者が調整を担うことで,作業者を相互調整の任から解放し,全体として調整の負荷を軽減する.だが,管理者の負荷が大きくなるため,直接監督によって調整できる人数にも限りがある.

小規模な組織であれば,直接折衝を中心にしながら必要に応じて管理者が直接監督を担うという枠組みを用意すればよい.しかし組織の規模が大きくなり,人が増え,活動の範囲が拡大し,調整が複雑化するにつれて,新たな枠組みが

必要になる．その基本となる仕掛けが「部門化・階層化」である．

部門化とは，様々な仕事を担う人々をいくつかの集団(グループ)に分けることをいい，階層化とはグループを階層状に組み上げることをいう．下位の階層で人々を少人数単位のグループに分け，次にそれらのグループを幾つかずつまとめてその上の階層のグループとし，さらに……という具合に，細かなグループから出発して階層を上がりながら段階的に一回り大きなグループへ括っていくのが部門化・階層化の姿になる[2]．よく目にする企業の組織図とは，この部門化・階層化の全体像を図示したものとなる．

部門化・階層化により，直接折衝も直接監督も限られた人数の間で行われることになる．各グループは，その内部の調整をメンバー同士の直接折衝とそのグループの管理者による直接監督によって行う．同じ階層の他のグループとの調整は各グループの管理者同士の直接折衝か，その二人が属する上位のグループの管理者による直接監督によって行われる．あるグループの作業者は他のグループとの調整には直接関わらないし，上位のグループの管理者は下位のグループ内の調整には直接関わらない．こうして，各階層，各部門で行われる直接折衝，直接監督による調整の範囲を限定しつつ，全体として複雑な分業と調整を秩序立って行う体系を組み上げることができる．

それはまた，上司(管理者)と部下(作業者)の体系，つまり権限と責任の体系，指揮命令系統を定めるものとなる．誰がどの仕事について権限を持ち，責任を負うか，誰がどの上司の業務命令に従うか，どの上司に何を報告するか．これらの基本が部門化・階層化で決まる．市場と区別される組織の本質が業務命令によって調整を進めることにあり，また組織を構成する各集団による活動とその相互関係が組織の成果を左右することを理解するならば，部門化・階層化が重要なことを決めていることがわかるだろう．

部門化・階層化を設計する上で，考えなくてはならない重要な問題が三つある．まず，グループをどのように括るかという問題．グループは，いずれの階層においても，作業者および管理者が直接接して調整する基本単位になる．異なるグループ間の調整は管理者を経由するため手間，コスト，時間がかかる．

---

2) 部門化・階層化は，全体から出発して階層を下がりながらより小さなグループに分けていくという流れで理解してもいい．

したがって，綿密，頻繁，迅速に行う必要がある調整ができるだけグループ内あるいは近いグループの間（一つ上の階層にあがれば同じグループに括られている）で完結するよう設計するというのが，括り方の基本原則となる．

　例えば，マーケティングと営業の調整が顧客への価値創造にとって鍵になるなら，両機能が同じ部門に属するようにすればよいし，商品開発と技術開発の調整が競争優位にとって重要なら，両機能が同じ部門に属するようにすればよい．実際には調整が必要な問題は多様であり，ある調整のためにグループを括ると他の調整が犠牲になるという問題を避けることはできない．もしマーケティングと営業を一つの部門に括り，商品開発と技術開発を別の部門に括れば，マーケティングと商品開発の調整は後手に回る．しかし部門化・階層化を利用する限り，慎重に検討した上で，何を優先して括るかを決めなくてはならない．

　第二に，各グループの大きさをどの程度にするかという問題．グループの大きさとは管理者が直接監督する作業者の人数を指す．これを「統制の範囲」という．一つ一つのグループをどの程度の大きさにするかによって，各階層でグループをいくつ編成する必要があるか，そして全体としていくつの階層が必要になるかが決まる．「統制の範囲」が狭いと，必要なグループの数は多くなり，階層の数は増える．「統制の範囲」が広ければ，各階層で必要なグループの数は少なくなり，階層の数は減る．前者を縦長の組織，後者を横広の，もしくはフラットな組織と呼んだりする．フラットな組織は階層の数が少ない分，階層の上位にたどり着くステップ数が少なくなり，効率的で迅速な全体調整が可能になるというメリットがあるが，管理者の負荷が大きくなり，その点で調整の質が損なわれる可能性がある．一方で縦長の組織は個々の管理者の負荷が軽くなるというメリットがあるが，階層の上位にたどり着くまでのステップ数が増え，全体調整は非効率で遅くなり，その点で調整の質が損なわれる可能性がある．

　第三に，垂直方向で調整の権限をどのように割り振るかという問題．部門化・階層化は管理者の権限と責任を配分する枠組みとなるが，各部門，各階層での調整の権限をどこまで管理者に付与し，どこまで作業者に委ねるかについては選択の幅がある．より多くを管理者に集めることを「集権化」，より多くを部下に委ねることを「分権化」という．後者は，「権限委譲」，「エンパワー

メント」とも呼ばれる.

　集権化は全体最適への調整を可能にするが，一方で上層の管理者が多くのことを決めるので，手間がかかるし，管理者の負担が大きくなる．調整・決定が最新・最前線の現実から離反したものとなるリスクがある．縦長の組織になればなおさらだ．作業者のやる気が損なわれるという問題もある．分権化は逆に，最新・最前線の現実に基づく迅速な調整，決定を可能にし，管理者の負担は減り，作業者のやる気が高まるが，部分最適にとどまるおそれがある．作業者の負担も増える．両方の長所・短所を理解して，バランスを決めなくてはならない．

水平的調整

　先述の通り，部門化・階層化により，同じ階層に位置する異なるグループ間の調整は管理者同士の直接折衝か，その上の管理者による直接監督に委ねられる．調整の手間がかかるし，管理者の負担も大きくなる．グループ内の調整に比べてグループ間の調整は後手に回ってしまう．そこを補うのが「水平的調整」となる.

　これは，部門化・階層化で設定された垂直方向の調整の流れを横切る水平方向で調整を行うことをいう．グループ間の調整を，階層を上がって管理者を経由するルートを経ずに，当該のグループ間で作業者同士が直接に行うものとなる．具体的には，作業者が直接調整する，連絡担当者をおいて調整する，水平的調整を専門に担う管理者を配するといった方法がある．つまり，水平方向で，作業者(もしくは連絡役)同士の直接折衝か，調整管理者による直接監督を用いた調整の枠組みを用意するものとなる．それは定常的なものでもよいし，一時的なもの——例えば，特定の目的に向けてタスクフォースやプロジェクトチームを編成する——でもよい.

　水平的調整は部門化・階層化を補うものである．メインの調整はあくまでも階層組織の垂直的な枠組みに沿った公式の指揮命令系統に沿って行われる．いわば，部門化・階層化で基本線を引き，水平的調整で補助線を引き，両者を組み合わせて全体として直接折衝と直接監督のネットワークを形作るのである．補助線とはいえ，水平方向の調整が加われば調整の負荷は増える．垂直方向の

調整との併存によって混乱や摩擦が生じる可能性もある．それでも水平的調整は不可欠であり，その成否は，水平的調整を加えることによって，負荷，混乱，摩擦を抑えながら，全体調整の質を高めることができるかどうかにかかる．

標準化

　調整のための方法としてもう一つ重要なのが，標準化である．先述の通り，その都度，事後に調整を行う直接折衝，直接監督と異なり，標準化は調整のあり方を事前に定めておくものとなる．公式の明文化された規則がその代表だが，明文化されていなくても，組織の中で定着している慣行や共有されている定型的な業務の進め方も広義には標準の一種である．後者は「ルーチン」とか「標準作業手続き」と呼ばれる．第10章で取り上げる「組織文化」(組織の成員が共有する価値観)も，標準を広くとらえれば，その一つとして位置づけることができる．

　あらかじめ標準を設定することで，事後的な調整を不要とし，調整の負荷を軽減し，円滑，効率的に仕事を進めることが可能になる．個々にその都度行う事後的な調整に比べて，事前に時間をかけて多角的に検討できる．個人の判断や力量に左右されることなく，恣意性もなく，関係者が納得できて，正当性が高いというメリットもある．標準を媒体として過去の経験を未来に伝達することもできる．標準とは組織の記憶であり，後に述べる組織の学習のベースとなる(第10章)．

　標準が共有される範囲は，全社や多くの部門におよぶ場合もあれば，ある階層の特定の部門で設定・共有される場合もある．部門化・階層化は，標準化の基本単位を設定するという意味でも重要となる．

　標準化の対象には，主に，活動のプロセス，アウトプット，インプットの三つの領域がある(Mintzberg 1983, 1989)．

　プロセスの標準化は，作業内容・手順など，仕事の進め方自体を事前に特定化，プログラム化することをいう．プロセスの標準化が難しい，不適切である(自由裁量に任せた方がよい)という場合には，アウトプットを標準化するという方法がある．成果，仕様，目標を事前に決めておいて，それに合致する場合には追加的な調整は不要となり，合致しない場合に事後的な調整を行う．もう一

つ，インプットを標準化するという方法もある．部品，材料，設備などを標準化する，人材のスキルや知識を標準化するといった方法もこれに含まれる．これらのものを標準化しておくことで調整の手間を省略・軽減できる．

標準化は組織の様々な活動で活用される．典型的な組立工場でいえば，あらかじめ組み立て作業は設定されており，各工程で用いるインプット(作業に用いる設備，工具，部品や前工程から受取るワーク)も決まっており，各工程でのアウトプットの仕様，数量が設定されて，工具の技能も事前の教育訓練で共通化されている．同じ技能を持った工具が，決められた投入物を用いて標準通りの作業を行い，標準通りの成果を生み出せば，前工程，後工程，部品製造部門など関係諸部門との追加的な調整なしに，工場の生産はスムースに進行し，大量・高速生産が実現する．キューバミサイル危機で米国が実施した偵察活動とその後の解析も，あらかじめ作業標準手続きが整えられていたからこそ，(決定後は)迅速に行われた．

標準化はしかし，事前に適切な標準を定めるための負荷が大きいことに加え，事後的により優れた調整が可能な場合や事前には想定していなかった例外的な状況に直面した場合には，不向きとなる．事前に定めた標準が優れたものであればこうした問題が起きる可能性は減るが，未来の出来事に不確実性がある限り，直接折衝，直接監督が担う事後的な調整の必要性，重要性はなくならない．

とくに組織の階層の上位にいくほど，非定形的な仕事の比重が高まり標準を利用する機会は相対的に少なくなる．また，下位にいけば定型化された仕事の比重が増し標準を利用する機会は多くなるものの，どのような仕事であれ想定外の問題は存在するし，標準を強いるだけではやる気や学習の機会が損なわれるという問題もある．標準化という方法には限界があり，使い方には注意が必要となる．

それでも，定型的な仕事，想定された状況における標準化のメリットは大きい．定型的な調整を標準化することで，直接折衝，直接監督を重要な調整に集中できるし，そもそも標準を設定しておくことで事後的な調整が必要になることを明確にできるというメリットも重要だ．

組織は何らかの標準を持つ．その質と活用の仕方が調整の質を左右する．優れた標準を設定し，直接折衝，直接監督と組み合わせて，賢明に活用すること

で優れた調整が可能になる.

組織構造の基本形——機能別組織，事業部制組織，マトリクス組織

　組織の分業と調整の枠組みについて具体的に理解するための例として，企業組織全体の組織構造における三つの基本形態，「機能別組織」「事業部制組織」「マトリクス組織」をみてみよう．全体構造を決めるという重要な問題であり，企業組織を論じる際には必ず触れられる代表的な問題である．

　「機能別組織（職能別組織と呼ばれることもある）」とは，主要機能を軸にして組織を編成することをいい，「事業部制組織」とは，製品，地域，事業などアウトプットを軸にして組織を編成することをいう（図8-1①，②）.

　機能別組織では，経営トップの下に異なる役割を担う各機能部門（購買部門，生産部門，販売部門など）が編成され，各部門は自らの機能に集中する．このことで機能毎に効率が高まり，学習も進む．ただし，各部門は単独では自立できないし，自らの機能の問題に集中するため事業としての成果との関係が希薄になるおそれがある．何かの機能でトラブルが発生するとその影響が企業全体に及ぶという脆弱性もある．また事業で成果を生み出すための機能間の調整は経営トップが担うので，その負荷が大きくなるという問題がある．それぞれが異

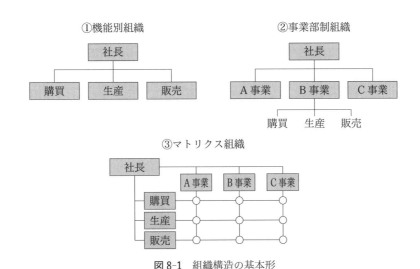

図 8-1　組織構造の基本形

なる役割，成果を担うことから，各機能部門を比較評価する共通の基準がないという問題もある．

事業部制組織では，経営トップの下に自立して「事業」を営める各事業部門（A事業部，B事業部，C事業部など）が編成され，各々が必要とする機能は事業部門毎に配置される[3]．各事業が目指す成果に直結する調整は事業部単位に行われ，経営トップは各事業向けの調整から解放され，個々の事業を超えたより上位の問題（第6章でみた多角化戦略など）に専念することができる．利益率，成長性など共通の基準に基づく事業部門間の比較・評価もしやすく，責任を明確にして互いを競わせることもできる．特定の事業部でトラブルやミスが起きても，他の事業部への波及が限られるというメリットもある．

その一方で，各機能は事業部門別に配置されることから，各機能の資源・活動が分散化し，効率性や学習は制約される．事業部と事業部の隙間に発生する課題や機会に取り組む部門がはっきりしないという問題点もある．

一般に，多角的に事業を営む企業では事業部制組織，単一の事業を営む企業では機能別組織を用いるのが典型的なパターンだが，単一事業企業でも事業部制組織を採る場合もある．事業部制とは，「自立して事業を営める単位」で分割されていることであって，各単位は，文字通り，異なる種類の事業であってもいいし，異なる商品ライン，地域，顧客であってもよい[4]．

機能別組織と事業部制組織の違いは，何を優先して部門化・階層化を設計するかに起因する．機能別組織では機能毎の最適化を優先し，事業部制組織では事業毎の最適化を優先する．その結果，優先されない問題の調整は後回しになるが，そこを補うのが，先ほどの水平的調整になる．機能別組織では事業軸で水平的調整が行われ，事業部制組織では機能軸で水平的調整が行われる．

これらは二つの軸の内の一方を優先するという考え方だが，もう一つ，両方の軸を対等にするという編成も可能である．それが「マトリクス組織」である（前掲図8-1③）．この形態では，経営トップの下に機能の責任者と事業の責任者

---

3)　各事業部門の自立性をさらに高めた「カンパニー制」という仕組みも，その一種である．

4)　歴史上，事業部制を先駆けて構築した企業として知られているのが，GMとデュポンである（第1章）．この内，GMは自動車に集中した単一事業企業であるが，商品ライン・顧客セグメントを基軸にして事業部制組織を作った．デュポンは火薬事業から出発して，その他の化学品事業に進出し，多角的な事業を経営する組織として事業部制組織を作った．

を配し，その下位に編成される各部門はこの二人の責任者の管轄下におかれる．これによって事業軸と機能軸の両方のメリットを同時に追求することが可能になる．別言すれば，垂直的な調整と水平的な調整が均衡している構造となる．

　事業ごとの調整を重視しつつも各機能を事業部門別に配置する余裕がない場合などで，有効な形態となる．ただし，当然のことながら，二つの軸からの要請が矛盾する場合の調整をどうするかという問題が残る．その調整は，二人の責任者同士の直接折衝か，二人の上司，つまり経営トップによる直接監督に委ねられる．それが滞る場合——それは決して珍しいことではない——結果的に二人の管理者から矛盾する指示を受ける部下に調整の負荷が集中することになる．

　この他，基本形態の一部を変えて，機能別組織に事業部制の要素を部分的に取り入れるといった「亜種」も可能だ．また，部門化・階層化の枠組みを基本としつつ，課題ごとにその都度柔軟にチームを形成し，それが調整の主導権をとるような「プロジェクトチーム」型の形態もありうる．さらに，ここまで機能，事業と二つの軸を中心に論じてきたが，国際化を進めている企業であれば，機能，事業，地域という三つの軸のそれぞれとその全体で最適な調整を目指す必要性が高まり，事態はさらに複雑になる．どの組織形態であれ，選んだ構造の長所を最大限活かしつつ，短所を抑え，補うことが課題となる．

3. 分業と調整の進め方——組織のプロセス

　組織の構造によって分業と調整の枠組みが整えられる．しかし，あくまでも枠組みであって，それだけで仕事が成果に向かって進むわけではない．実際に仕事が実行され，円滑に連動するよう，プロセスを整える仕組みが必要となる．そのための中心的な方法が，「計画とコントロール」である．

計画とコントロール

　計画とコントロールとは，設定した目標を達成するための活動についてあらかじめ計画を立て，その計画に従って活動を進め，途中段階でそこまでの結果と設定した目標を比較し，未達があれば必要に応じてその後の計画と活動を修

正することをいう.

　仕事の効果的な進め方としてよく知られている「PDCA」サイクルという手法があるが，エッセンスはこれと同じである．計画を作成し（Plan），計画に沿って仕事を実行し（Do），その結果が計画に沿っているかどうかを点検し（Check），計画に沿っていなければ計画を見直して（Action），所期の成果をあげることを目指す．

　計画とコントロールによって分業と調整のプロセスは目指す成果に向かって整序され，駆動される．計画を立てることで事前の調整が行われ[5]，その後，計画に従って各部署，各人に割り振られた活動が半ば自立的に進められ，途中段階でのチェックにより必要に応じて事後の調整が行われる．この一連の過程を通じて，人々の間で情報が流れ，コミュニケーションが交わされ，事前と事後の調整が促されるのである．次章で触れるように，計画の目標と実績の差を活動の担当者や計画策定者の人事評価の基準として活用することで，人々の働きぶりを導き，促す役割も担う．

　計画とコントロールは，組織の中の様々なレベル，領域，サイクルで用いられる．第II部で論じた企業戦略，事業戦略に基づく計画は，企業経営，事業の進め方全体に関わる計画となる．1年単位の短期的な計画から3年から5年にわたる中長期の計画が編成され，実行される．これらの計画は戦略の構想を具体的な仕事の進め方に翻訳し，戦略と個々の仕事を結びつける媒体としての役割を果たす．計画によって戦略は実効化し，計画を策定し，チェックし，必要に応じて修正するサイクルの中で戦略の見直しや新たな構築が促される．

　生産計画，営業計画，開発計画，人事計画，財務計画など，各機能領域でも計画が作られ，実行，修正される．特定のプロジェクトでも計画とコントロールに基づいて仕事が進められる．個々の業務でもきめ細かく計画とコントロールの仕組みが用いられる．営業では一日単位，週単位で計画が用意され，実績がチェックされ，営業活動が日々見直される．量産工場ともなれば，さらに短いサイクルで計画，チェック，修正のサイクルが回される．

---

5)　計画は事前の調整に基づき，その後の活動のあり方（プロセスやアウトプット）が定められ，人々はそれに従って仕事を進めることから，これも一種の（広義の）標準化であるということもできる．

計画とコントロールで欠かせないのが予算管理である．予算管理とは，一定期間の資源投入，活動について，その予定と成果の見通しを会計数値によって表現した予算(計画)を策定し，その執行と成果を定期的にチェックし，財務面から管理，調整(コントロール)する仕組みのことをいう．つまり金銭で表現された計画とコントロールである．全体レベルから各機能，個別業務レベルに至るまで，企業は目標とする利益の実現に向けて，資源と活動を金銭で測定し，評価し，制御しなくてはならない．これを予算管理が担うのである．第11章で改めて説明する通り，予算管理は，企業が資本の効率的活用を目指すための計画とコントロールの中心的方法となる．

　計画とコントロールには逆機能もある．作られた計画が適切なものであるとは限らない．計画の前提となる将来の見通しが大きく違えば，計画は意味を失う．計画策定に関わる特定の関係者の利害が反映される可能性もあるだろう．出発点となる計画が未熟であれば，成果も未熟となる．計画とコントロールはあくまでも手段であるにもかかわらず，それ自体が目的化し，形骸化し，そこに膨大なエネルギーが投じられ，組織が疲弊してしまうこともあるだろう．本来，計画はコントロールを通じて必要な修正を加えるものだが，一旦作られた計画に固執する姿勢を生み，対応を硬直化させてしまうかもしれない．経済活動の全体を計画とコントロールで動かそうとした計画経済がうまくいかなかったのは歴史が語るところである．事前の計画ではなく事後的に創発されたものが結果として優れた戦略になりえることは第6章で述べた通りである．

　それでもなお，上で述べた通り，計画とコントロールは大事な役割を果たす．創発的な戦略についても，事前の戦略，計画があることで，事後的な戦略の創発を促すこともある(第6章)．計画とコントロールなしには分業と調整は機能しない．逆機能に気をつけながら，計画とコントロールを効果的に使いこなすことが求められる．

仕事の進め方の仕組み，工夫

　計画とコントロールが分業と調整のプロセスの中核となるが，他にも効果的なプロセスを促すための様々な仕組みや工夫がある．重要なものについて，エッセンスを紹介しよう．

第一に，情報技術・システムの活用は重要な影響を持つ．そもそも，近代の大規模企業の誕生に電信・電話の発達が重要な役割を果たしたことは第1章で触れた通りである．今日の情報技術・システムの発展は，情報の収集，伝達，蓄積，処理をこれまでにない方法，スケール，スピードで行うことを可能にするものであり，その戦略的活用は分業と調整にとってますます重要になっている．

　第二に，公式なものばかりでなく，インフォーマルな仕組みが重要な役割を果たすことがある．廊下での立ち話，退社後の飲み会での相談，かつての職場や同期・同窓・同郷のつながりなどを通じた根回しなどにより，公式のルートでは難しい調整——それは公式の仕組みを歪め，マイナスに作用することもあるが——が行われることもある．

　第三に，仕事の物理的な配置も重要な意味を持つ．調整やその前提となるコミュニケーションにおいて重要となる直接のやりとりは，距離が近ければやりやすい．部門としては同じでも，職場が遠ければ疎遠になるかもしれないし，部門，階層が違っても，同じ場所にいれば，ランチを共にしたり，廊下で立ち話をしたり，気軽に席までいって相談することができて，これらが緊密な調整を促すかもしれない．同じ場所であっても，オフィス空間が壁やパーティションによって細かく区切られているか，役員室を含めて開放された空間を共有しているかによって調整，コミュニケーションのあり方は異なってくる．

　第四に，組織の中に，市場の調整メカニズムを取り入れるという方法もある．特定部門の成果を「値付け」して，部門間での調整を「価格」メカニズムを取り入れて行うのである．先述の通り，組織は市場による調整メカニズムとは異なる調整を行う点に意義があるが，一方で優れた調整を可能にする市場調整のメカニズムを部分的に組織の中に取り入れるのは重要な選択肢となる．

調整の作法

　調整の進め方にはよりよい成果につながりやすい「型」がいくつかある．有効だが，意識しないと実行できない，いわば「調整の作法」に従う型をルーチンとして身につけ，適切な機会に適切に応用できれば，組織は調整の質を高めることができる．

一つは，様々な仕事の中で，ボトルネックとなる問題の解決に重点を置くという作法である．ボトルネックとは，分業された様々な仕事の中で，ひときわ手間がかかり，時間を要し，全体の進捗と成果を制約してしまう部分をいう．ボトルネックになる仕事ができるだけ円滑に進むよう，仕組を整え，資源を投入し，全体への制約をできるだけ小さくすることを目指す．

　ある目標に向かって仕事を進める際に，できるだけ早い段階で広範囲の問題を取り上げて基本的な検討をすませておく，という作法もある．「フロント・ローディング（前倒し）」といわれる方法だ．段階が進むにつれ，様々な決定が積み重なり，大きな変更をすることが難しくなり，許容できる選択肢の幅が狭くなる．「もう時間がない」「今更後戻りはできない」とならないよう，重要な問題を先送りすることなく，前広に検討しておくことを大切にする．

　チェックと再調整のサイクルを高速で回すという作法も重要である．調整はある期間を設定して行われるが，この期間を短くすることによって，調整の質を高めるというものである．例えば，鮮度が重要な商品で，開発・調達・生産・流通・販売のサイクルを高回転で進めることで，顧客が求める価値を高効率で最適化していくことが促される．

見える化，スラック

　この他，調整を要する問題を明示化する仕組みも有効である．調整を必要とする課題の早期発見はよりよい調整を行う可能性を高めるからである．目につくようにするという意味で，「見える化」などと呼ばれることもある．サイクルを早め，見える化によってボトルネックを露呈させ，仕事の進め方が修正されれば，成果の質は向上する．

　それとは逆に，調整の必要性を緩めてしまうというアプローチもある．ここまでは必要な調整を効率的，効果的に行うための工夫を述べたが，高水準の成果を狙うから難しい調整が必要になるのだとすれば，目指す成果の水準を下げれば調整負荷を軽くすることができる．厳しい調整を迫られると負荷が高まり，対立が激化し，組織が疲弊してしまうこともある．そうならないように余裕を持たせるのである．「スラック（slack）」を持たせるともいう．ゆとりが生まれ，時間をかけることでかえって調整の質を高めることができるかもしれない．た

だし，そもそも余裕がなければとれない選択肢だし，安易，過度に応用すれば，単なる放漫に陥りかねない．

コンフリクトの表出と解決

　調整の進め方に関連して，コンフリクトのマネジメントについても触れておく．ある種の調整は，利害の衝突を招き，当事者間のコンフリクトを生む．

　コンフリクトの発生は，当事者，組織に大きな負荷をかける．感情的な反発を生んだり，場合によっては組織を機能不全に陥れたりする．コミュニケーションをよくとり，相互の理解を進めることによって，コンフリクトの発生を抑える努力が重要となる．

　だが，企業経営においてコンフリクトを消し去ることはできない．分業によって分化が進み，利害がぶつかるのは避け難いことである．前章でも触れた通り，コンフリクトがないのは，むしろ組織として未分化，未成熟であることの現れかもしれない．コンフリクトは優れた解決策を創造する契機や必要な変革の機会になることもある．無理に押さえ込もうとすれば，かえって組織は活力を失いかねない．コンフリクトが本質的に避けられないもの，ある種の意義を有するものだとすれば，それにどう対処するかは調整にとっての重要な課題となる．

　コンフリクトをめぐる代表的な議論では，自分の利害をどこまで優先するか，どこまで相手の利害に配慮するかによって，対応の方法を次の五つに分類している．――①お互いの利害を主張せず，対立を避ける（回避）．②自分の利害を優先し，相手の利害を押さえつける（競争）．③自分の利害を捨て，相手の利害を優先する（和解）．④自分の利害，相手の利害をともに満たす方法を追求する（協力）．⑤自分の利害も相手の利害も相半ばで折り合いを付ける（妥協）．

　これらの内，一般的には，「回避」や「妥協」ではなく，問題を直視し創造的な解決方法を見出す「協力」が望ましいと考えられている[6]．ただ，直面する問題，自分と相手の状況，とりうる解決策の内容やその影響によっては，他のパターンの方がよい場合もある．可能な選択肢を探りながら，それぞれの長

---

6)　第5章で，組織の範囲を広げた時に，活動・資源の間の調整が中途半端な結果に終わってしまうという問題があることを指摘した．それがここでいう「妥協」という対応方法となる．

所短所を理解した上で的確な判断を下さなくてはならない.

4. 分業と調整の仕組みと組織

分業と調整についてその基本的な仕組み，工夫，原則をここまで述べてきた.
これらを押えた上で，さらに理解しておくべき点，考えるべき点をいくつか指
摘しておこう.

組織レベル，業務レベル，組織間レベル

上記の議論は，組織全体についてあてはめることもできるし，組織の一部や
特定の機能についてあてはめることもできる. 例えば，組織の構造に関して，
先ほどは全社の組織構造について述べたが(機能別組織対事業部制組織)，同様の
議論を製品開発やマーケティングなど特定の機能分野の組織についてあてはめ
ることもできる. 製品開発組織でいえば，要素技術の軸と開発する製品の軸が
あり，どちらの軸を優先して開発組織の構造を設計するかという問題となる.

プロセスも同じだ. 計画とコントロールが，組織全体から個々の業務に至る
まで様々なレベル，部分で用いられると述べたが，その他の調整のための作法，
工夫についても様々なレベル，部分で適用できる. 例えば，多くの問題をでき
るだけ前倒しで検討する作法は，製品開発や生産など特定の機能レベルで活用
できるし，生産部門と営業部門の間の調整などより上位のレベルの問題でも活
用できる.

さらに企業間の分業においても活用できる. 企業間の分業は市場取引による
調整に基づいて行われるという点で組織内の調整と本質的に異なるが，組織的
な調整の仕組みや工夫を部分的に取り込むことで相互の活動を綿密に調整し，
全体としてよりよい価値を創造する協業が可能になる[7).

組織全体であれ，組織の特定部分であれ，組織間であれ，ここまで述べてき
たことを基本原則として，様々な活動が分業され，調整され，価値の創造に結

---

7) 第5章で触れた中間組織とは，市場取引に組織的調整のメカニズムを浸透させるものであった.
仕事の物理的配置が重要な意味を持つことがあると先ほど述べたが，協業企業が地理的に隣接す
ることで優れた調整，協業が可能になるのはよく知られたメカニズムである.

びついていくように仕組みを整え，動かしていくことが，タスク・オーガニゼーションとしての組織のマネジメントが目指すところとなる．

分業と調整の仕組みと組織

　組織の構造とプロセスは分業と調整の基本的な仕組みを定めるものだが，それは，組織の限界を乗り越えるためのものとして理解することができる．

　前章でみた通り，企業で働く人々の合理性には限界がある．最適化された意思決定が可能なのであれば正しい答えが導かれる．しかし満足化による意思決定であれば，決定の基準，選択肢の探索の範囲と順番など，状況によって選ばれる答えが違ってくる．放っておけば，人々は最適とはいえない決定で満足し，集団浅慮，集団傾向に陥り，コンフリクトに疲弊し，安易な回避に逃避する．組織の構造とプロセスは，そうならないよう，意思決定をめぐる状況に影響を及ぼすことを目指す．部門化・階層化，水平的調整，標準化，計画とコントロール，さらには様々な調整の作法は，過去の叡智と入念な検討によってやるべきことを事前に標準として定めて活用し，有効な作法を用い，人々が費やせる限られた時間と努力をより重要な，例外的な事後的調整に集中することで，能力と時間，エネルギーに制約がある人々が，低いレベルで満足することなく，より合理的な解を見出すよう促すのである．

　分業と調整の仕組みはまた，組織の可能性を高めるための基盤となる．競争相手をしのぎ，顧客に選ばれる価値を創造するためには，個々の活動の質と活動間の調整の質がともに優れていなければならない．第Ⅱ部で事業戦略における組織の能力の重要性を強調したが，組織の構造とプロセスはそうした組織の能力を支える中心的なメカニズムとなる．優れた組織の構造とプロセスは他社には実現できないような価値の創造を可能にする[8]．事業の範囲を拡大し，多角化，国際化を進めるとなれば，なおさら分業と調整の仕組みが重要となる．

　優れた組織の成果を生み出す上で分業と調整の仕組みが果たす役割の大きさは，19世紀半ばから20世紀はじめにかけて米国で大企業が誕生，発展した歴

　8）　世界の自動車メーカーを比較した分析によれば，製品開発において優れた組織の構造とプロセスを整え，それを率いる優れたリーダー（第10章）を配した企業がより優れた開発成果を生み出している（Clark and Fujimoto 1991）．

史が雄弁に物語っている（第1章）．鉄道会社は，階層的な組織構造を構築することで大企業として先鞭を着けた．テイラーの科学的管理法は作業を科学的に標準化することで近代の企業経営の礎を築き，自動車の製品と生産工程を徹底的に標準化したフォードの大量生産システムはその集大成となった．GM は標準化を複数製品にわたって活用し，デュポンとともに世界に先駆けて事業部制組織という新しい組織形態を打ち立てたことで大きな成功を実現した．経営史家のチャンドラーが「神の見えざる手によるマネジメントから経営者の見える手によるマネジメントへの移行」と呼んだ歴史的過程の中心に分業と調整の仕組みの革新があったのだ（Chandler 1977）．

状況適応

ただし，分業と調整の仕組みを整える時に注意すべきことがある．一つは，仕組みのあり方は多様であり，いつでもどこでも通用する理想のものはないという点だ．その組織がおかれている状況，目指すものが違えば，適した仕組みも違う．このような理解を「組織の状況適応（コンティンジェンシー）理論」という．

その代表的な議論の一つであるトム・バーンズと G. M. ストーカーの研究によれば，安定した外部環境で事業を行う企業や大量生産を行う企業であれば「機械的組織」が適していて，変化が激しい外部環境で事業を行う企業や個別受注生産を行う企業であれば「有機的組織」が適していることが明らかにされている．機械的組織とは階層的な組織構造がとられ，職務権限が明確に定められ，垂直的な命令と指示によって仕事が進められるような組織をいい，有機的組織とは水平的な調整が重視され，職務権限や標準が柔軟に運用されるような組織をいう（Burns and Stalker 1961）．また，ポール・ローレンスとジェイ・ローシュの研究によれば，環境の不確実性のレベルに応じて，企業組織に求められる「分化」と「統合」のレベルは異なることが明らかにされている．複雑で変化が激しい事業環境にある企業は，各機能がそれぞれに分化し，同時にそれらを統合するための水平的調整の仕組みを強化しなければならないが，環境がよりシンプルで安定していれば，さほどの分化と統合は必要ない（Lawrence and Lorsch 1967）．

万能の仕組みがないのだとすると，それはさらに，状況や目指すものが変われば企業は仕組みを見直さなくてはならないことを意味する．だが，組織全体の構造やプロセスに関わるものになると，変えることが難しく，そこには異種の困難が待ち構えている．このことについては，第10章，第14章であらためて論じることとしよう．

官僚制組織

　注意を要するもう一つの問題は，分業と調整のための仕組みの中心となる部門化・階層化，標準化，計画とコントロールといった方法は，いずれも「官僚的」と呼ばれる組織の特徴であるという点だ．

　人間味がない，硬直的で融通が利かない，手続きが多くて時間がかかる，担当者の間でたらい回しにされる──「官僚的」と聞けば，こんなネガティブなイメージが思い浮かぶだろう．専門が細かく分かれ，権限が階層的に構成され，多くのことが規則で定められ，詳細な計画と予算に従って物事が進められる．こうした仕組みが，「官僚的」な仕事のあり方を強いるのだ．しかし，ここまで論じてきたように，これらの仕組みは，本来，分業と調整のための有効な仕組みとして用いるものである．小規模な組織であれば話は別だが，規模が大きくなり，多様で複雑な活動によって事業を行う企業組織であれば，「官僚的」な仕組みは必要となる．社会学者のマックス・ウェーバーが指摘した通り，官僚制組織は現代の組織の合理性を支える重要なメカニズムなのである（Weber 1956）．

　だが官僚制には逆機能があることもまた事実だ．だから批判のやり玉にあげられる．やはりウェーバーが指摘したように，組織は官僚制によって働く人々の自由を制約する傾向を持ってしまう．組織が「官僚化」した企業は先が危ぶまれる．上述の有機的組織とは官僚的組織の特徴を色濃く有する機械的組織では対応できない状況に適応するための仕組みであった．

　それでも，高度で複雑な活動を行うのであれば，濃淡，強弱はあるにしても，企業組織はどこかに「官僚的」な要素を持たなければならない．そのさじ加減は状況と目的によるが，適切で迅速な分業と調整が可能になるよう官僚制のメリットを生かしつつ逆機能を抑える組織が，優れたタスク・オーガニゼーショ

ンとなる.

仕事と人

　最後にあらためて強調しなくてはならないのは，仕事を実際にするのは人であるという点である．いくら優れた仕事の仕組みを用意しても，能力がある人が意欲を持って取り組まなければ絵空事に終わる．

　組織の構造，プロセスの仕組みは仕事の質を保証するものではない．目指す成果を生み出すために経営が必要とする質の高い選択肢や判断は枠組みや流れ自体が生むものではない．実際の調整，判断の質を担うのは，仕組みではなく人である．仕組みが同じでも，仕事を担う人によって結果は違う．

　さらにいえば，人の能力で仕組みが違ってくる．管理者の能力に限界があれば，管理の幅を狭めなくてはならないし，部下の能力が不足していれば，より多くの標準やきめ細かな計画を用いなければならない．逆に，上司の能力が優れていれば管理の幅が広がるし，部下の能力が優れていれば権限を委譲し，組織はフラットになり，より柔軟で，速やかで，質の高い判断が可能になる．

　傑出して有能な人物がいれば，その人物の強みが活かせるような組織の仕組みを用意する，あるいはそういう人物を育てることを目的に仕組みを用意する，という発想もありえる．GM のスローンは，自社の成功を導く上で事業部制が果たした役割を強調した上でこういっている．「組織がどうあるべきかは，簡単に割り切れる問題ではない，というのが経験に基づく私の考えである．人の果たす役割がことのほか大きいため，時と場合によっては，組織に人を配するのではなく，一人あるいは数人のために組織を設ける必要があるだろう」(Sloan 1963)．

　それでも仕事の仕組みの重要性は揺るがない．肝腎なのは人であるとしても，人々が優れた仕事をすることを促し，支援するという意味で，分業と調整の仕組みは不可欠であり，大きな意義を持つ．仕事の仕組みが貧弱であれば，分業と調整は錯綜し，合理性の限界から決定の質は損なわれる．仕事の枠組みと流れが整序されていれば，それ自体が優れた選択肢，調整案を生むわけではないが，余計な負担や無駄な時間を減らし，人々が優れた選択肢，調整を生み出す可能性を高める．前章で紹介したミンツバーグの調査が示す通り，マネジャー

の時間の大半は細かなことに断片的に費やされるのが現実だが，その現実の中で少しでも質の高い，創造的な仕事ができるように支え，促すために，仕組みがある．

　例えば，事業部制組織は経営トップが全社の経営に関わることに集中するための構造であり，戦略計画の策定は戦略の検討と決定を促すプロセスとなるが，これらの仕組みがあることと実際に優れた経営判断がなされることは別の問題である．最終的な成否は，あくまでも，戦略的思考と判断ができるかどうかにかかる．ただ，これらの仕組みがあることで，経営層がそのような思考と判断により多くの注意と時間を費やすことが可能になる．これらの仕組みがなければ，他のことに注意と時間がとられて，戦略的思考と決断は妨げられる．事業部制や戦略計画への依存が，結果的に事業の現実から経営層を引き離し，戦略策定を形骸化させてしまう危険もあるが，そういうリスクに注意しつつ仕組みのメリットを活かせれば，質の高い，創造的な思考と判断ができるチャンスが高まる．事業部制にはさらに，主要機能を束ねて事業成果を生み出す経験を各事業部門の責任者に積ませることで，次代の経営者を育成できるメリットもある．「仕事が人を作る」というように，仕事の仕組みが人を育てるのだ．

　理想の仕組みはなく，目的と状況に応じた設計と見直しが求められることを理解した上で，注意深く活用するならば，組織の構造とプロセスは大いに威力を発揮する．

　ただし，はなしは再び元に戻るのだが，そこにやる気と能力を備えた働き手がいることが不可欠となる．章を改めてその話に進むことにしよう．

第9章　働く意欲と意味——人材のマネジメント

ヒューマン・オーガニゼーション／働く意欲と意味／
人材のマネジメント／人と組織

1. ヒューマン・オーガニゼーション

　企業経営にとって，直接意味を持つのは，仕事である．だが，仕事を行うのは人である．人が仕事をしてくれないことには始まらない．組織はタスク・オーガニゼーションであり，同時にヒューマン・オーガニゼーションである．

　バーナードの例に再び戻れば，岩を動かす五人の内の一人が協働する意欲を失えば，組織は成り立たず，目的は果たされない．目指す成果へ向かう適切な仕事の実行は，必要な能力を備えた人が意欲を持って協働することで可能になり，成果はその働きぶりいかんにかかる．

　前章で論じた分業と調整の仕組みも，人が仕事を担うことを織り込んでいた．合理性に限界がある人が集団として協働することに注意を払いながら仕組みが設計される．だが，重点はあくまでも仕事の側面にあった．人のことは背景として考慮されていたにすぎない．ヒューマン・オーガニゼーションとしての組織のマネジメントでは，より直接的に人に目を向け，人の側からそのあり方を考えなくてはならない．

　企業経営において人が重要となるのは，仕事をするのが人だからというだけではない．人に仕事をしてもらうことが難しいからでもあり，人には優れた仕事を行う潜在的な力が備わっているからでもある．

　人に仕事をしてもらうことの難しさと価値は，機械と人と比べてみれば理解できる．第7章で引用した小倉昌男の言にある通り，機械と違って，人を思い通りに制御することはできない．あくまでも，本人の意志によって働いてもらうしかない．機械と違って，人には仕事以外の問題がもれなくついてくる．仕事に関わる部分のみを人から切り離すことはできない．人はひとりの全体であり，肉体も心も含む全人格が関わる．8時間の勤務時間中の人と残りの16時

間, 休日の人を分けることはできない. 勤務時間の8時間とて, その全てが仕事に捧げられるわけではない. 人にとって仕事はとても重要であるが, 一部に過ぎない. さらに, 機械は(同じ設計であれば)皆同じだが, 人は十人十色, 求めるものにおいても, 能力においても, 心においても, みな違う. そして, 機械はあらかじめ設定されたメカニズムやプログラムに従う仕事しかできないが, 人はメカニズムやプログラム, 選択肢や目的そのものを創造, 決定することができるし, そういう能力を経験や学習を通じて高めることもできる.

肉体, 心を持つ人の働きぶり, 能力を経営(他者)がコントロールすることはできない. 経営にできるのは, 人が求めるものを供与することによって, 能力を備えた人に意欲を持って仕事に取り組んでもらうよう, 組織が求める能力を一層高めてもらうよう, 誘い, 促すことだけである. この限られた手段を用いて扱いが難しいが潜在的な力を備えた人に, やる気を抱き, やりがいを感じながら熱心に, 効果的に企業経営に貢献してもらうこと——これがヒューマン・オーガニゼーションとしての組織のマネジメントの主題となる.

それは, 企業経営に貢献してもらうためのものであると同時に, それぞれの人が求める働く機会を創り出すためのものとなる. やる気を抱き, やりがいを見出せる仕事に就くことは, 生活の糧を得るということを超えて, 人にとってとても大切なものとなる. ヒューマン・オーガニゼーションとしての組織のマネジメントは, そのとても大切な役割を企業が果たすためのものであり, そのことによって働き手の貢献を促し, 事業の成果を生み出すためのものとなる.

今日の企業経営の源流となった19世紀半ば以降の新しい実践や議論の歴史を辿れば, 当初は, 階層的組織, 科学的管理法, 官僚制組織論, 事業部制組織などに代表されるように, タスク・オーガニゼーションとしての組織マネジメントに関わる問題に重点があった(第1章, 第8章). その流れを変えたのが, 1927年から5年を費やして米国で実施された「ホーソン工場実験」とそれに基づく研究成果であった. 職場の生産性を高める方法を探るため同工場の業務のあり方などを分析したところ, 実は働く人々は周りの同僚との関係や, 感情, 安心感などの影響を通じて成果を高めるのだ, ということが「発見」され, 大きな反響を呼んだ(Roethlisberger and Dickson 1939). 後に実験や分析の手法に問題があるとの批判を呼んだ研究であったものの, ここから, 仕事をするのは

人であり，人および人々の関係を理解した上で，意欲と能力を高めるよう働きかけることが重要であるという「人間関係学派」と呼ばれる考え方が立ち上がり，ヒューマン・オーガニゼーションとしての組織のマネジメントをめぐる議論が興隆していった．

武田信玄がいったと伝えられている「人は城，人は石垣，人は堀」という言葉がある．どれだけ城を強固にしても，人の心が離れてしまっては，国を治め，守ることはできないという意味だ．遠い昔の戦国大名であれ，現代の企業であれ，組織における人の重要さにかわりはない．その重要な人に企業はどのように働きかければよいか．これが組織のマネジメントの二つ目の問題となる．

2. 働く意欲と意味

人が働いてくれるのは，働くことによって，その人が求めるものが得られるから，あるいは得られる期待があるからである．

人に働いてもらうために企業ができることは，人が求めるものを提供することによって，人を動機付けることである．心理学の用語を借りれば，人に欲しいと思わせるものを「誘因」といい，それを求める気持ちを「欲求」（あるいは「動因」）という．動機付け（モチベーション）とは，人が欲しいと思う誘因——これをインセンティブともいう——を提供することで，人の行動がある方向，成果に向かうよう促すことをいう．誘因が人を動機付けるためには，それが欲求に結びつかなければならない．人が欲しいと思う誘因だけが人を動機付ける．

モチベーション——働く意欲

人は何を求めて企業で働くのか．このシンプルで，しかし重要な問題については，様々な議論が積み重ねられてきた．その重要な源となったのが，米国の心理学者のアブラハム・マズローが1950年代に提唱した「欲求階層説」である．

この説によれば，人の欲求は次の五つの種類に分類できる．①生理的欲求（食べたい，寝たい，休みたい）．②安全欲求（危険から逃れたい，安心していたい）．③愛情・所属欲求（他者から愛されたい，受け入れられたい，何かに属していたい）．

④承認・尊厳欲求(他者から認められたい，尊敬されたい，尊厳を保ちたい)．⑤自己実現欲求(何かを成し遂げたい，能力を高めたい，成長したい)．これらは①から⑤の順に，より低次のものから高次のものへと段階的な関係を構成している．最も優先されるのが①であり，それが満たされると②の欲求が出現し，それが満たされると③が出現し，次いで④が出現する．最終的には⑤の欲求が重視され，これは尽きることがない．

　この説の背後には，人間は単に安心して生きるために必要なものだけを求めているのではなく，個人として社会の中でよりよく生きることを求める多元的で主体的な存在であるという理解がある．人間は経済的報酬を求めて働くという単純で矮小な理解とは大きく異なる人間観であった．上述の「人間関係学派」と共鳴する．

　こうした観点を共有して組織のマネジメント向けに提唱されたのが，ダグラス・マグレガーによる「X理論-Y理論」であった．X-Yとは伝統的な捉え方と新たな捉え方を対比させた表現であった．人間は低次の欲求(生理的欲求や安全欲求)に動機付けられるという人間観に基づき，働くことが嫌いで厳しい管理を必要とする人間を想定する議論をX理論と称し，高次の欲求(尊厳欲求や自己実現欲求)によって動機付けられるという人間観に基づき，仕事を楽しみ，自ら方向を定めていく人間を想定する議論をY理論と称した．組織のマネジメントは，伝統的なX理論に依拠するのではなく，Y理論に基づいて行うべきであるというのがマグレガーの主張であった．

　二つの説は，自己実現や尊厳など高次の欲求の重要性を強調し，直感的なわかりやすさを持つことから，大きな影響を及ぼした．ただ，実証的な裏付けを欠いたところもあり，その後，様々な議論が提示された．表9-1はその代表的なものを要約したものである．これらは，欲求の内容(人は何によって動機付けられるのか)に着目したものと，過程(どのように動機付けられるのか)に着目したものに大別できる．エッセンスを紹介しよう．

　内容論では，欲求の主要なタイプを整理した上で，それぞれのタイプが果たす役割，意味の違いや相互の関係が示された．フレデリック・ハーズバーグが示した二要因理論(C)では，働く人々の職務満足を左右する要因を，大きく「動機付け要因」と「衛生要因」の二つに分けた．前者はそれが高いと動機付

表 9-1　個人の働く動機をめぐる主な議論

	主要な議論 (主な提唱者)	主な要因・次元	概要
A	欲求階層説 (マズロー)	①生理(食欲など)，②安全(安定，安全，保護)，③愛情(愛，所属)，④尊厳(承認，尊厳)，⑤自己実現(達成，成長)	欲求は低次の①から高次の⑤へと階層構造を形成しており，低次の要求が満たされると高次の要求が重要になり，⑤には上限がない．
B	X理論-Y理論 (マグレガー)	①低次欲求(生理，安全)，②高次欲求(尊厳，自己実現)	①中心の伝統的なX理論ではなく，②に基づくY理論によって管理すべき．
C	二要因理論 (ハーズバーグ)	①動機付け要因(仕事達成，仕事のやりがい，承認，責任など)，②衛生要因(人間関係，給与，労働条件など)	人々を動機付ける①(プラスに影響する要因)と，不備があれば人々の不満を高める②(マイナスを防ぐ要因)があり，両者は独立の関係にある．
D	ERG理論 (アルダファー)	①生存(基本的生存)，②関係(人間関係)，③成長(人としての成長)	マズローの欲求階層説の発展系．①②③の順に低次から高次へ．各次元は同時に活性化されるし，上位の満足欠如は下位の重要度を高める(可逆的)．
E	三欲求理論 (マクレランド)	①親和(親密な人間関係)，②権力(他人への影響力)，③達成(仕事達成)	多様な欲求の中でとくに仕事意欲に直結する①②③が重要．欲求間の階層性は想定されていない．この他，失敗，困難を避けようとする「回避」欲求もある．
F	内発的動機／外発的動機 (マレー，デシ)	①外発的動機付け(金銭的報酬など)，②内発的動機付け(仕事そのものへの興味など)	誘因には外的なもの(①)，内発的(②)がある．②が機能するためには，自らの有能感と自律性が必要になる．①の強調は②を損なう可能性がある．
G	職務特性モデル (ハックマン，オルダム)	①技能多様性，②タスク完結性，③タスク重要性，④自律性，⑤フィードバックの職務特性	①②③④⑤が上がると仕事の有意義性，結果に対する責任を認識し，意欲が高まる．
H	期待理論 (ブルーム，ポーター，ローラー)	①努力から成果への期待，②成果から報酬への期待，③報酬の魅力(個人目的の合致)	①②③の全てが高い時(求めるものが努力することで得られる可能性が高い時)，人は動機付けられる．
I	公平理論 (アダムス)	①他者，②システム，③自己を比較対象とした，努力と成果の比率の公平性	①②③との比較における比率の公平性が影響する．比率が公平であれば意欲を高め，不公平であれば意欲を落とす．

資料）野中(1983)，金井(1999)，鈴木(2018)などより作成．

けに寄与する要因のことをいい，仕事の達成，周りからの承認，仕事自体など
が含まれる．後者はそれが不備だと不満が高まる要因のことをいい，監督方法，
人間関係，作業条件，給与などが該当する．両者は相互に独立しており，仮に
動機付け要因が向上しても，衛生要因に問題があれば不満は解消されないし，
衛生要因が整っても，動機付けに寄与するとは限らない．したがって，衛生要
因に配慮して不満を除去しながら，それとは別個に動機付け要因に働きかけて，
やる気を高めることが重要になる．

　エドワード・マレーやエドワード・デシらが示した議論(F)では，外発的動
機付けと内発的動機付けという区分が提示された．前者は，人々の行動を促す
誘因の内，報酬，賞罰など観察可能な外発的なものを指し，後者は自らの関心
や好奇心など当事者の内側にあって外からは観察できないもの(例えば仕事自体
の面白さ)を指す．内発的動機付けは，誘因にひきつけられるのではなく，自身
の欲求が直接作用しており，外発的動機付けに比べて持続性がある．外発的動
機付けを強調するとかえって内発的動機付けを妨げるといった関係もある．

　もう一つの過程論では，人が動機付けられるプロセスやメカニズムが示され
た．ビクター・ブルーム，レイマン・ポーター，エドワード・ローラーらが示
した期待理論(H)によれば，人は努力が成果を実現し，その成果が求める報酬
に結びつく可能性が高い時に初めて努力することが動機付けられる．仮に魅力
的な報酬が設定されても，その報酬獲得のために必要な成果を生み出せる確率
が低いと考えれば，努力は促されない．また，ステーシー・アダムスによる公
平理論(I)によれば，他者や過去の自分との比較が重要な要因となる．どのく
らいの努力(インプット)によってどのくらいの報酬(アウトプット)が得られるか，
その比率が他者などと比べて低ければ，人は不満を抱き，働く意欲を失う．

　動機付けをめぐる諸説は人そのものをどう理解するかという問題につながる
だけに議論はつきないが，多様な議論の背後には，人間観の違いが認められる．
欲求階層説やX理論-Y理論では理想を追い求める人が想定されているし，期
待理論では合理的で計算高い人，公平理論では他人を気にする人が想定されて
いる．さらに，人による違いや，同じ人でも置かれている状況や仕事の特性に
よる違いが影響を及ぼすという捉え方もある．例えば，内発的動機付けの重要
性を指摘する議論は多いが，内発的動機付けが機能するためには，そもそも当

人が有能感を持っていなければならないし，仕事の進め方や内容において自立性が高い（自身の努力と成果の関係を制御できる）ことが前提となる．

キャリア，コミットメント──働く意味

　企業にとっては，人に意欲を持って仕事に取り組んでもらうことだけでなく，働き続けてもらうこと，そして能力を高めてもらうことが大切になる．そこでも，上で述べたモチベーションの問題が基本となることに変わりはない．だが，それに加えて，より長期的な観点で，人が特定の企業で能力を高めながら働き続けることにどのような意味を見出すかという問題が関わる．その中心に位置するのがキャリア形成の問題である．

　キャリアとは人が積み重ねていく職業上の経験のことをいう．時間をかけてどのようなキャリアを形成したいのか．そこにどのような意味を見出すのか．人に働き続けながら能力を高めてもらうためには，この問題が重要な要素となる．モチベーションが短距離・瞬発力に関わる問題（いかに特定の仕事に意欲を持って取り組んでもらうか）だとすれば，キャリアは長距離・持久力に関わる問題（一連の仕事を経時的に経験することに意味を見出して取り組んでもらう）となるといってもいいだろう．

　ここでの前提は，人は成長を求めるという人間観である．生涯発達論によれば，人は時間をかけて成長する存在であり，個人の生涯は一生続く選択と適応の連鎖としてとらえられる．それは仕事以外の世界でもいえることだが，仕事の世界に則していえば，人は仕事における一連の経験を積み重ねて，働く人として発達と成長を続けることになる．

　具体的には，①どのような内容の仕事を，②どのようなタイミングで，③どのような順番で経験し，それらが相互にどのように関連するか，がキャリア形成の問題の中心となる．キャリア形成は単一の企業でなければ実現できないわけではない．複数の企業で働くことでしか得られないようなキャリアもあるだろう．したがって，同じ企業で長く働き続けてもらうには，その企業で働き続けることが望んでいるキャリア形成につながることが大切になる．働く人の側からすれば，ある企業で働き続けることの意味を見出すための視点となる[1]．

　エドガー・シャインによれば，自分のキャリアを考える上で大事な問いは三

つある．①自分は何が得意なのか(能力)，②自分は何がしたいのか(欲求)，③何をすることに意味，価値を感じるか(意味)(Schein 1990)．これらの問いへの答えを探りながら見出されるキャリアを，その企業で働き続けることで形成できると期待できれば，人はその企業で働き続けることに意味を見出し，熱心に働き続け，必要な能力を高めていく[2]．

　人がある企業で働き続けるかどうかについては，もう一つ，組織へのコミットメントという問題も関わってくる．組織へのコミットメントとは，個人の目的，目標，価値観が組織の目的，目標や価値観と重なり，人が組織に抱く愛着や一体感を高めることをいう．コミットメントは，企業に勤め，築き上げる人間関係や経験のなかで徐々に醸成されていく．求めるものを提供することで働き続けることを動機付けるというメカニズムも重要だが，企業との一体感を醸成できれば，コミットメントが高まり，人が特定の企業で熱心に働き続ける可能性が高くなる[3]．

　どの企業で何を求めてどのように働くか，働き続けるかについてはさらに，個人として，あるいは家族(両親，配偶者，子供など)と共に，仕事以外の世界でどのような人生を過ごすかという問題が関わる．これらの問題は，どこでどのような仕事をするかによって様々な影響を受け，したがって，それぞれの人がどこでどのような仕事をなぜしたいかという問題に影響を及ぼす．

3. 人材のマネジメント

　企業は，上で述べたモチベーション，キャリア，コミットメントについての

---

1) 企業によっては，自社での仕事経験をキャリアアップの一ステップとして位置づけてもらうことで，ある種の人材を集め，その多くがやがて他社に転職する，あるいは自ら起業することを容認する場合もある．

2) 問いへの答えが見出せない人，キャリアプランを持たない人もいるだろう．キャリアを通じてプランが次第に醸成される，あるいは途中で変化する場合もあるだろう．それでも，多くの人にとって，キャリアについての問いに基づいてある企業で働くことの意味を考えることは重要となる．

3) 働く人のコミットメントは特定の企業に向かうこともあるが，特定の職業に向かうこともある．弁護士，医師，看護師，会計士など，専門的な職業に就く人はそのような傾向が強い．後に簡単に触れる労働組合についていえば，企業別労働組合と産業別労働組合があり，後者では産業別労働組合へのコミットメントは大きいが，企業へのコミットメントは小さいという状況が生まれる．

理解をベースにしながら，働く人が，目指す成果に向けて熱心に，的確に働き，能力を高めるよう，仕組みを整えなくてはならない．

その中核となるのが「人材マネジメント」である[4]．それは，企業が成果を生み出し続けるために人材を獲得し，活用し，育成するための取り組みのことをいう．平たくいえば，いわゆる「人事」の問題である．

企業で働く人は人事に強い関心を抱く．自分自身にとって大きな影響，意味を持つからだ．仕事の後の飲み会で，戦略の話で盛り上がらないことはあっても人事の話で盛り上がらないことはないだろう．働く人にとっても，ヒューマン・オーガニゼーションとしての組織のマネジメントにとっても，人事は中核的な問題となる．

人材マネジメントは，大きく，①「採用，配置，異動」を通じて人と仕事の関係を管理する，②「評価，処遇」を通じて人の働きぶりを評価し，その結果に基づいて報酬や昇進などを管理する，③「育成」を通じて人の能力の開発や向上を管理する，④「労使協議や働く環境の整備」を通じて人の要望を確認し，人が働きやすい環境を整える，という取り組みから構成される．

採用・配置・異動

採用，配置，異動は，人を採用し，特定の職務・職場に配し，さらに必要に応じて異動させることをいう．人と仕事の関係がこれによって定められる[5]．

採用

組織の一員となる人材を獲得するのが採用である．企業は一旦採用した人を正当な理由がなければ解雇はできない[6]．就職した人にとっても退職，転職は簡単なことではない．採用する側，就職する側，双方にとって重い決定となる．日本の大企業が伝統的に重視してきた終身雇用を前提とする場合には，なおさ

---

4) 人材マネジメントは「人的資源管理」(英語で Human Resource Management)とも呼ばれる．また，関連する呼称として「人事労務管理」という表現もある．

5) これらを「雇用管理」と呼ぶこともある．雇用管理には，以下では触れないが，退職管理，雇用調整，労働時間管理といった問題が含まれる．また，育成の問題が含まれることもある．

6) 労働契約法は「解雇は，客観的に合理的な理由を欠き，社会通念上相当であると認められない場合は，その権利を濫用したものとして，無効とする」と定めている．

らだ.

採用にはいくつかの形態がある. 採用される人材の経験で区別すれば, 働いた経験を持たない人材を雇用する新規採用と経験者を雇用する中途採用に分かれる. 企業との雇用関係で区別すれば, 正規雇用の他に, 非正規雇用があり, さらには業務委託, 派遣労働など自ら雇用せず, 外部の労働者を活用する方法がある. 中心となるのは, 正規雇用で, とくに日本の大手企業の場合には, 学卒者の新規一括採用のウエイトが大きい. それでも, 中途採用は増加傾向にあり, また非正規雇用の比率も高まった. 学卒者の新規一括採用中心の採用方式を見直そうとする動きもあり, 採用・雇用形態は多様化している.

企業としては, どのような人材を求めているか, どのような仕事を担当するかを明示すること, そしてそれにふさわしい人材であることを的確に見定めることが基本となる. ことに新規雇用の場合には, 企業側はもちろんのこと, 当人にも見通せない面もある. インターンシップを利用するという方法もあるが, 限界もあり, お互いに難しい判断が求められる.

配置・異動

採用された後, 人は特定の職務, 職場に配属される. そして, その後, 一定期間を経て, 別の職務, 職場へと異動する. この配置, 異動は人材のマネジメントにおいて様々な役割を担っている.

まず, 「適材適所」, つまり, 各人の能力, 意欲と特定の仕事を適合させる役割を担う. 万能型の人材もいるが, 通常, 人は特定の能力に秀で, 特定の仕事に意欲を持つ. 前章で述べた通り, 分業のメリットの一つは多様な人材をそれぞれに適した仕事に割り当てられる点にある. 適材を適所に割り当てることで, 仕事が全体として効果的に実施される.

それぞれの人の能力, 適性が, 周りにはもちろん, 本人にとってもわからない, あるいは事後的に別のものが見出されることもあるが, この時, 異動は能力や適性を見出す機会となりうる. 分業は, 多様な人材を活用する機会だけでなく, 人が多様な能力を見出す機会を提供する可能性も持っている.

また, 担当する仕事を決める配置, 異動は, とくに昇進を伴う場合にはなおさらのことだが, 処遇としての意味を色濃く持つ. 次項で述べる通り, 本人が

望む職務，職位，職場への配置，異動は重要なインセンティブとなるからだ．

　配置，異動は人材育成，キャリア形成にとっても重要な役割を担う．後述するように，仕事での経験は能力を高めるための重要な方法となる．配置，異動を通じて，いつ，どのような仕事を経験するかが，それぞれの人がどのような能力を身につけるか，どのようなキャリアを形成するかを決める．異動の範囲を限定すれば特定の領域に関わる専門的な能力を深められるし，範囲を広げて多様な仕事を経験させれば，能力の幅を拡げられる．

　配置・異動はさらに形成する人間関係を決める．人は，同じ部署に所属する人々と，そして部署は違っていても，同じ場所に勤務する人々と関係を形成する．異動を通じて，人間関係のネットワークは広がる．

　この他，異動は分業された仕事の適切，円滑な調整を促す可能性も持っている．分業（部門化）は人の心も分けると述べたが（第8章），異動を通じて複数の部門を経験させることで，それぞれの部門の事情や利害を理解し，必要かつ可能な調整を行える人材の育成につながる可能性があるからだ．異動を通じて形成されるインフォーマルな人間関係が，調整においてフォーマルな組織構造とプロセスを補完する役割を担うこともあるだろう．異動によって人材が固定されずに入れ替わることで，それぞれの職場が「タコツボ化」することなく，活性化され，新たな人材が刺激を与え，革新や創造につながる可能性もある．

　しかし，適所にいる適材を異動させることは，仕事の効率や質を下げてしまうという問題を伴う．個人にとっても，異動の結果，望まない仕事，向いていない仕事に就く，つまり人材と仕事の不適合につながってしまうリスクもある．これまで築いてきた人間関係から離れ，新たな場所で新たな人間関係を築くことへの不安やストレスもあるだろう．転勤を伴う異動となれば，当人はもちろん，家族にも大きな影響を及ぼす．海外赴任となれば，さらに一大事となる．配置・異動は，個人の意向，利害と組織の論理，短期の効率と長期の効果を多角的に検討しながら決めなくてはならない．

評価・処遇

　仕事に就いた人の働きぶりを評価し，報酬や昇進など処遇を管理するのが評価・処遇である．「人事考課」「報酬管理」と呼ばれることもある．

処遇

　先述の通り，働く人が企業に求めるものは多様である．給与，賞与など金銭的報酬，仕事の自由度と権限，仕事の面白さや重要性，社会的認知，魅力的な人間関係などが誘因となる．処遇とは，これらのインセンティブをそれぞれの人に提供し，配分することで人々の行動に影響を及ぼすものとなる．人は，よりよい処遇を得ることを目指して，期待される仕事に熱心に取り組み，能力を高める．

　インセンティブが望ましい効果を生み出すには，それが働く人にとって魅力的であり，かつ企業がある程度自由に提供できるものであることが重要となる．中心となるのが，金銭的報酬(賃金，賞与)と仕事(昇進，魅力ある仕事)である．

　金銭的報酬は，なによりも所得を得るという点で働く人にとって重要である．提供する側にとっても，自由度が大きく，調整がしやすいという長所がある．例えば，賞与は細かな単位で上げることも下げることもできる．金銭的処遇以外のものを重視する人もいるし，金銭的処遇がよくなればその効果は次第に薄れていく可能性もある[7]．内発的動機付けが重要な人，状況にとっては，金銭的処遇で動機付けようとすること自体がマイナスの効果を持つ場合がある．それでも，金銭的報酬が増えることは，他者からの承認を得る，達成感がえられるといった側面も含めて，多くの人にとって重要な誘因であることは明らかである．

　仕事も重要なインセンティブとなる．とくに昇進は重要である．昇進とは職制(管理職など役職)や職能資格(職務遂行能力の指標)の段階で上がることをいう[8]．昇進は，通常，金銭的報酬増にも直結するし，自由度や権限が大きく，責任ある仕事に就くことになるので，より面白い，やりがいがあると感じるだろう．金銭的報酬と同様に，他者から評価され，承認されている，達成感がえられるという満足にもつながる．昇進は，金銭的報酬に比べると自由度，柔軟性に制

---

7)　先述のハーズバーグの「二要因理論」によれば，金銭的報酬は「衛生要因」，つまり低ければ不満につながるが，高くても意欲には直結しない要因に位置づけられる．賃金は働く意欲につながるが，その効果は賃金が上昇するにつれて薄れ，一定以上の水準になれば，賃金より，仕事の内容や人間関係の方がより重要な動機付けとなる．

8)　通常，職制上で上がることを「昇進」，職能資格上で上がることを「昇格」というが，以下では，原則として，これらをまとめて「昇進」と記す．

約がある——一旦昇進させたものを降格させるのは簡単ではないし，5％だけ昇進させるといった微妙な調整はできない——ことに一つの難点がある．責任をともなう昇進を望まない人もいるだろう．それでも，企業で働く人の多くにとって，金銭的報酬とともに重要な誘因となる．

　昇進はまた，先ほどの異動に関する記述でも触れた通り，育成の機能を持っている．ある仕事で必要な能力を獲得した人を昇進させ，より高次の能力を培う機会を提供することは，動機付けのためにも，能力向上のためにも重要な方法となる．

　昇進や金銭的報酬増を伴わない場合でも，おもしろい仕事，重要な仕事，やりたい仕事に任命することで，人の意欲を高めることができる．とくに内発的な動機に結びつけば，大きな効果を持ちうる．ただし，内発的動機付けにつながるには，先述の通り，前提条件(有能感，自立感)がある．意欲を刺激したとしても，本人が満足しているだけで，その仕事ぶりが企業の期待と一致しなければ意味はない．他の外発的動機付けと組み合わせることが大切になる．

　処遇の難しさの一つは，多くの人が求める金銭的報酬，昇進には提供できる量に限りがあるという点にある．この問題は解消できないが，量に余裕がある他のインセンティブを組み合わせることが緩和策となる．同じ昇進でも，職能資格上の昇進は職制上の昇進より制約が緩く，より広く活用することができる．仕事ぶりを認める，表彰する，良好な人間関係を構築するといったことも，より多くの人に提供できるインセンティブとなる．

　人によって求めるものが違うことも処遇のあり方を複雑にする．仕事のやりがい，金銭的報酬，人間関係など，人によって重視する誘因が違えば，適切な処遇も違う．各人の誘因を理解し，合わせることが求められる．その一方で人材の異質性には，限りあるインセンティブを有効活用できるという点でメリットがある．みなが同質で同じものを求めれば希少性の制約は大きいが，求めるものが異なれば，多様なインセンティブを異なる比重でそれぞれの人に配分することが可能になる．

評価

　処遇の管理の前提となるのが，評価である．処遇とは人に差を付けることで

あり，その根拠として評価が必要となる．評価はまた，企業が人に期待・重視することを伝え，モニターし，フィードバックする機能を担うことで，人を動機付け，さらに育成するための方法としても重要になる．される側にとっても，する側にとっても，評価は重い意味を持つ．組織の指示命令系統は，処遇を左右する評価を上司が担当することで実質化する．前章で述べた計画とコントロールも担当者の評価の基準に組み込むことで，その重みが増す．

　評価では，「何を評価するか」と「どのように評価するか」という二つの問題が鍵となる．

　評価の対象は多岐にわたる．主なものに，①業績・成果(どのようなアウトプット，成果を生み出したか)，②能力(何ができるか，どのような能力を持っているか)，③行動(どのような仕事の仕方をしているか)，④意欲(どのくらい熱心に，積極的に仕事をしているか)などがある．この中で，何をどの程度重視するか，さらにそれぞれについて具体的に何をどのように評価するかを定めなくてはならない．

　例えば，評価・処遇の考え方として，成果主義，能力主義といわれるものがある．前者は業績・成果を重視して処遇を決めること，後者は能力の高さや向上を重視して処遇を決めることをいう．業績・成果を評価する場合であれば，その中身として，短期の成果か，長期的な成果か，個人としての成果か，集団としての成果か，当人に責任を問えない要因で成果が変動した分をどう扱うか，といったことを考えなくてはならない．

　評価の方法では，どのようにして評価の納得性を確保するかが重要となる．多岐にわたる評価内容の多くは客観的に数値化するのが難しいだけに，正確な評価を担保するのは容易なことではない．評価の基準があらかじめ明確になっており，評価が客観的で正確なものとなるよう工夫と努力がなされているか．結果と理由がきちんと伝わり，理解されるか．結果や過程への疑問や異議を申し立てる機会があるか．こうしたことが，評価される側にとって，評価が公正で納得のいくものであると思えるかどうかを左右する．客観的評価が難しい場合，評価する者の評価力と責任が問われる問題となる．

　先ほどの公平理論がいうように，他者との比較も重要になる．同僚や同種の仕事に就いている他者，あるいは過去の自分と比べながら，評価と処遇のバランスに不公平があると感じれば，人は納得しない．

評価が低く，期待した処遇を受けられなくても，その評価やバランスが公正，公平だと思えれば納得を得られる可能性はあるが，それでも憤る人もいるだろうし，納得できなければ上司と組織への不満と不信を募らせるだろう．評価，処遇の納得性は，モチベーションだけでなく，働く人の組織への信頼，コミットメントに影響を及ぼすという点でも重要となる．

　評価・処遇のためのよく知られた方法の一つとして，「目標管理制度(MBO：Management by Objectives)」がある．評価者と評価される側が話し合って達成すべき目標を定め，それに基づいて評価するという方法だ．これは，企業の目標を個々の人の仕事のあり方や能力向上の目標に結びつけるという意味でも，評価の公正性，納得性を高めるという意味でも有効な仕組みとなる．ただし，目標そのものを設定することの難しさや，高い評価を得るために目標を低めに設定してしまうといった問題もあり，その運用は簡単ではない．

　評価・処遇の設計と運用は人々の行動，仕事ぶり，能力向上，成果に大きな影響をもたらすが，意図した効果を導けるとは限らない．一つには，当人がどう認識するかによるという問題がある．例えば，先ほど触れた期待理論に依拠すれば，処遇によって行動を動機付けるためには，処遇がその人が求めているものであること，そして努力が成果に，成果が処遇につながると思えることが必要になる．あくまでも当人の認識に依存する．公平理論によれば他者との比較が影響を及ぼすが，誰を比較の対象とするのか，公平性をどう評価するかは，やはり当人の認識に依存する．

　副作用もある．評価の対象として何かを重視すれば，その評価につながる努力は促されても，他の評価に向けての努力は疎かになることに注意しなければならない．評価で短期の成果を重視すれば，人は達成しやすい目標を設定し，失敗の可能性の高い選択肢は避けるようになり，長期の努力を必要とすること，困難なこと，新しいことに挑戦するという姿勢を削いでしまうだろう．限られた処遇をめぐって個人の成果に重点を置いた相対評価で選抜することになれば，同僚をライバル視し，足を引っ張り合うような行動を誘うおそれもある．

　個々人のその時々の評価・処遇をどうするかという問題もさることながら，短期・長期，個人・集団，作用・副作用・反作用の全体を見渡して仕組みを設計し，運用しなくてはならないところに，評価・処遇の難しさがある．

育成

人材は，機械や資金など他の資源と違って，自ら成長し，能力を高めることができる．それを促し，支援するのが，育成の問題となる．

育成といっても――それは学校教育も同じだが――他者がコントロールできるわけではない．人はあくまでも自分で学び，成長していく．人材マネジメントにできるのは，そのための誘因と機会を提供し，方向づけ，促すことである．

育成の方法は大きく二つある．仕事を通じての育成(OJT：On the Job Training)と，仕事を離れての育成(Off-JT：Off the Job Training)である．

仕事自体を能力の開発向上につなげる OJT は人材育成の中核的方法となる．実務の真剣勝負を通じての学習である，明文化されていない学習が可能になる，失敗からの学習が可能である，成果が速やかに，切実に確認できる，個々の状況に応じた学習が可能になるなど，様々な点で OJT は学習効果が大きい．どのような仕事に配するか，そこでどのような経験をするか，さらにその後どこに異動して，どのような経験をするかを決める配置・異動，昇進は，従って，育成にとっても中核的な管理項目となる．

ただし，仕事を割り当てるだけでは育成は進まない．現状を把握した上で，目標と期間を設定し，指導者を定め，事後評価を行うことが大切となる．求められる能力の水準を具体的，明確に定めて，能力向上を管理していく仕組みも必要になる．前述の職能資格にそった昇格の過程はそのための重要な方法となる．

もう一つの Off-JT は，社内で研修を受ける他，社外で社会人向けのプログラム，勉強会などに参加する，場合によっては大学院で学ぶなど，仕事に関わる能力，知識などを仕事から離れて修得することをいう．明文化された知識を体系的，効率的に学ぶことが可能になる，仕事の延長線上では得にくい，新しい視野，発想を得ることができる，といった点で効果を発揮する．社内外で新しい人間関係を形成できる効果もあるだろう．

育成すべき能力は，当初は所与の仕事，職務を遂行できる能力に重点が置かれるにしても，次第により高次の能力が重要になる．事業や組織のマネジメントのあり方やその見直しを構想し，主導できる能力，部下や周りの人間を束ね，

先導していく能力を備えた人材を育成することが重要となる．それはやがて，部門のリーダー，さらには経営トップ層を担うような企業経営全体のリーダーをどのように育成するかという問題につながる．この問題については次章で「リーダーシップ」について述べる際に改めて論じることとし，ここでは，リーダーをいかに育てるかが人材育成の重要課題であることだけ指摘しておこう．

働きやすさ，労使関係

働きやすい環境の整備や労使協議も人材マネジメントの重要課題となる．つきつめていえば，企業として，働く人それぞれの人間としての尊厳を敬い，守るための取り組みとなる．

全ての人には仕事以外の生活，人生がある．働く人は様々であり，皆が同じような働き方ができるわけではない．仕事以外の問題について多様な事情や要望を持つ人材のそれぞれが，仕事と生活の調和(ワーク・ライフ・バランス)をとりながら，安心・快適に働ける環境を整えていくことは，多様な人材を活かすための基本となる．ハラスメントの防止・対応策，異なる価値観・文化への理解，育児・介護休暇制度，障害のある働き手への支援，カウンセリング・サービス，フレックスタイムや在宅勤務制度など取り組むべき課題は多方面にわたる．

福利厚生はその一環となる．福利厚生は法律で定められた「法定福利厚生」(厚生年金，健康保険，雇用保険など)と各企業が独自に実施する「法定外福利厚生」から構成される．後者には，例えば，住宅費の支援，医療や託児所の費用援助，福利厚生施設の整備などがあげられる．これらは処遇の一部でもあるが，同時に働く人とその家族にとっての福祉の向上を図るものでもある．

企業は働く人それぞれが求めること，抱える事情を理解，尊重しなければならないが，その意図はあっても，様々な制約から企業に任せておくだけでは消極的な姿勢にとどまってしまう可能性がある．その意図すらなく，働く人が望まない働き方を強いられる例も常に存在する．働く人の側から企業に対して要望や苦情を伝え，再考，改善，見直しを求める仕組みが必要である．

そのためにあるのが労使協議，労働組合である．働く人々が組合を結成し，会社と交渉する権利と制度は，労働基準法，労働組合法，労働関係調整法など

で定められている(第13章).労働者の代表として,賃金,労働時間など労働条件について要望を伝え,経営側と調整,交渉するのが労働組合の機能である.業種別に労働組合が形成され,個別企業を超えて労使交渉を行う産業別労働組合という仕組みもあるが,日本は企業別労働組合が主流であることを特徴としており,企業毎の労使交渉が中心となる.組合への参加比率は長年低下する傾向にあるものの,大企業の多くには労働組合があるし,労働に関する法律,政策を検討する際には労働者側を代表する機関として不可欠な役割を果たしている.

組合が存在しない企業もあるが,そうしたところでも個別の労使協議は,働く側から要望や問題を伝え,見直しを求めるための重要な仕組みとなる.これらを整えていくことも人材マネジメントの重要な課題となる.

▌ 4. 人と組織

人材マネジメントの全体と課題

人材マネジメントは,働く人に対して,一方で,企業が目指す成果に結実する働き方を促すためのものであり,他方で,意欲がわき,意味を見出せる働く機会を提供するためのものとなる.

前者によって第II部でみた顧客と企業にとっての価値と第IV部でみる投資家と社会にとっての価値が創造され,後者によって働き手にとっての価値が創造される.二つの価値は,お互いを必要とする.直截にいえば,働き手は働くことに価値があるから経営にとっての価値(成果)に結びつく仕事をするし,企業は働き手が経営にとっての価値(成果)を生み出す仕事をするから働き手にとっての価値を提供できるという関係となる[9].

人材マネジメントはこの二方向への価値の創造に向けて,ここまで述べてき

---

9) 特に事業の成果に向かうのが「戦略的人材マネジメント(あるいは戦略的人的資源管理論)」であるが,人材マネジメントは同時に働き手にとっての価値に向かわなくてはならない(守島2004).より抽象的にいえば,企業から働き手に誘因を提供し,働き手は企業が存続に必要とする成果の実現に貢献する,この双方向の関係で組織が成り立っている,と捉えることができる.このような捉え方を「組織均衡論」という.これについては第14章で議論する.

た，評価・処遇，採用・配置・異動，育成，働く環境の整備，労使協議などから成る一連の仕組みを整え，工夫をこらし，努力を重ねる．一連の仕組みの各々は相互に関連している．例えば，評価は処遇の前提となり，評価，処遇はともに育成の手段となる．配置・異動は，能力に適した仕事を割り当てるかどうかで評価を左右する一方で，処遇の側面，育成の側面も持つ．これらの仕組みを相互に関連させながら，全体として，時間をかけて，人が意欲を抱き，意味を見出しながら働ける機会を創造し，人々の効果的，効率的な働きぶりと能力の向上を促していくのが，人材マネジメントの課題となる．

人材マネジメントのジレンマ

　難しいのは，いろいろなジレンマが関わる点にある．評価において，効率か育成か，短期か長期か，個人か集団か，何に重点を置くかが難しい問題であることはすでに指摘した．配置・異動でも，仕事の効率を重視するなら，必要な能力を備えた人材に最適な仕事に継続して専念してもらうのが望ましい．だが，育成の観点からすれば，異動を通じて必要な能力を向上させることが重要となり，短期の効率は犠牲となる．採用でも，適材適所，効率を優先すれば，中途採用で即戦力の人材を獲得するのが手っ取り早い．だが，新規に採用した人材を時間をかけて育成し，能力を高め，人間関係を広く築きながら活躍してもらうことと矛盾してしまう．

　加えて，一人一人が求めるものが異なり，変化することが難しさを深める．一様に同じ仕組みを当てはめるのではなく，個々人の意欲と意味に働きかけることが大切になる．その一方で，効率性や公平性の観点からは共通の仕組みが求められる．各人のワーク・ライフ・バランスのためにフレックスタイムや在宅勤務によって各人の働きやすさ，意欲が高まるとしても，仕事の効率が低下し，全体としての負荷は高まるかもしれない．

　人材マネジメントでさらに難しいのは，評価されなかった人，厚遇されなかった人に関する問題である．企業で働く人の多くは昇給，昇進へと選抜されることを目指して熱心に働き，能力の向上に尽くすが，大概の人にはどこかの時点で選抜から漏れる運命が待ち受けている．高い評価を受け，選抜され，昇進するエリートがいる限り，高い評価を受けられず，選に漏れる人々が必ずいる．

これらの人々に熱心に働き続けてもらい，能力を高めてもらわなければ，組織は回らない．原資の限られた昇給・昇進以外の多様なインセンティブを上手に組み合わせる，複線的なキャリアパスを用意する，人間関係を大切にする，評価の基準，プロセス，処遇を明確，公正，公平なものとする，能力向上の機会をあまねく提供する，個々人の要望や不満を丁寧に聴き取るなど，丁寧で多角的な人材マネジメントが重要になる．

経営の状況によっては，リストラや人員削減などのために，本人の意欲，能力，評価に関係なく，一部の人，場合によっては多くの人に，望まない配置転換，出向・転籍，さらにはレイオフ，解雇など，後ろ向きの厳しい処遇を実行しなければならない場合がある．判断は難しく，重いものとなる．

雇用の維持を優先して経営立て直しが後手にまわれば，企業は大きなダメージを受ける可能性があるが，業績の回復を優先してリストラを敢行すれば，望まない処遇を受ける人は，そしてその家族は，大きな負担や犠牲を強いられる．企業経営と働く人の緊張関係がここに噴出する．仮にリストラによって短期の危機を脱したとしても，時間をかけて進めてきた人材の育成が道半ばにして頓挫してしまう，あるいは多くの人々が意欲，意味を失うといった問題が発生する．慎重で丁寧な人材マネジメントが求められる．

そうした事態を可能な限り避けるためにも，事業の成果を出し続けることが何よりも大切となる．そのためには人々に意欲的に働いてもらい，能力を高めてもらわなければならない，という元の問題に立ち戻る．能力に優れ，意欲に満ちた人々の活躍により収益，利益が拡大すれば，処遇をめぐる制約は緩和され，人々の活躍，成長のチャンスは広がる．企業が成長を志向する理由の一つがここにある(第14章)．

避けて通れないジレンマと難しさを理解しながら，個々の働き手に向き合って，二つの価値，つまり経営にとっての価値と働き手にとっての価値を創造できる仕組みを用意できるか．人材マネジメントの成否はここにかかる．

日本的経営と成果主義，国際的多様性

人材マネジメントの重要性と難しさを理解するための一例となるのが，「日本的経営」における「成果主義」導入の問題である．

第二次世界大戦後，復興から高度成長を遂げた日本経済の成功を支えた日本企業の「秘密」はどこにあったのか．海外から注目を浴びる中，日本の大企業の多くにみられた際立った特徴として浮かび上がったのが，終身雇用，年功序列，企業別労働組合であった．「三種の神器」とも呼ばれたこれらの特徴は，いずれも人材マネジメントに関わるものであった．特有の人材マネジメントこそが，「日本的経営」の中核的特徴としてとらえられ，成功の鍵として理解されたのだ．長期的な観点から人材を活用，育成することが可能になり，将来への期待と安心感に支えられた，忠誠心の高い働き手による緊密で熱心な協働が実現され，優れた成果を生み出している，と論じられた．

　だがその後，1990年代以降，日本企業の勢いが鈍る中で，三種の神器が日本企業の機動性，柔軟性を制約する足かせになっているとの議論が強まった．不振が長引くにつれ，軌道修正をする企業が増え，成果主義が日本の企業の中で広がった．

　成果主義とは，先述の通り，事業の成果，業績に貢献した人を高く評価し，厚遇することをいう．「年功序列」「終身雇用」が，個人間の差がつきにくく，業績に寄与することなく一定の処遇を受けることを可能にし，他方で能力と意欲の高い人材のやる気をそいでしまう，といった問題を起こしているのだと論じられ，その打開策として成果主義が導入された．シンプルに考えれば，成果主義は業績の向上に寄与するはずであった．だが，その効果は必ずしも期待通りのものではなかった．成果・業績への個々人の貢献を的確に定義，測定すること自体に難しさがあり，また個人として短期的成果を出すことに駆られて，長期的に重要な取り組みや同僚との協力が疎かにされるといった問題を生んだからであった．高い評価・処遇を受けられなかった人々からの不満や不信が膨らむという問題も出た．かといって，旧来の仕組みの問題を放置しておくことも許されず，それぞれの企業で試行錯誤，修正がなされた．

　日本的な人材マネジメントが実際にはどのようなもので，それがどこまでマイナスに働いたかをここで論じる余裕はないが，プラスにせよ，マイナスにせよ，人材マネジメントが企業経営の特徴，成否にとって重要な要素であることは明らかだ．

　日本企業の人材マネジメントは，試行錯誤，軌道修正を続けながら，依然と

して他の国とは違う特徴を残している．それは他の国々の企業についてもいえることだ．各国企業の人材マネジメントには濃淡はあれ固有の特徴がある．企業ごとの違いも大きいが，国ごとの特徴がある．人材マネジメントのあり方は，その企業がおかれている社会の労働市場，組合制度，労働政策，労働法制，教育制度，文化など広範囲の構造的な問題と密接に関わるからである．

このことはまた，国境を越えて事業活動を行い，したがって多様な国で人々を雇用している企業にとって，国際的な人材マネジメントが難題となることを意味する．多様な国の多様な人材を採用し，国際的に活躍したい，キャリアを積みたいと考える意欲と能力に溢れた人材を活かせるのが国際化した企業の強みとなるが，他方で，その多様さが人材マネジメントを格段に複雑にする．国際化の長所を活かせるかどうかの一つの重要な鍵は人材マネジメントにある．

人から経営へ

ここまで企業経営の側から人材のマネジメントを論じてきたが，この議論は他面で，企業に働く人の側から自分はある企業でなぜどのように働くのかを考えるための論点や材料を示すものともなる．

企業経営は，働く人にとっての意欲や意味に向けて仕組みを整え，働きかける．だが，働く意欲も意味も，あくまでも，なによりも，働く人自身の問題である．

その基本は働く人それぞれの目的・目標・価値観である．どのような仕事に就き，どのように働きたいか，働き続けたいか，どのような能力を身につけたいか，どのようなキャリアを歩みたいか，それはなぜか．働く人が，受け身ではなく，主体的，能動的に考え，取り組むことが基本となる．ただし，それは企業が目指す成果，企業の存続，発展に貢献するものでなければならない．

経営が，人が求めるものを理解した上で，企業が望む働き方を求めて人へ働きかける．人が，企業が求めていることを理解した上で，各人が望む働き方を求めて経営に働きかける．この双方向のやりとりの中で，優れた人材のマネジメント，組織のマネジメントが促され，実現する．

第10章　組織と経営

リーダーシップ／組織文化／組織の変革／組織と企業経営

1. リーダーシップ

　前章では，「人としての部下」にいかに働いてもらうかという問題を論じた．組織のマネジメントにおける人に関する問題は，もう一つ，部下を率いる上司の側にもある．「人としての上司」としていかに部下に働きかけるかという問題である．これが「リーダーシップ」の問題である．

　リーダーシップとは集団を率いるリーダーとして目指す成果を生み出すように集団のメンバーに影響を及ぼす過程のことをいう．

　リーダーシップ，あるいはリーダーについては，古今東西，多くが語られてきた．歴史に刻まれる成果を生みだした組織はしばしばそのリーダーであった人物とともに語られる．アレキサンダー大王，始皇帝，ユリウス・カエサル，平清盛，チンギス・カン，ジャンヌ・ダルク，徳川家康，ナポレオン・ボナパルト，ウィンストン・チャーチルなど，政治や軍事の世界での人物伝はその典型だ．企業経営の世界でも同じだ．第1章で触れた，GMを率いたアルフレッド・スローン，ヤマト運輸を率いた小倉昌男を始めとして，渋沢栄一，松下幸之助，本田宗一郎，ゲオルク・ジーメンス，アマデオ・ジアニーニ，スティーブ・ジョブズなど，そのリーダーシップで世間に知られた経営者は枚挙に暇がない．世間に知られなくとも，企業内で長く語り継がれるリーダーの数はさらに多いだろう．その中には，経営トップだけではなく，特定の部門や事業で大きな成果を残した人物も多くいるだろう．

　優れたリーダーが大いに語られるのは，そういう人物が希有だからだ．とすれば，そういう人物に頼らなくてはならないようでは，多くの企業は経営の成果をあげられなくなってしまう．たまたま希有なリーダーに恵まれた企業だけが成功するのだとすれば，経営の問題はリーダーの発見，養成，獲得に収斂し

てしまう．経営のための仕組みや工夫の大半は脇役に追いやられる．事実は，もちろん，そうではない．ここまでみてきた組織のマネジメントのための仕組みや工夫は，傑出したリーダーに頼ることなく成果をあげるためのものであった．

第8章で扱ったのは，希有なリーダーではなく「管理者」として部下を従えて仕事を進めるための分業と調整の仕組みであった．指揮命令系統を定め，管理の幅を限定し，標準を定め，計画とコントロールでプロセスを整え，調整の作法に従うことで，管理者が的確に仕事を進めることができる．ウェーバーが指摘した通り，官僚制組織の強みは特定の個人に依存することなく仕事を着実に進める仕組みにある．第9章で扱ったのは，部下に適切に，熱心に働いてもらうための人材マネジメントの仕組みであった．評価・処遇，配置，育成の仕組みを整えることで，部下がやる気を出し，自ら能力を高め，期待される働き方をするよう促すことが可能になる．

しかし，このことを確認した上で理解しなくてはならないのは，企業組織は優れた成果を生み出すために優れたリーダーを必要とするということである．特定個人に依存しないですむように整えられた組織であっても，優れた成果を生み出すには，上は経営トップから下は現場の管理者に至るまで，部下を率いる人々の優れたリーダーシップが必要となる．的確な判断を下し，部下から慕われ，尊敬を集め，結束を高めるリーダーシップが優れた成果を生み出すことを可能にする．分業と調整の仕組み，人材マネジメントの仕組みは，優れたリーダーにとって代わるものというより，優れたリーダーを支えるもの，優れたリーダーシップが威力を発揮するためのものとなる．さらに，分業と調整や人材マネジメントの仕組みを整え，時に大きく見直すためにも企業は優れたリーダーを必要とする．

企業は，傑出したリーダーに率いられるという僥倖を望むことは難しいとしても，組織の各層に配したリーダーが優れたリーダーシップを発揮するよう促し，支援し，また，そうしたリーダーを育成するよう努めなくてはならない．これが組織のマネジメントの三つ目の問題となる．

優れたリーダーシップとは

企業組織における優れたリーダー，リーダーシップとはどのようなものか．

この問いをめぐる分析の焦点は，当初，優れたリーダーが持つべき資質に向けられた．リーダーに適する性格，知性，外観などを解明する努力が続いた．しかし明確な答えが見つからず，やがて関心の中心は資質ではなく行動に向かった．

表10-1はその代表的な議論を示したものだ．オハイオ州立大学の研究(D)は，リーダーの行動として「構造作り」と「配慮」が重要であることを明らかにした．構造作りとは，計画，仕事の手順，役割分担，スケジュールなどを設定し，集団の成員の役割を定義付けるなど，仕事の仕組みを整えることをいう．配慮とは，相互信頼，感情への配慮，緊密なコミュニケーションなど，部下との人間関係を重視することをいう．三隅二不二を中心とする集団力学研究所が提示したPM理論(A)では，課題を達成して業績をあげるための「P(パフォーマンス)」と集団を維持していくための「M(メインテナンス)」の二次元が鍵になると論じた．

表10-1 リーダーシップの行動をめぐる主な議論

	主要な議論(研究者)	仕事関連行動	人間関係関連行動
A	PM理論(三隅)	P(パフォーマンス)機能・行動	M(メインテナンス)機能・行動
B	相互作用分析(ベールズ)	課題リーダー	社会・情緒的リーダー
C	初期ミシガン大学研究(リッカート)	職務中心の監督	従業員中心の監督，支持性の原則
D	オハイオ州立大学研究(スタッジル)	構造・仕事の枠組み作り	配慮・思いやり
E	マネジリアル・グリッド(ブレーク他)	生産(業績)への関心	人々への関心
F	変革型リーダーシップ(コッター)	アジェンダ設定	ネットワーク構築
G	変革型リーダーシップ(カンター)	問題設定	連合体形成，動員
H	変革型リーダーシップ(金井)	戦略的課題の提示，方針伝達，緊張醸成，達成圧力	配慮，信頼蓄積，連動性創出，連動性活用

資料) 金井(2005)より抜粋・作成．

呼称は違うし，異なる論点もあるが，他の研究成果を含めてほぼ共通しているのは，①仕事(構造・枠組み作り，課題，業績，生産など)，②人間関係(情緒，支持，配慮，関心など)という二つの問題に関する行動が大切になるという議論であった．これまでみてきた通り，組織がタスク・オーガニゼーションであると同時にヒューマン・オーガニゼーションであることを思い起こせば，リーダーがこれら二つの問題において適切な行動をとることが求められるという議論は腑に落ちるだろう．生まれつきの資質でなく行動が優れたリーダーの要件なのであれば，誰にでもリーダーになれる可能性がある．多くの人に希望を与える議論ともなった．

一連の議論からは，リーダーシップの有無，成否はフォロワーの受け止め方で決まるという理解も進んだ．リーダーシップとは，人々についていこうと思わせ，そして人々をまとめる影響力のことである．集団のリーダーであるかどうかは，率いる本人ではなく，率いられるフォロワーによって決まるというのも，改めて考えてみれば当然のことといえるだろう[1]．

では，なぜフォロワーはついていくのか．フォロワーに向けたリーダーの行動がその鍵となるというのがここまでの議論だが，関連して，誰かが他者に影響を及ぼす力はどこからくるかについても理解しておく必要がある．

他者への影響力，つまり「パワー」をめぐる議論によれば，その源泉は大きく五つある(French and Raven 1960)．①報奨力(報酬を与えることができる)，②強制力(罰を与えることができる)，③正当性(従わせることに正当性がある)，④同一性(個人としての魅力)，⑤専門性(判断の質・能力に優れている)．このうち，①から③は組織的・公式な力，④，⑤は個人的・非公式な力として，おおよそ区別することができる．前者は，組織構造・プロセス・人材マネジメント(タスクとヒューマンに関わる組織の仕組み)に規定されたリーダーシップの源泉であり，④⑤は属人的な資質，能力に依拠したリーダーシップの源泉となる．つまり，企業組織におけるリーダーシップは，組織の構造・プロセス，人材マネジメントの仕組みと個人の資質，そしてそれに基づく行動が組み合わされて可能になるのだ．

---

1) したがって，リーダーは，個人で活躍するヒーロー，ヒロインとは違うし，暴力や恐怖によって強制的に従わせる専制や独裁とも違う．

例えば，組織構造は管理者の公式の権限を規定するが，実際の分業と調整が優れた成果に結びつくかどうかは仕事と人間関係をめぐる管理者の判断と行動の質にかかってくる．そしてその質が高いかどうか，実際に成果に結びつくかどうかが，フォロワーがついていきたいと思うかどうかを左右する．単に公式に権限があるだけ——それはとても重要だが——ではフォロワーはついてこないかもしれない．部下の評価をする権限を付与されていることが管理者としてのパワーを支えているが，評価は多分に質的な判断を要し，評価者としての力量が問われる(第9章)．そこに疑念があれば，フォロワーの上司への信頼は損なわれ，意欲とコミットメントは削がれる．表面的にはともかく，本気ではついてこないかもしれない．高評価を得られなくても，その評価が丁寧で納得のいくものであれば，部下からの信頼は保たれ，リーダーシップが認められるだろう．

結局，個人の資質はリーダーシップにとって重要な要素に含まれることになる[2]．ただ，それらの資質には，後天的に高められるもの，そして公式な権限によって支えられるものが含まれる．組織の仕組みを活用しながら，リーダーに必要とされる資質を努力と経験によって身につけ，向上し，求められる行動を実行できるかどうか．ここに優れたリーダーになれるかどうかがかかる．

優れたリーダーシップの多面性

企業経営においてリーダーシップを優れた成果に結びつけるため，さらに理解しておくべき点がある．それは，優れたリーダーシップに求められる行動，資質は，状況や役割によって異なるということだ．

---

2) リーダーシップとはつきつめていえば，個人的資質であるという議論がある．これによれば，公式な権限などに依拠する影響力はリーダーシップではなく，マネジメントの領域に属する問題となる．マネジャー(管理者)は公的なパワー，「権限」によって部下を管理するものであり，リーダーはリーダーシップ，「権威」によってフォロワーを率いるものであると対比される．公式な権限がなくとも，非公式なリーダーは存在しうる．ただし，企業経営の文脈では，通常，リーダーはマネジャーであり，両者は相互に作用する．例えば，専門性は重要な情報が集まる地位に支えられているかもしれない．個人としての魅力は実際に報奨を与えることで高まっているかもしれない．

状況による違い

　望ましいリーダーシップのあり方は状況によって異なる．先に，適切な分業と調整の仕組みのあり方は状況次第であるという議論を紹介したが（第8章），リーダーシップについても同じ議論ができる．仕事と人間関係に関する行動がリーダーシップの鍵になるにしても，普遍的に通用する理想のリーダーシップの型はなく，状況に応じて適したリーダーシップが違う．これをリーダーシップの「状況適応理論」という．

　望ましいリーダーシップのあり方に影響を及ぼす状況としては，リーダーと部下の関係，仕事の特性，リーダーの権限，部下の特徴や成熟度などがあげられる．例えば，先述のオハイオ州立大学の研究成果と前章で紹介した動機付けの「期待理論」を踏まえて提示された「パス・ゴール理論」によれば，どのようなリーダーシップがフォロワーに受容されるかは，フォロワーが目指す目標を達成することを支援できるかどうかにかかり，どのような支援が適するかは仕事の特性やフォロワーの状況によって異なる．例えば，仕事のプロセスが明確な場合やフォロワーが自らの能力に自信を持っている場合には，仕事関連のリーダーシップは不要で，人間関係関連のリーダーシップが重要となる．

　仕事や部下の状況に応じて適切なリーダーシップが違うのであれば，リーダーに就く人はどうすればよいか．多様な行動をとれる資質，能力を備えているなら，状況に応じて使い分ければよい．だが，誰もが仕事と人間関係の両面で優れた行動をとれるわけではなく，状況に応じて使い分けるとなるとさらに難しい．使い分ける器用さそのものを好ましく思わないフォロワーもいる．だとすれば，リーダーの資質，能力に合わせて状況を選ぶ・変えるか，状況に応じてリーダーを選ぶ・育成することが採りうる方法となる[3]．

　もう一つ，補佐役をつけるという選択肢もある．一人の人間に多くの資質，行動を求めることに無理があるとすれば，得意とすることを異とする人間が補佐役となり，共同でリーダーシップを発揮するという方法もありえる．ソニーの盛田昭夫と井深大，本田技研工業の本田宗一郎と藤澤武夫，アップルのスティーブ・ジョブズとスティーブ・ウォズニアック，ヒューレット・パッカード

3）　逆にいえば，状況によって異なるということは，多くの人にとって自分の資質に適した状況がありうるという意味で，歓迎すべきこととなる．これも分業のメリットである．

のウィリアム・ヒューレットとデビッド・パッカードなど，二人のリーダーがお互いに補い合いながら経営を主導した例は数多くある.

集団の外への役割，行動

リーダーの役割は一義的には集団内に向けて部下を率いることにあるが，それに加えて，集団の外に向けて集団の代表者，責任者として行動する役割もある．まず，企業内において，上（自らの上司やその上司など）と横（同じ階層に位置する他のリーダー）に向かう役割がある．これは「連結ピン」とも呼ばれるもので(Likert 1961)，部門化・階層化によって組織内に構成される各集団（第8章）をリーダーとして内に向けて率いつつ，上位の集団，横の集団のリーダーとの連携・調整を担うことをいう．業務によっては，一部のリーダーはさらに企業外に向かう役割も担う．

集団の外に向けての役割と内に向けての役割は性質を異とする．求められる資質や行動も異なる．何より，内に向けての役割は組織の公式の権限をベースにするが，横，上に向けての役割では主として個人としての資質，行動が問われることになる．それでも，リーダーとしての役割を果たすためには外向けも重要である．外向けに優れているから内向けの役割を果たせるし，内向けに優れているから外向けの役割を果たせる．内を優先してひとまずリーダーとして認められたとしても，外への役割を果たせなければ成果にはつながらない．一方で外に対していい顔をみせても，その「後始末」「しわ寄せ」を部下達に押し付けるようでは，フォロワーはついてこないだろう．

本来，公式には，社内での横と上との連携・調整を主管するのは上位のリーダー，つまり「直接監督」（第8章）の役割である．だが，上位のリーダーに全てを任せるわけにはいかない．上司の負担が大きくなるし，いつも適切な判断ができるとは限らない．だからこそ「権限委譲」「直接折衝」がある（第8章）．下位の集団のリーダーである限り，その成果の最終的な価値は集団の外との連携・調整に依存せざるを得ない．内と外の緊張関係を受け止め，主体的に外に向けて対処するための資質，行動は，リーダーにとって不可欠となる[4]．

---

4) ついでにいえば，階層の上位に位置するリーダーは，自身の部下が下に向かってはリーダーであることを理解して率いることも重要となる.

階層別リーダーシップ

　求められるリーダーシップは階層によっても異なる．優れたリーダーシップの基本は共通だとしても，現場層，ミドル層，経営トップ層によって求められるリーダーシップは異なる．

　ミドル層は，組織の前線とトップの間に位置し，「連結ピン」の中でもとりわけ重要な役割を果たす．戦略的な問題と日常の業務の両方に関わり，組織のコミュニケーション，調整の要の位置にあるからだ．後でみるように，組織が大きな変革を進める時，新たな商品・事業を立ち上げる時，あるいは学習を通じて戦略を創発する時，ミドル層から提唱者が現れる場合がある．より下層からの提唱者をミドル層が受け止め，擁護し，上層部につなげるという役割を担う場合もある[5]．内・上・横・外へと多方面にわたる活躍が期待されるミドル層のリーダーシップが弱いと，組織全体が脆くなる．

　組織の頂点に立つ経営トップになれば，さらに質的に異なる役割を担う．最終決定者，最高責任者，外部への代表者としての役割もさることながら，企業の目的や経営理念を定め，守り，それを注入，浸透させるという役割が重要となる．後述する通り，それが組織文化の基礎となる．さらに，これもまた後述する通り，戦略の見直しや組織の変革，あるいは危機からの脱却といった大きな方向転換においても経営トップの役割は重要である．

　ただし，経営トップだけで全てのことができるわけではない．補佐役を含めて，有能な人材群をチームとして経営トップ層に配すことも重要になる．上述の通り，経営トップ層を支えるミドル層のリーダー達も重要であり，そしてそれを支える現場層のリーダー達も重要となる．各階層のリーダー達が果たすべき役割を果たし，各階層でリーダーとフォロワーの適切な関係が築かれることによって，組織全体が成果を生み出すのだ．

---

5)　例えば，既存の企業がイノベーションへの投資を見送ってしまう理由を分析したクリステンセンは，資源配分の決定過程において経営トップにたどり着く前にミドルの管理者が果たしている役割に重要な要因があることを明らかにし，組織の意思決定において非経営層の決定が持つ総体的重要性を指摘したバーナードの議論に言及している（Christensen 1997）．

変革のリーダーシップ

　リーダーには「調整型」と「変革型」がある。現状の仕事環境・枠組みを所与として成果をあげていくリーダーなのか，大きな見直しを主導していくためのリーダーなのか，という違いである。これは置かれている状況の違いでもあり，また期待される役割の違いでもある。

　ここでも，求められる資質と行動に違いがある。どちらのタイプであっても仕事と人間関係の両面が重要になるという点で変わりはないが，その中身は調整型と変革型で違いがある（前掲表 10-1 の F，G，H）。変革型リーダーは，仕事面では，アジェンダ設定，問題設定，方針伝達，緊張醸成などが重要となり，人間関係では，ネットワーク構築，連合体形成，連動性の動員と活用などが重要となる。変革の範囲が集団内にとどまらず，集団の外に及ぶ場合には，上，横，外への役割，行動がより重要になる。

　先述の通り，様々な状況に適合できるリーダーを見出すのは難しい。調整にも変革にも優れたリーダーを見出すのも困難であろう。とすれば，やはり，状況に応じて異なるタイプのリーダーを選ぶこと，より適したリーダーに交代する（させる）ことが重要となる。

リーダー人材のマネジメント

　リーダーシップとは，リーダーを目指す，あるいはリーダーのポジションに就いている当人とその周囲（フォロワー）にとっての問題だが，企業組織としては，各部門，各階層で，部下を率いる人々（マネジャー）に優れたリーダーシップを発揮して成果に結びつけてもらうことが重要となる。それを担うのが，リーダーに適した人材を選び，適所に配し，その活躍を促し，またそういう人材を育成すること，つまり，リーダーをめぐる人材マネジメントになる。

　人材マネジメントの基本は前章で述べたが，ここでは，リーダー人材に関連してとくに重要になる点を述べておこう。

　評価の焦点は，優れたリーダーシップに必要な資質，行動になる。選別において，そして一旦リーダー役に就いた後の評価において，これらを基準にリーダーとしての適性，成果が評価され，処遇を受ける。配置においては，状況適応理論によれば，事前の適性を評価し，適所に配置すること，あるいは状況に

応じて適材を選定するか，適材を育成することが重要となる．

　育成では，Off-JT でリーダーシップの基本を学ぶことも大切だが，OJT でリーダーとしての経験を積むことが欠かせない．小さなグループのリーダーからスタートして，徐々により大きな集団を率い，より困難な課題，状況においてリーダーとして求められる資質を培い，行動を身につけていく．「一皮むける」ような経験が重要になるという議論もある（金井 2002）．優れたリーダーの下で働き，優れたリーダーシップの実践に触れ，体感することも重要になる．逆にいえば，実際の仕事の中で範を示すことで次のリーダーを育てることも，リーダーの大事な役目となる．

　わけても，組織全体のリーダーとなるような経営者人材をどのように育成するかは，企業の長期的存続にとって重要な課題となる．経営者人材の育成には早くから重要な経験を積ませることが重要となるという議論もあり[6]，幹部候補者を早期に選別することが一つの選択肢となる．ただし，周囲の反発，本人へのストレスなど，副作用に注意しなければならない．

　幸運にも傑出したリーダーが活躍している組織であっても，あるいはそうであればなおさらのこと，次のリーダーを育て，見出すことが重要となる．いかに優れたリーダーであったとしても，退く時が必ずやってくる．永続する企業は，常に新しいリーダーを必要とする．外部から招聘することもあるだろうし，企業統治（第12章）で扱うべき問題となる場合もあるだろうが，まずは内部で後継リーダーの有力候補を育成・選抜することが，現在のリーダーの課題であり，組織全体の課題となる．

▌2. 組織文化

　個人として人の集団を率いるのがリーダーシップの問題だとすれば，価値観を共有する共同体として人の集団を束ねるのが組織文化の問題となる．

　組織文化とは，組織のメンバーが共有するものの考え方，見方のことをいう．

---

6)　第8章で述べた通り，有力候補を事業部トップに任じ，自立した事業の経営を担当させることで，経営トップになるための経験を積ませ，適性を評価できるという点で，事業部制は経営トップの育成・選別に適している．子会社の経営を任せるのも有効な方法となる．

人や国に個性があるように，企業にも個性がある．ある企業で働く人々が共通して持つ考え方や振る舞いの特徴において，同じような事業を行っている同じような規模の企業であっても，違いが際立つことがある．その違いは，とらえどころのない，いわくいい難い類いのものだが，例えば，大学卒業から数年後の同窓会で再会してみると，それぞれが勤務先企業の「社員らしく」なっている，という場面で確認できるかもしれない．その背後にあるのが，「組織文化」である．

　国の違いは，制度にも現れるが，文化において際立つ．日本，中国，韓国，フランス，ドイツ，イギリス，米国，ブラジル……国々の文化の違いは鮮明である．同じ国の中での地域の違いにも同じことがいえる．関西，関東，東北，九州は違うし，同じ関西でも大阪，京都，神戸，奈良は違う．同じ国であれば制度に大きな違いはないが，各地域の文化には鮮明な違いがある．それぞれの文化を具体的に説明するのは簡単ではないが，誰もがイメージできる違いがあり，それぞれの国，地域に生まれ，育った人の考え方や行動のあり方に深い影響を及ぼす．

　企業においても，固有の文化が形成される．際立った文化を持たない企業もあり，企業によって組織文化のあり方，濃度は様々だが，長きにわたって優れた経営成果を生み出す企業はしばしば固有の組織文化を持つ．組織文化は，共同体を構成する人々の考え方，行動に大きく影響を及ぼすものであり，組織のマネジメントの四つ目の問題となる．

組織文化とは

　組織文化は，組織メンバーが共有する価値観，信念，思考様式などから構成される．シャインによれば，組織文化はみえるもの（服装，行事など）や言葉にできるもの（理念，社是，社内で語られる逸話など）にも表れるが，それらの基本的前提となるみえないもの（価値観，信念，思考様式など）が基底となって形作られる（Schein 2016）．組織構造，計画とコントロール，人材マネジメントのような仕組み・制度でもなければ，人材やリーダーのような個々の人でもなく，組織を構成する人々の認識の中で共有されたものとして存在する．とらえにくく，しかし人々の認識に浸透し，確かな影響力を及ぼす．

組織文化はなぜ重要なのか．まず，組織を他の組織と識別する基本となり，組織のアイデンティティの基礎となる．企業は法人として規定され，働き手は雇用契約によって企業に所属するが，そのような客観的制度とは違う形で，組織文化は組織に働く人々の価値観などを形作り，統合する．組織は文化を共有することで共同体となる．

　第二に，働く人を動機付け，コミットメントを促す．個々人の心の中に浸透した価値観や信念自体，またそれらを周りの同僚と共有していることが，人を動機付け，組織へのコミットを促す．金銭的報酬や昇進のように供給量に限りがあるものではないだけに広く作用する可能性を持っている．価値観の共有により人間関係も円滑になり，集団の凝集性も高まり，リーダーへの共感も強まるだろう．

　第三に，円滑なコミュニケーション，調整を可能にする．標準的な作業，規則が決まっていない例外的で，難しい案件であっても，価値観，思考様式を共有していることで合意できる調整の解を見出せる可能性が高くなる．広い意味での「標準化」としてとらえることもできるだろう．

　さらに，競争優位の源泉となりうる．競争優位の源の一つである優位な能力において，独自の組織文化に基づく独自の仕事の進め方はそのための重要なメカニズムの一つとなりうる．独自の組織文化は他の企業にとって最も模倣が難しいものとなるだけに，持続可能な競争優位に結実する．

組織文化の生成と共有，逆機能

　組織文化はどのように生成，共有されるのか．

　生成の源として重要になるのが，創業者やその後の経営トップが示した経営の基本理念(経営理念)である．基本理念とは，企業のあるべき姿，存在理由，基本的な価値観，行動規範などを示す．これらは，第3章で触れた通り，事業のあり方を導く前提として重要な役割を果たすともに，組織文化の源となる．ただし，経営者個人の考えや戦略の前提にとどまっていては組織文化には結びつかない．重要な案件，危機に遭遇した時の決断，資源配分における優先順位，重要なポストでの人事，さらに，年頭の訓示，研修，人事考課，日常の業務の進め方，社員旅行など，様々な場面，機会を通じて成員に認知され，理解され，

共感され，みえない基本的前提として浸透して基本理念は組織文化となる．

　それは誰よりも経営トップの仕事である（Selznick 1957）．トップやリーダーのコミットメント不足や言行不一致，具体的行動による共通体験の不足，人事システムや標準との矛盾などがあれば，経営理念は組織文化には昇華しない．役員室に張ってあるだけのスローガン，新聞インタビューでの外向きの発言にとどまってしまう．

　新たに採用された人は，時間をかけて，文化を内面化する．価値観や行動様式を，仕事，職場の上司や同僚とのやりとり，研修などを通じて身につける．これを「社会化」という．組織文化は働く人々の社会化を通じて浸透し，維持される．

　文化は組織の下位のレベルでも形成される．そうした下位の組織文化が強く影響し，企業全体としてのまとまった組織文化が形成されないケースもある．例えば，機能部門別，事業部門別に独自の文化が形成される．事業所の場所によっても異なる文化が形成され，国が違えばなおさら異なる文化が存在する．グローバル企業は組織文化の共有においても難しさを抱える．

　下位の組織文化にも重要な役割があるが，全体を束ねる文化が弱ければ，企業全体としての文化は，よくて希薄なもの，下手をすると相互に対立的で混乱したものになってしまうかもしれない．「分化」が「文化」の統合を困難にするという問題だ．

組織文化の逆機能

　共有された価値観で人々を束ね，導く組織文化は，組織のマネジメント，経営にとって力強い味方となるが，マイナスの問題もある．

　まず，価値観や思考様式を均質化してしまう．共有することにこそ意義があるが，異質なもの，別の可能性を拒絶，否定，排除してしまうという問題を抱える．このため個人の自由を拘束してしまう．好んで共有したいのであれば問題は小さいが，望まない価値観を強いられれば，重荷，ストレスとなる．人によっては，価値観を共有できない場合もあるだろう．価値観を共有できなくても協働は可能だが，その分調整は困難になるかもしれない．価値観を共有しないことで疎外されたり，公正な処遇を受けられなかったりしたら，個人にとっ

てなおさら大きな重荷，ストレスとなる．モチベーションは低下し，コミットメントは失われ，離職につながるかもしれない．

　さらに，文化は組織の中に深く広く浸透するだけに，変えるのが難しいという問題がある．事業，組織のあり方と適合しなくなった時，組織文化を変えたくても変えられない，長い時間がかかってしまう，既存の組織文化が事業や組織のあり方の変革に抵抗する，といった問題が起きてしまう．組織の変革は異質な発想や価値観を必要とするが，強い組織文化がそれらを事前に排除してしまうこともあるだろう．とらえ難い組織文化の存在を認識させられるのは，必要な変革が妨げられる時である，という議論もあるくらいだ．諸刃の刃となる組織文化は，取り扱いに注意しながら醸成，活用し，必要に応じて見直さなくてはならない．

▌3. 組織の変革

　企業組織は継続事業体として存続しなくてはならない．そのためには，ここまでみてきた組織のマネジメントの四つの問題(組織の構造とプロセス，人材マネジメント，リーダーシップ，組織文化)におけるそれぞれの取り組みを整えた上でさらに，それらを必要に応じて見直していく必要がある．組織の構造やプロセスの変革，人材システムの改変，求められるリーダーシップの見直し，価値観や行動規範の転換といった取り組みだ．それが，組織のマネジメントの五つ目の問題，「組織の変革」である．

　必要となる変化は，四つの取り組みの一部にとどまらず，その全て(もしくはいくつか)に及ぶ場合もある．後述するように，四つの取り組みは相互に関連しており，何かを大きく変えれば他も変えなくてはならない．そうなれば，組織全体の変革のマネジメントの問題となる．それはまた，企業経営全体の動態的なマネジメント——企業経営の四つの側面のそれぞれおよび全体を変えていくマネジメント——とも関わる問題となるが，そのことについては第14章で取り上げることとして，ここでは組織の変革に焦点を絞ってみていくことにしよう．

組織の連続的変化，非連続的変化

　企業組織の変化には，連続的なものと非連続的なものがある．

　連続的な変化は，顧客の要請や競争相手の動きなどを背景に，商品の価値を改善し，競争優位を強化し，事業の成果を継続的に生み出すために必要となる．人材の構成や価値観の変化，経験の蓄積，あるいは技術の進歩などによって促されることもある．いずれにせよ，従来の延長線上での，漸進的，部分的な変化であり，企業はこれに常時取り組まなくてはならない．

　非連続的な変化も，様々な状況や事情により必要になる．組織の状況適応理論が説くように(第8章)，普遍的に通用する理想の組織がないとしたら，外的な環境の大きな変化(例えば，画期的なイノベーションの登場，経済環境の激変，競争相手からの新たな挑戦)に応じた見直しが必要になる．自らのミスや不祥事が招いた危機，あるいは創業者や長く在任した経営者の退任などによって非連続な変化を迫られる場合もある．これらは否応なしに迫られる場合だが，企業が自ら主体的に選択，行動する過程で非連続な変化が必要になることもある．企業が成長を目指し，事業活動の範囲と規模を拡大する，多角化する，国際化する，合併買収を実行する時，組織は旧来のままでは立ち行かなくなり，大きな見直しが必要になる．

　どのような変化であれ，対応を誤れば企業は苦境に追い込まれる．企業組織は，連続的な変化と非連続的な変化を重ねることで存続する．変化のパターンは一様ではないが，連続的な変化を重ねて漸進的に変わり続け，時に非連続な変化によって大きく変わる，というのが一つの典型となる．環境の変化が激しかったり，企業が急成長を目指したりする場合には，漸進的な変化をしばらく続ける余裕はなく，従来の延長線上ではすまない変化を頻繁に繰り返す，というパターンを辿ることになる．前者を「穏やかな海」，後者を「渦巻く急流」と喩えて表現することがあり，また前者を生物の進化パターンを参考にして「断続平衡モデル」ということもある．

　変化を続けることは簡単なことではない．殊に非連続な変化は，影響の程度も範囲も大きいために困難や手強い抵抗が待ち受けている．また，連続的な変化と非連続な変化は互いに相反する取り組みを求めることから，日常的に連続

的な変化に努めることが時に必要になる非連続な変化を阻害してしまうという問題もある．これらのことをみていこう．

組織学習・知識創造

　組織の変化にとって一つの鍵は，組織としての学習である．学習とは新たな知識や能力を修得，創造することをいう[7]．人が学習によって変化していくように，組織も学習によって変化していく．

　学習，知識創造の重要性は，第II部で論じた戦略においても確認できる．企業が競争優位を持続するには資源，能力の質を継続的に高めることが重要になるが，それは学習によって可能になる．戦略の創造，創発それ自体も学習の過程である．組織における知識創造の重要性を明らかにした「知識創造理論」(Nonaka and Takeuchi 1995)によれば，「戦略の本質は，知識の獲得，創造，蓄積，利用のための組織的能力を開発することである」となる．

　組織の学習の主体は，企業に働く一人一人である．人は自らの経験，上司，先輩や同僚，ルール，文化，社内研修，周りの人々，ライバル企業などから学習する．だが，組織の学習は単に個人の学習を集成したものではない．組織の中の個人の学習は，人材の育成，評価処遇，配置によって，促され，支援され，導かれ，組織に所属するからこそ可能になる学習を個人が重ね，その成果が組織に組み込まれることで組織の学習となる．その中核に位置するのが組織の「ルーチン」である．

　ルーチンとは組織における定型的，習慣的な手順，行動パターンのことをいう．広義の標準化であり(第8章)，規則，伝統的なプロセス，暗黙のルール，メンバー間で共有されている行動規範など様々な形態をとる．組織文化の一要素となる場合もある．人々の学習によって獲得，創造された知識がルーチンに転じることで，組織としての学習となる．コミュニケーションも個人の学習を組織の中で共有する重要なメカニズムとなるが，組織レベルに定着させるにはルーチンに転換することが大切になる．

　キューバミサイル危機の際に威力を発揮した米国の上空からの情報収集と解

---

7)　学術的には，学習と知識の創造を区別する議論があるが，本書ではそこには立ち入らず，併用して記述する．

析の能力は，それまでの組織学習によって培われた最新の知識の集成としての
ルーチンであった(第7章)．フォードがT型フォードのコストを下げていった
のは，長期に生産を続ける中で「経験効果」により学習した成果を生産のルー
チンとして取り込んだ成果であった(第1章)．

　組織として共有，活用されるルーチンは，組織としての記憶であり，過去の
学習から得られた知識を伝承，共有するものであり，新たな学習によって更
新・修正される．そして個人の学習はルーチンによって支えられ，導かれる．
逆に，ルーチンによって学習のあり方が制約を受けることもある．ルーチンと
して組織に組み込まれた学習の成果が，組織の成果と変化を左右する．

学習，知識創造の課題

　組織の変化の鍵となる組織レベルの学習，知識創造をどう進めるか．幾つか
理解しておくべき問題がある．

　一つは，個人のレベル，組織のレベルで，適切な学習，知識創造が妨げられ
ることである．

　学習は，行動とその成果の関係から認識を変え，次の行動を修正していくと
いう過程を辿るが，その各々において様々な問題がおきてしまう．

　個人が誤った学習をする可能性があるし，組織が個人の正しい学習を阻害す
ることもある．ルーチンがあることで，新たな学習や知識創造が抑制されるこ
ともある．キューバにミサイル基地が建設されている可能性があるという情報
は，米国政府内のルーチンの中で処理された結果，中枢部にたどり着くまでに
時間を要してしまった(第7章)のはその一例だ．

　仮に個人が正しく学習できたとしても組織の学習につながらない場合もある．
個人が他者に伝えなかったり，伝えても，ルーチンに結実する過程で正確に伝
承されなかったり，反対されたり，修正されてしまう．こうした問題が適切な
組織学習を阻害する．

　また，組織が新たな知識を創造するには，「暗黙知」と「形式知」の組織的
な相互作用が必要になる．暗黙知とは言葉では表現できない主観的，身体的な
理解や認識のことで，信念，思い，ノウハウなどの知である．形式知は，言葉
で表現できる客観的・理性的な知をいう．個々の知識創造はしばしば暗黙知と

して生み出されるが，これを具体的なルーチンなど組織としての複合的な知識体系に結びつけなければならない．このプロセスは，個々の暗黙知が人々の間で集合的な「暗黙知」として共有され，さらにはそれが「形式知」に転じた上で，連結されて組織レベルの形式知となり，それが活用を通じて再び新たな個々の暗黙知に結びつく，といった螺旋状の知識の増幅過程を必要とする(Nonaka and Takeuchi 1995)．この過程のどこかが滞れば組織としての知識創造は進まない．

学習に関わるもう一つの問題は，「低次の学習」と「高次の学習」の矛盾にある．低次の学習とは所与の目標や条件の下で失敗などに基づいて部分的な修正を行う学習をいい，高次の学習とは前提とする価値，目標，条件，方法の見直しを伴う学習をいう．それぞれを「シングル・ループ学習」と「ダブル・ループ学習」，あるいは，「活用(exploitation)」と「探索(exploration)」と呼ぶ．

組織の漸進的な変化は低次の学習によって進み，非連続な変化には高次の学習が必要となるが，問題は低次の学習が高次の学習を阻害してしまう点にある．漸進的な変化のためのシングル・ループの学習に熱心に取り組み，成果を出し続けていると，たまにしか必要がなく，成否が見通しにくい非連続な変化のために必要なダブル・ループの学習が難しくなってしまう．うまく機能しているルーチンは新たなルーチンの形成を妨げるのだ．短期的な適応は存続のためには不可欠だが，そのための努力と成果が長期的に存続するために必要となる変革を妨げてしまう，という悩ましい問題である．

これらの難しさ——そこには合理性の限界や集団の罠(第7章)が作用している——を認識した上で，企業は学習，知識創造に取り組まなければならない．学習，知識創造は，連続的であれ，非連続的であれ，組織が必要な変化を遂げるために不可欠なものである．何をどのように学習するか，どのような知識をどのように修得，創造するか，それをいかに活用するかが，企業組織がいつどのように変わるかを左右する．

組織変革

非連続な組織変化は，先述の通り，成長，発展の節目，環境や競争の変質，危機など様々な理由で必要になる．必要な変化を実行できない企業は壁にぶつ

かり，業績は低迷し，場合によっては破綻に追い込まれる．それでも変われない企業がある．

なぜ変われないのか．第一に，そもそも大きな変革の必要性が認識できない．危機(の兆し)を危機として認めなかったり，これまでのやり方で対応できると考えてしまったりする．第二に，これまでのやり方に固執してしまう．これまでの努力や既にかけてしまったコストを無駄にしたくない，築き上げてきた成果や名声を失いたくない，失敗や問題点を認めたくない，首尾一貫した姿勢を見せたいと考えてしまう．第三に，どう変えるべきか適切なアイデア自体が生まれない．変革の意義が不明確で成否が不確実であるほど，変革のために必要なコストが明確で大きいほど，それまで成功してきた人々や部門ほど，抵抗や逡巡は強固になる．これらの背景では，先ほど述べた，学習自体の難しさ，低次の学習による高次の学習の阻害という問題も作用する．

大きな変革にはさらに，組織のマネジメントの様々な領域に関わる複合的な変化が関わるだけに，その実行が一層難しいという問題がある．価値観や思考様式など組織文化の根幹に関わる変化となればなおさらだ．組織は深く浸透している文化の見直しを容易には受け入れない[8]．そもそも存続するには組織は秩序と安定性を必要としており，そのこと自体が大きな変化を妨げるという問題もある．

これらの問題に目を向ける「組織生態論」という考え方によれば，組織は変われない(Hannan and Freeman 1977)．組織には慣性があり，組織は環境に庇護されることを願うだけ(あるいは，淘汰されるのを待つだけ)の儚い存在として捉えられる．大きな変化を成し遂げる企業も存在するが，変われないために多くの企業が消えていったのは確かな事実である．変革は不可能ではないが，決し

---

8) 科学史家のトーマス・クーンは，自然科学の歴史を「パラダイム」の転換の過程として捉えた(Kuhn 1970)．パラダイムとは，自然科学の主要な理論がそれぞれに前提として持っている支配的な視座，考え方を意味する．クーンによれば，自然科学を構成する主要な理論が前提とするパラダイムはそれぞれに固有のものであり，新たな理論の登場は新たなパラダイムの生成と受容を必要とするが，新旧のパラダイムの間には共通のベースがないので，転換は容易には進まない．物理学者のマックス・プランクの言葉を借りれば，新たな真理は旧い真理を信じている科学者達を説得して受容されるのではなく，旧世代の研究者達が死に絶え，新世代の研究者達が取って代わるプロセスを必要とする．客観的事実と論理に基づいて発展してきた自然科学においてパラダイムの転換が難しいのであれば，組織文化におけるパラダイムの転換はなおさらに難しい．

て容易ではない.

第1章でみたように，フォードはT型フォードの生産を長く続け，経験効果をフルに活用して傑出した成果をあげたが，GMが新たな戦略と組織で成功を収めた後になっても，既存の方針にこだわり続け，転換が進まなかった．ヤマト運輸は，戦後，トラック中心の輸送体系が急速に発展した中で，戦前に成功を収めた鉄道とトラックで輸送を分担するという考え方にこだわって対応が後手に回った．どちらも，組織が簡単には変われないことを示している.

だが企業経営としては，組織生態論に与して，座して死を待つわけにはいかない．大きな変化が難しいことを理解した上で非連続な変化を成し遂げなければならない．平常状態での組織のマネジメントとその漸進的見直しがまずは基本となるが，長期の存続にとっては大きな変化は避けて通れない問題である．それにどう取り組むかは経営の真価を問う試金石となる.

変革のプロセスとリーダー

大きな変化を実現するには，①変革の必要性を認識する，②変革案を創造する，③変革を実行し，定着させる，という三つのステップを踏まなければならない[9]．三つのステップは必ずしも逐次的に進むわけではなく，重複し，前後しながら進むこともある．創造された変革案が実行されながら修正され，その結果，より抜本的な変革の必要性が再認識される，といったパターンもあるだろう.

この全体のプロセスは，組織の様々な部分と階層を巻き込んだものとなり，四つの取り組みの全体と相互の関係の見直しを求めるものとなり，変革案に対する抵抗，混乱，対立を乗り越えていくものとなる．そこでは，上からの管理や指示に従うのではなく，異質な考え方，価値観に基づき，高次の学習により自ら組織を動かすようなミドル層や現場層からの主体的行動が必要になる場合もある．このように，上からの指示でなく，内側から変化を興すことを「自己組織化」と呼ぶ．その担い手が組織の中核・上位から離れた辺境・下位から登場することもある．成功を収め，組織の中核・上位に位置する人や部門には，

---

9) 一連の過程を，解凍－変革－再凍結，つまり，①現状を「解凍」し，②「変革」を進め，③変革された状態を「再凍結」する，という三つのステップに整理する捉え方もある.

現状ではダメだと認識することも，新しい案を創造することも，それを実行することも難しいからだ．

　ミドル層や辺境・下位からの動きを受け止めつつ，組織全体に関わる大きな変革を進めるためには，経営トップの役割と責任が大きい．始まりは辺境・下層からであっても，経営トップがどこかの時点にそれを認め，支援し，関わり，普及・定着させなくてはならない．経営トップが意図的にゆさぶりを仕掛けて，異質な動きを刺激するというアプローチも考えられる．

　そういう経営トップが不在であれば，変革の火は消えてしまうかもしれない．場合によっては，「守旧派」と「改革派」が鋭く対立し，事態は政治的な色彩を強め，「クーデター」に至るようなこともあるだろう．深刻な危機に至ってようやく変化が受け入れられるといったパターンもあるだろうし，行き詰って取り返しのつかない結果に終わる場合もあるだろう．

　変革のプロセス全体を通じて主役を担うのが，先述の「変革型リーダー」である．これまでの組織の延長上，漸進的な変化では収まりきらない大きな変革は，初動を担うミドル層であれ，全体を動かすトップ層であれ，変革型リーダーを必要とする．既存の仕組み，文化の中では活躍の場がない，評価を得る機会がない人物かもしれないだけに，そのような人物をいかに育み，登用するかは難しい問題となる．外部からの登用も有力な選択肢だが，そのような人物をどこに見出すか，その人物が内部で受容されるか，困難はつきない．

　GMもヤマト運輸も，既存の組織が危機を迎えていた中で革新を断行したが，スローンはGMに買収された部品会社の経営者であり，彼を抜擢したのは救済のために外部から社長に就いたピエール・デュポンであった．小倉昌男は創業者の子息であった．IBMでは，創業者の下で大きな成功を収めた後，第二次世界大戦後に新たな転換・成長を率いたのはやはり創業者の子息であったが，パソコンの時代に直面した危機からの脱却を率いたのは創業来初めて外部から招いた人物であった．半導体メーカーのインテルが事業の柱をメモリーからマイクロプロセッサーに転換したのは，創業以来の経営トップが，苦しい変革を見送ってやがて外部の経営者に経営を委ねるくらいなら自分たちでやろうと断行したものだった．

　出身はどこであれ，変革型リーダーの下で，一連の過程を経て変革を進め，

その後の新たな発展・成長につなげることができるかどうかに，企業の長期の
存続はかかってくる．それは，第14章でみる通り，組織のマネジメントに限
定されない経営全体の問題となるが，その中心に組織の変革のマネジメントが
ある．

4．組織と企業経営

　企業経営の第二の側面として，協働の体系としての組織のマネジメントにつ
いて何をどのように考えればよいかについてここまで論じてきた．その総括と
して，組織のマネジメントの全体像を改めて俯瞰し，前のパートで取り上げた
戦略との関係を論じて，第Ⅲ部を結ぼう．

組織のマネジメントの全体像

　組織マネジメントは，ここまでみてきたように，大きく，四つの問題領域を
めぐる取り組みとそれらの変化を扱う動態的な取り組みから構成される．その
全体像は図10-1のように描くことができる．

　まず，四つの取り組みは，全体として，企業が目指す成果を生み出す「仕事
（タスク）のマネジメント」と，人々の協働を促す「人（ヒューマン）のマネジメン
ト」の両方を担いながら，協働の体系を整えるための組織のマネジメントを構

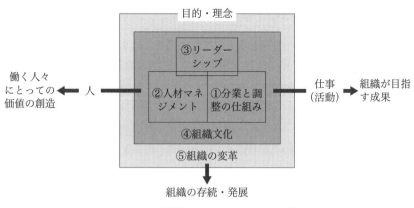

図10-1　組織のマネジメントの全体像

成する.

　「分業と調整の仕組み」は主に仕事に目を向け，働く人々による一連の仕事の集成を優れた成果に結実させるためのものとなる．残りの三つ，「人材マネジメント」，「リーダーシップ」，「組織文化」は主に人——それぞれ，部下としての人，上司としての人，共同体としての人々——に目を向け，企業に働く人が，意欲を持って仕事をし，意味を見出しながら成果に向けて働き続けるよう促すためのものとなる．と同時に，「分業と調整の仕組み」は「仕事が(機械やプログラムではなく)人によって行われる」ことを前提にしており，「人材マネジメント」は人全般ではなく「仕事をする人」に目を向ける．「リーダーシップ」に必要なのは人と仕事の両方に関わる行動であり，「組織文化」では何のためにどのような仕事をどのようにするのかが問われる．どれもが「仕事と人」のマネジメントを扱っている．

　「仕事と人」のマネジメントを担うこれら四つの取り組みを整えることで，一方で，企業が目指す成果を生み出すことが可能になり，他方で，働く人々にとっての価値——意欲がわき，意味を感じながら働ける機会——を生み出すことが可能になる．それはまた，第7章で述べた，企業組織が本来的に抱える問題・矛盾を乗り越えて，優れた協働を行うことを可能にする．自由意志を持つ多様な人々が集団を形成し，合理性の限界と集団のコスト，弊害を乗り越えながら，時間的・空間的に複雑に連関していく一連の仕事を熱心に，効果的に行い，協働の体系として顧客，自社，投資家，社会・市民，そして働く人々が求める成果，価値を生み出すために，これら四つの取り組みを必要とする．

　四つの取り組みは，各々，組織のマネジメントにおいて欠かせない役割を果たす基本要素となる．どこかに不備や不足があれば，生み出される成果は損なわれる．

　協働が価値の創造に向かうよう仕事の枠組みと流れを整えても，実際に働く人のやる気と能力が欠けていては，部下を率いるリーダーがいなければ，働く人とリーダーに共有された価値観がなければ，仕事は空回りする．個々の働き手のやる気と能力を高める仕組みを整えても，仕事の枠組みや流れが未整備で，ついていきたいと思えるリーダーが不在で，目指す方向や行動のあり方を指し示す価値観が共有されていなければ，熱心な働きも徒労に終わる．優れたリー

ダーシップを発揮できる人材をそろえても，リーダーの仕事を支える仕事の仕組み，やる気と能力を備えた部下，あるべき姿を示す理念がなければ，リーダーは疲弊し，孤立する．経営理念を定めても，それを実現するための仕事の仕組み，それを共有し，必要な意欲と能力を持って働く人と先頭に立って実践するリーダーがいなければ，基本理念は単なるスローガンに終わり，組織文化は風化する．

　四つの取り組みが揃い，お互いを補完し合う全体が整えば，それぞれが威力を発揮し，優れた成果が生み出される．

　仕事の仕組みが整っていれば，働き手のやる気と能力は増進され，リーダーシップは威力を増し，価値観は成果につながり，浸透する．やる気に満ちた有能な働き手がいれば，仕事の仕組みは円滑，有効に機能し，リーダーの負担は軽くなり，価値観は人々とその仕事に浸透する．リーダーが優れていれば，部下のやる気と能力は増進され，集団の凝集性が増し，仕事の成果は高まり，部下はリーダーの背中を見てやがて優れたリーダーへと育つ．価値観が共有されれば，困難な調整を一定方向に導き，人々の働く意欲と意味の土台となり，集団の結束を高め，リーダーとフォロワーの一体感を支える．

　こうして四つの全てが整い，相互に連関し，補完し，補強し合う時，優れた協働の体系が成立する．それはしかし静態的なものではありえない．継続事業体を旨とする企業は組織のマネジメントに動態的に取り組まなければならない．それが，五つ目の組織の変革の問題となる．前掲図 10-1 で下方に描かれている部分である．この図を三次元で表現すれば，奥(過去)から手前(未来)に進む次元になる．

　必要な変化は連続的なものと非連続なものに分けられる．組織は常に前者に取り組みつつ，必要に応じて後者に取り組まなければならない．とくに非連続な変化が難関となる．能動的，積極的に進めるのか，受動的に否応なく進めるのかは別にして，非連続な変化はしばしば様々な領域の複合的変革を求めるものとなり，多くの障壁と困難を乗り越えなくてはならない．組織は様々な変化を重ねながら存続するものであり，存続するためにはその過程に終わりはない．そのような全体に及ぶ経時的な工夫と努力の結果として，企業組織は求められる成果を生み続けることが可能になる．

組織と戦略

優れた組織のマネジメントが優れた成果を生むという議論は，第Ⅱ部でみた，戦略において組織の資源と能力が重要な鍵となるという議論と，コインの裏表の関係にある．優位な組織の資源と能力は他社には追いつけない価値を創造する重要な源泉となるが，その資源の質を高め，能力を構築するのが組織のマネジメントとなる．優れた組織のマネジメントは戦略の心強い手段となる．

その一方で，戦略は組織のマネジメントにとって重要な要素となる．戦略は，何をすべきか，それは何故かを具体的に組織に示すからである．

組織のマネジメントの一つの鍵は明確な目的である．それが曖昧なままでは様々な軋轢，混乱が生じる．調整のための仕組みを作っても，価値観を共有しても，具体的な目的，目指す成果が曖昧だとコンフリクトは先鋭化し，調整は難しい．人材評価や育成の仕組みも漂流する．組織内の各集団のリーダーが単独で優れた判断をしたとしても，組織全体のベクトルが不揃いであれば成果は生み出されず，リーダーシップは揺らぐ．

具体的な戦略が定められ，目的が共有されれば，利害の対立を乗り越える調整，判断が可能になり，リーダーシップは威力を増す．非連続な変革を進める時，戦略は変革の先にあるものを示すことで，抵抗を乗り越える牽引役となる．

そして，戦略によって成果が実現されれば，分業と調整の枠組も，人材マネジメントも制約が緩和され，より円滑なマネジメントが可能になる．多くの人々が昇給・昇進の機会を得て一層動機付けられ，リーダーへの信頼は高まり，組織文化は浸透する．変革も軌道にのり，定着する．戦略は，組織のマネジメントそのものではないが，もう一つの基本要素として位置づけてもよい重要な役割を担う．

だが，ここでもまた議論は振り出しに戻るのだが，その戦略を創造し，選択するのは組織である．組織は自らの危機を脱し，大きな成果を産み出す可能性を持つ戦略を生み出せないかもしれないし，生み出せたとしても，それを選択・実行することを時に拒む．

事業の成果に向かう戦略の論理と働く人々の意欲と意味に向かう組織の論理は時に対立する．戦略にとって合理性があったとしても，働く人にとって別の

意味を持つ場合がある．組織に大きな負荷をかける戦略を敢行すれば，人も組織も損なわれるかもしれない．逆に，働く人々を優先して組織の論理を重視すれば，将来はともかく，当面の事業の低迷が続き，下手をすれば回復不能なまでに傷口を拡げるかもしれない．

　戦略は組織にとって薬にも毒にもなる．組織は戦略にとって宝にも魔物にもなる．戦略は，組織のことをよく理解し，考え，そして組織を動かせるものでなければならない．組織は，戦略を支えるよう，そして優れた戦略が構想，創発，選択され，実行されるようマネジメントされなくてはならない．優れた戦略を生み出すのは高次の学習ができる組織であり，その戦略を継続する成果に結びつけるのは，必要な変革を受容し，実行できる組織になる．

　組織は戦略の手段・実行主体であると同時に，戦略の構想・選別主体であり，戦略は組織存続・発展の手段となる．経営史家のチャンドラーが「組織は戦略に従う」と述べ（Chandler 1962）[10]，それに対して「戦略は組織に従う」との反論が返されたが，真実は両方にある．戦略と組織はお互いに主従関係にある．定常的なマネジメントであれ，動態的なマネジメントであれ，戦略と組織は企業経営の両輪となる．

10）　その代表例の一つとしてチャンドラーが挙げたのが，「あらゆる財布とあらゆる用途にあった車」という新たな戦略を打ち出し，その実行のために事業部制という新たな組織構造を生み出したGMのケースであった（第1章）．

資本のマネジメント，社会への責任

資本主義社会へ向けて

　企業は，働く人々が協働し，顧客が求める価値を創造することで成り立つが，それを元手として支え，またその成果として生み出されるのが，カネ（資本，利益）である．

　資本が提供されることで事業が可能になり，その成果として利益が生まれ，そこからリターンを得るから資本が提供される．企業は資本を効率的に活用して利益を生み出すためにあり，そのことによって資本主義社会における経済活動の中心的機関としての役割を担い，存続する．

　企業はこのことからさらに，資本主義社会の中で大きく重い責任を担うことになる．自らが経済活動の中心を担う社会を持続可能なものとすることへの責任であり，そこに暮らし，働き，生きる人々への責任である．この責任を果たすことで企業は社会の中でその存在の正当性を認められる．

　第 IV 部では，資本の効率的活用，社会への責任という二つの観点から企業経営が何をどのように考えるべきかを論じる．第 2 章で示した企業経営の四つの側面の内，第三，第四の側面を取り上げるパートとなる．より俯瞰的にいえば，企業が，資本主義社会における経済活動の中心的な担い手としてその期待に応え，責任を果たすために何が求められるかを論じるパートとなる．

第11章　資本の効率的活用

資本の効率的活用／資本と企業形態／企業会計／財務会計／管理会計

1. 資本の効率的活用

　企業が事業を営む上で，元手となり，またその成果となるのが，カネ(資本,
利益)である.

　事業を行うには，あらかじめ人材，設備，資材などを用意し，体制を整え，
一連の活動を進めなくてはならない. そのための元手として資本や資金(以下,
原則として「資本」と記す[1])が必要となる. 不測の事態(不渡り，事故，災害など)
への備えとしての資本も必要だ.

　元手を用いて行われる事業の成果は顧客と企業にとっての価値の創造である
(第Ⅱ部). この内，企業にとっての価値はかけた費用を得られた収益が上回っ
て利益を得ることで創造されるが，このことによって元手の提供者，つまり投
資家にとっても価値が創造される. 債権者は元本の返済に加えて利息を受け取
り，出資者である株主は生み出された利益の中から配当を受け取り，あるいは
利益に裏打ちされて株価が上昇すれば資産が増加する. こうして事業が利益を
生むことを通じて投じたカネが増えてもどってくる，つまり投資へのリターン
があることを期待して，元手は提供される[2].

　全体として，将来の成果を期待して資本が投じられて事業が行われ，その結
果，費用を上回る収益を得て利益が生み出され，投資家はリターンを得る. こ
れが投資家の新たな期待につながり，資本がさらに投じられる. この資本と利
益の循環によって企業経営は継続する.

---

1)　後述するように，関連する用語として，資本，資金，負債，現金(キャッシュ)などがある. 以
　下では，煩雑さを避けるため，原則としてこれらをまとめて「資本」と記し，必要に応じて区別
　して記述することとする.
2)　利益の一部は企業の内部に留保され，自らの資本として次の元手の一部となるが，これもまた
　投じたカネが増えて戻ってくることを期待して提供される.

企業経営におけるカネの重要性は企業の法的な成り立ちから確認できる．そもそも法律上，企業は「営利」を目的として設立される．設立の際にはヒト（発起人，出資者，取締役など）とカネ（出資金）を定めなくてはならない．そして企業はカネを提供する出資者によって所有される．代表的な企業形態である株式会社でいえば，経営に関する最も重要な決定は株主総会に委ねられ，その議決権は，所有株式数（つまり出資の比率）によって配分される．さらに，企業の倒産も債務不履行，つまり財務的な破綻で決まる[3]．企業の目的，設立，所有，倒産を規定するカネは，ヒトとならんで，企業の最も基本的な要素となっている．

カネの重要性は，経営をめぐる歴史上最大級の「発明」とされる複式簿記と株式会社制度がともにカネに関する新たな方法であったことからも確認できる．前者は「カネ勘定の方法」，後者は「カネの集め方」についての革新であった（第1章）．また，英語に，「肝腎要の点」「必要最低限の線」という意味で日常使われる"bottom line"（ボトムライン）という単語があるが，これは決算書の一番下にある「最終行」を由来としている．そこに記載されているのは企業の最終損益だ．まさに損益こそ企業経営の「肝腎要の点」となる．非営利組織であっても費用を抑えることはとても大切である．政府，教育機関，医療機関など，いずれも野方図に費用をかけることはできない．だが，企業のように利益を生み出すことを求められることはない．より多くの利益を生み出すことを常に求められるのは企業だけである．

資本のマネジメント

企業経営にとってカネが全てではない．次章で改めて述べる通り，カネ以外のもの，カネでは測れないもの，評価できないもの，買えないものが不可欠で大切となる．しかし資本の効率的活用で成果を出せなければ，目的は果たせず，元手は枯渇し，経営は破綻する．さらにいえば，これも次章で改めて論じるように，企業が資本を効率的に活用することは，経済社会全体の維持・発展にとっても重要な課題となる．自社のためにも，社会のためにも，企業は資本の効率的活用に努めなければならない．

3）　第2章注1参照．

企業が資本を用いて利益を生み出すには，前章まで述べてきた第一，第二の側面での課題に取り組み，成果を生み出さなくてはならないが，その取り組みと成果は常に資本の効率的活用の観点から検討，評価され，導かれなくてはならない．これが企業経営の第三の側面，「資本の活用」となる．

　第三の側面には，資本と企業経営の関係をめぐる三つの問題が関わる．企業会計，企業財務，企業統治である．

　「企業会計(コーポレート・アカウンティング)」は，企業経営のあり方や成果をカネの側面から測定，分析し，利害関係者に伝達するものである．主として，企業外部の関係者に向けて企業経営の財務的な状況・成果を伝えるための「財務会計」と，企業内部で経営のあり方を財務的に測定，評価，検討するための「管理会計」から構成される．

　「企業財務(コーポレート・ファイナンス)」は，企業経営の財務的なあり方を考えるもので，資本の調達，活用，そして得られた利益の投資家への還元の仕方を検討し，判断することを主たる課題とする．それはまた，企業として資本市場(投資家)とどのような関係を築くかについて考えるためのものとなる．

　もう一つの「企業統治(コーポレート・ガバナンス)」は，誰がどのように企業経営を統治するかについて考えるものである．後述する通り，企業統治の問題は，本来，資本の問題を超えて経営全体に関わるが，その主たる関心は資本の出し手と経営の関係に向けられてきた．資本の出し手が企業の所有者だからだ．とりわけ，株式会社においては，出資者として企業を所有する株主と株主から経営を委託された経営者の関係のあり方が重大な問題となる．

　以下，本章と次章を通じて，これら三つの問題を中心に資本のマネジメントについて述べていく．その前段としてまず，企業形態，特に，以下の議論の中心的な対象となる株式会社について概説することから始めよう．

▌2. 資本と企業形態

企業形態

　本書ではここまでただ「企業」という名称を用いてきたが，法的には，企業

には幾つかの形態がある．その違いは主として出資のあり方で決まる．企業にとっての資本の重要性はこの点からも確認できるだろう．

　企業は，法律上，「個人企業」と「法人企業」の二種類に分かれる[4]．

　個人企業は，個人が事業主として単独で自己の資金を出資し，自ら経営を行う．企業の所得は個人の所得の一部となる．企業形態としては簡素で，経営者が自由に意思決定できる．設立，運営に難しい手続きはない．小規模な小売業，飲食業，サービス業を中心に，多くの企業がこの形態で事業を行っている[5]．

　しかし，出資も経営も個人が行うので，調達できる資金にも経営能力にも限りがある．出資者個人が法的な主体となることから，取引も資産の所有も個人として行う．損失が出れば個人が負担し，債務不履行に陥ると個人の財産を処分してでも返済する義務を負う．その責任に限度はなく，これを「無限責任」という．事業活動を拡大，発展したい時，個人企業には自ずと限界がある．

　個人企業のそうした限界を乗り越えるためにあるのが，法人企業である．「法人」とは，法律上，「自然人」と同様に法的な権利と義務が認められる主体である．自然人は出生とともに基本的人権を保障される．法人は法律上の手続きを経て，条件を満たすことで法人格を取得する．企業は法人化することで，法的に「会社」という名称となる．個人企業に比べて，法人企業は個人を離れて経済活動を行うことが可能になり，より多くの資金を集めることが可能になる．社会的信用も高まり，発展の可能性も広がる．税金面でも有利となる．

　その法人企業には，「会社法」により，①合名会社，②合資会社，③合同会社，④株式会社という四つの形態が定められている（表11-1）[6]．

　四つの形態の違いの一つは出資者が負う責任の範囲である．合名会社は出資者全員が無限責任，合資会社は一部が無限責任で一部が有限責任，合同会社と株式会社は全員が有限責任となる．無限責任では，上述の通り，債務の責任が

---

4)　企業は，民間の私人が設立する私企業と，公益性の高い事業領域などで国や地方公共団体が設立する公企業（あるいは公私合同企業）に分かれる．また，私企業の中には営利を目的としない協同組合が含まれる．この内，以下で説明するのは営利を目的とする私企業である．

5)　総務省・経済産業省の経済センサスによれば，2016年の日本の企業総数385万社（公企業を含む）の内，個人企業が197万社を占める．

6)　以前はこれらとは別に，「有限会社」という会社形態があったが，2005年の会社法により設立できなくなった．また，これらと別に，保険事業のみに認められた会社形態として「相互会社」があるが，本書ではとり上げない．

表 11-1　会社の形態

	合名会社	合資会社	合同会社	株式会社
出資者	社員			株主
出資者の責任	全員無限	一部無限 残り有限	全員有限	
出資者人数	1 名以上	無限・有限 各 1 名以上	1 名以上	
出資内容	労働出資・信用出資も可		金銭出資と現物出資のみ可	
持分譲渡	他の出資者全員の承認必要			原則として自由
最高意思決定	総社員の同意			株主総会
重要業務意思決定	総社員の過半数			取締役会
実在数(社)	3,371	14,170	67,972	2,554,582

注) 実在数は 2019 年 3 月現在(国税庁・平成 30 年度会社標本調査による).

個人の財産にまでおよぶが，有限責任では自分が出資した金銭を放棄すれば足りる．

　違いのもう一つは出資した持分の譲渡の方法である．合名会社，合資会社，合同会社では出資者の一部が持分を譲渡する場合には出資者全員の同意を必要とし，これら三つの形態をひとくくりにして「持分会社」と分類される．

　これに対して株式会社では，出資者は出資と引き換えに株式を保有して株主となり，債務に対しては持株分の有限責任を負う一方で，株主総会での議決権と配当を受取る権利を有する上に，株式を他者に自由に譲渡できる．その譲渡を売買によって広く円滑に行うためにあるのが株式市場となる．

　出資者，つまり会社の所有者が変わる可能性を持つことから，株式会社には株主の委託を受けて実際の会社の業務執行などの決定を担う機関として「取締役会」が設置される．資本金の減少，定款変更，解散，取締役の選任・解任，取締役の報酬，計算書類(財務諸表)の承認，剰余金の資本組入など，最も重要な意思決定は株主総会での議決を必要とするが，実際の業務執行や会社の代表行為を行う代表取締役の選定と解職，財産の処分や譲り受け，工場や支店などの設置・変更・廃止など業務執行上の主要な意思決定は，株主総会で選ばれた取締役から構成される取締役会が担う．そして取締役会による経営が適切に行われているかを監査する「監査役会」「会計監査人」が設置される．取締役は株主が就いてもいいが，株主である必要はない[7]．

上場株式会社

　今日，法人企業形態の中で最も普及しているのが株式会社である．日本では，2019年現在，約264万社を数える会社（つまり法人）の内，約255万社を株式会社が占めている（前掲表11-1）．ただし，その中で，株式の自由な譲渡ができる「公開」株式会社はごく一部である．先ほど，株式会社では株主は保有する株式を自由に譲渡できると述べたが，実際には，ほとんどの株式会社は株式の譲渡を制限している「非公開」会社である．株式を公開して株式市場に上場し，広く譲渡が可能な上場株式会社――いわゆる「上場会社」――は約3700社，全株式会社の約0.1% にとどまる．

　しかし，数は限られるものの，人々に広く知られ，耳目を集める企業の多くは上場会社である．株式市場の市況が毎日ニュースで報道されることにも象徴されるように，上場会社は資本主義社会の経済活動を担う中核的機関として位置付けられている．これは，公開された株式会社という制度には，企業の存続，発展を可能にする優れた点があるからである．

　まず，上場会社は，株主の責任が有限である上に，株式の譲渡・売買が株式市場で自由にできること，また多様な上場会社への分散投資によってリスクを軽減できるというメリットもあることから，出資者にとって魅力的であり，多くの投資家から多くの資本を集めることができる．資金力がある富裕層や投資機関のみならず，少額の資金を持つ市井の人々も出資者となれる．

　また，株式の譲渡・売買により出資者の入れ替わりを可能にすることで，自然人である出資者の寿命に関係なく継続して事業を行う法人として永続することが可能になる．前にも述べた通り，これを「継続事業体」という．永続を前提とした法人だからこそ，時間をかけた取り組みができ，また多くの人，組織が投資したい，取引したい，勤めたい，商品を買いたい，使いたいと考えるこ

---

　7)　ここでの記述は代表的な株式会社の概略を述べたものである．実際の株式会社には異なる種類がある．株式の譲渡に会社の承認を必要とする定めを設けて譲渡を制限することが可能であり，譲渡を制限する会社を非公開株式会社，制限しない会社を公開株式会社と呼ぶ．また，会社法では，株式会社を大会社と中小会社に区分けし，より多くの出資者からより多くの出資を受ける公開された大会社については経営の監査機関をより厳密にすることが義務づけられている一方，非公開の中小会社の仕組みはより簡素で，取締役会，監査役は不要である．

とから，存続，発展の可能性が広がる．

　株式が譲渡可能なことで会社の一部・全部の合併・買収・売却も可能になる．また，事業で成功を収め，上場し，株価が上昇すれば，創業時などに出資した株主の富が増大する．これが創業，投資，上場へのインセンティブとなって，株式会社の創設と支援，そして上場への努力が促される．

　もう一つ，出資者と経営者を分離することでより多くの資本，より多くの有能な人材の動員が可能になる．資金はあるが経営の才能を欠く人にとっては，優秀な人材が経営する企業に出資することでリターンを得る機会が広がる．経営の才能に恵まれているが資金を持たない人にとっては，資金がある人の出資で設立する企業において経営者として成功する道が開けるし，出資する必要がない分，リスクが小さくなる．財力と才能の両方に恵まれた人の数が限られている中で，価値ある仕組みとなる．これも一種の分業のメリット(第8章)である．

　上場できれば企業の信用力が高まるというメリットもある．上場するには多くの条件をクリアしなければならないため，上述の通り，上場会社の数はごく限られている．その分，上場会社は信頼され，金融機関からの借入や社債の発行においても有利な条件での調達が可能になるし，他社との取引や人材の獲得においてもプラスになる．

　このような長所を持つ株式会社の原型を生み出したのが大航海時代のオランダの東インド会社であったことはすでに触れた(第1章)．以来，株式会社制度の発展につれて，多くの資本と才能ある人材が株式会社の設立・経営に携わり，資本主義社会の興隆を牽引する機関としての地位を築いていったのである．

　上場会社はしかし，より多くの資本を集める故に投資家からより大きな期待を集め，より厳しい要求にさらされる．形態が何であれ営利企業は資本の効率的活用が課せられるが，多数の株主の負託を受けて大規模な資本を投じて経営を行う上場会社は，より高度で効率的な資本のマネジメントが求められる．資本と経営の関係も複雑になる．次節から述べる，企業会計，企業財務，企業統治において，上場会社がその中心的な題材となるのはそのためである．

3. 企業会計

投入した資本を企業が無駄なく事業に活用して期待されるリターンを実際に生み出しているか，目指す利益の実現に向かっているか——このことを常時測定し，確認することは，効率的な資本のマネジメントにとって不可欠で基本的な課題となる．この課題に答えるのが企業会計である．

企業会計とは，企業の経済的な活動と事象を貨幣単位で測定し，それを関係者に伝えることをいう．人間の健康状態を把握するために，身長，体重，体温，血圧，心拍数など様々なデータを測定するように，企業の経営状態を把握するために，様々な会計データを測定する．ある企業の経営について分析，評価，検討する時，会計データは必須の情報である．会計データではとらえきれないことがあるにしても，会計データを抜きにすることはありえない．

企業会計には，前述の通り，財務会計(financial accounting)と管理会計(managerial accounting)の二つの領域がある(表 11-2)[8]．両者は測定した結果を報告する相手が異なる．財務会計は企業外部の関係者への報告を目的とし，管理会計は企業内部の関係者への報告を目的とする．英語表現を用いれば，それぞれ，"external reporting"，"internal reporting"となる．外部の関係者への報告を主務とする財務会計は法律や公的な基準によってその測定・報告のルールが決

表 11-2 財務会計と管理会計

	財務会計	管理会計
利用者	外部利害関係者	経営管理者
主たる機能	情報開示，利害調整，配当可能利益の算定	経営管理
法制度	公的規制，一般に認められた原則，公認会計士による監査	私的任意
情報単位	集計された全体情報(企業集団，個別企業全体，セグメント別)	詳細な部分情報(商品別，プロセス別，プロジェクト別，管理単位別)
対象時間	過去情報	過去・未来情報
会計期間	定期的(年次，四半期)	弾力的(短期〜長期)
測定・評価単位	貨幣的単位	貨幣的単位，非貨幣的単位

---

8) これ以外に，課税所得の計算に関する税務会計(tax accounting)もあるが，本書では取り上げない．

まっているのに対して，内部向けの管理会計は個々の企業の裁量に任されており，多様な情報，形式を持つ．

　両者は，資本の効率的活用の状況を測定，報告，分析するためにあるという点では一致している．日々の取引データ，活動データの会計処理システムを通じて基礎データも共有している．密接に関係する財務会計と管理会計が二つの領域に分かれていったのは，19世紀半ば以降のことであった．米国における大企業の登場と企業経営の発展に伴い，一方で投資家を始めとする外部の利害関係者に対する経営の財務的な結果の客観的な報告が重要になったからであり，他方で企業経営の規模拡大と複雑化により高度な内部管理が必要になったからであった（第1章）[9]．外向けの財務会計と内向けの管理会計が，相互に関係しつつ，各々の機能を担って固有の領域を形成し，発展し，今日に至っている．以下，それぞれについて概説する．

4. 財務会計

　財務会計は，企業の財政状態と経営成績に関する会計情報を作成し，外部の関係者に報告，開示する．

　想定されている外部の関係者は多岐にわたる．まず，投資家である．株主は自ら出資した企業の経営状態を正確に把握し，株主総会での議決や，保有株式の売却や買い増しの判断材料としなければならない．金融機関など債権者も返済が予定通りなされるか，どの程度債務返済能力があるかを判断しなくてはならない．株式や社債の購入を検討している個人や組織，融資の実施を検討している金融機関も会計情報を必要とする．発表される最新の業績や業績見通しによって企業の株価は変動し，アナリストは綿密な分析を加え，投資家は一喜一

---

9)　もう少し遡れば，財務会計の基本となる損益計算書，貸借対照表の原型が生まれたのは17世紀初頭であった．19世紀半ばにイギリスで会社制度が整うとともに会計制度も整えられ，米国における近代的企業経営の発展の過程でさらに発展した．米国で公認会計士（後述）の制度が立ち上がったのは20世紀初頭のことであり，管理会計という言葉が生まれたのは1920年代のことであった．1929年の大恐慌をきっかけに投資家への説明責任の重要性が高まったことが会計制度のさらなる整備を促し，証券取引委員会（SEC）が創設されたのは1934年であった（Schroeder 他2001 など）．

憂する.

　従業員にとっても会計情報は重要である．自社の業績に関心があるのはもちろんのこと，給与・賞与の水準が業績と連動する，業績が労使の賃金交渉の行方を左右するとなれば，なおさら重要となる．就職を検討している者にとっても基本情報の一つとなる．

　当該企業が立地する地域社会・住民，当該企業と取引する他の企業や組織にとっても大切な情報となる．国，地方公共団体にとっては会計情報が課税額の算出根拠となる．この他，金融規制，料金や規制の設定，上場(上場廃止)基準などにも活用され，様々な影響をもたらす．

　こうした様々な関係者に会計情報を提供する財務会計は，三つの主要な役割を担っている．第一に，経営者による投資家への説明機能を担う．株主，債権者から資金を得てその運用・管理を委託された者として，その状況と成果を財務会計によって説明する責任を果たすという役割である．第二に，利害調整機能を担う．利益の多寡に対する利害は関係者によって違う．利益が多ければ，株主にとっては配当が増えるが，債権者にとっては現金が流出するため債務不履行のリスクが増大する．このように関係者間で一致しない利害の調整を，財務会計が定められた規則に従って利益額を確定することで引き受けるのである．第三に，資源配分のための情報提供機能を担う．財務会計に示される情報によって投資家はどの企業にいくら投資するか，どの企業にどのような利子率でいくら貸し出すかを判断する．影響力の大きい企業に関する会計情報ともなれば，その開示結果が引き金となって内外の株式市場が揺れ，巨額の資本が瞬時に世界を駆け巡る場合もある．個々の直接の関係者の利害に関わるだけでなく，資本市場における資源の配分が会計情報に依拠して行われるのだ．経済活動におけるその役割と影響は大きい．

　こうした重要な機能を果たすため，会計情報は信頼性(正確でバイアスがない)，検証可能性(事後的な検証が可能で，責任の所在を明確にできる)，中立性(特定の関係者に対して有利・不利がない)，公正性(全ての利害関係者にとって納得がいく)，有用性(分析・評価に役立つ)などが強く求められる．

　逆に，これらの点で会計情報に問題があれば，当該企業の経営はもちろん，様々な利害関係者，そして企業を中心とする経済活動全体に損害と混乱をもた

らす．会計を英語で"accounting"というが，"account"には計算する，説明するという意味がある．「説明責任」と訳される「アカウンタビリティ(accountability)」という言葉は，公的機関が税金の使途を納税者へ説明する責任，企業が資本の使途を投資家へ説明する責任を論じる中で用いられている．財務会計はまさに社会に対して正しく計算し，説明する重要な責任を担っている．財務会計のあり方が法律で定められているのはこのためである．

制度としての財務会計

日本では，「会社法」，「金融商品取引法」，「法人税法」の三つの法律が会計情報をどのように作成し，報告するかを定めている．三つが相互に関連し合いながら全体の体系を構成していることから，「トライアングル体制」ともいわれる．

会社法は2005年に制定されたもので，先ほど説明した企業形態もこの法律で定められている．同法は全ての形態の会社をその対象とし，企業が会計情報として貸借対照表，損益計算書，株主資本等変動計算書，個別注記表(会社法ではこれらを「計算書類」と呼んでいる)を年次ごとに作成，公告することを義務づけている．

もう一つの金融商品取引法は上場会社を主たる対象とし，その会計情報のあり方を定めている．上記の貸借対照表，損益計算書，株主資本等変動計算書に加えて，キャッシュフロー計算書，そして個別注記表に代えて附属明細表(金融商品取引法ではこれらを「財務諸表」と呼んでいる)を年次並びに四半期ごとに作成，開示することを義務づけている．

会社法では株主，債権者，経営者の利害調整機能を重視した規定が定められ，金融商品取引法では投資家への情報提供機能を重視した規定が定められている．多くの投資家から多額の資本を集める上場会社は，二つの法律に準拠して財務会計情報を用意し，開示する義務を負う．

三つ目の法人税法は課税を規定する．課税の前提となる所得は財務諸表上の利益とは一致しない部分があるものの，課税所得の計算は株主総会で報告・承認された会計報告を基礎にすることが定められている．企業では課税所得計算を前提に節税を目指すことから，法人税法が財務会計に影響を及ぼす．

こうした法律の他に，会計基準が定められている．日本では，企業会計基準委員会(ASBJ)が2001年に設立され，実践規範として細かな会計基準を設定しており，都度見直されている．企業会計審議会が1949年に定めた「企業会計原則」も基礎的な指針となっている．三つの法律を基本にこれらが合わさって，全体として「一般に認められた会計原則(GAAP : Generally Accepted Accounting Principles)」と呼ばれる会計の基準・原則を構成しており，会計情報はこれに準拠して作成，報告される．

　これらの法律や基準は国により異なり，時代とともに変化する．会計の役割や目的，あるいは利害関係者の調整のあり方など，国により，時代により，様々な考え方があるからだ．会計の原則・基準を「一般に認められた会計原則」とやや広がりのある表現で呼ぶのも，このためである．企業活動，資本市場のグローバル化が進む中で，多様な会計基準が併存することは関係者に様々なコスト，軋轢，混乱をもたらすため，国際会計基準審議会(IASB)が設定する国際財務報告基準(IFRS)を基軸に国際的な会計基準の調整，収斂をめぐって様々な取り組みがなされている．それぞれの考え方，歴史があり，関連する他の諸制度や慣行との関係もあり，調整，統一は簡単ではないが，要請はなくならない．日本の会計基準も国際的な調整が進められている．

　会計制度を支えるもう一つの重要な仕組みが会計監査制度である．企業は，会計情報の作成・公表において公認会計士の資格を持つ第三者の会計監査人による監査を受け，承認を得なければならない[10]．財務会計情報の作成，報告が法律・基準に基づいて正しく行われていることを保証するために，公認会計士という公的な資格に基づく会計監査が義務づけられているのだ．財務会計が社会において有する重要性をこの点からも確認できるだろう．

財務諸表

　こうした制度に沿って作成される財務会計情報とはどのようなものか．上場会社が用意する財務諸表の概要を紹介しよう．

　まず，財務諸表の内で中心になるのが，「貸借対照表」と「損益計算書」で

---

10)　非公開の中小企業はこの限りではない．

ある．二つの書類を通じて，「資本を調達し(financing)，それを資産に投下し(investing)，事業活動(operating)を通じて利益を生み出す」という企業経営の実態と成果が明らかにされる．

貸借対照表はある時点での財政状態を明らかにする．英語の名称により「バランスシート(Balance Sheet)」，略して「BS」とも呼ばれる．二つの欄に分かれ，必要とするお金をどのように調達しているか，そのお金を何に投入しているのかが示される．前者を資本構成，後者を資産構成といい，これらを左(資産構成)右(資本構成)に配して対照する．両者の総額は一致する．

それぞれはさらに下位の区分に分類される．資本は「負債」と「純資産」から構成される．負債は外部からの借入金や買掛金などのことで，流動性によって「流動負債」，「固定負債」に分類される．流動か固定かは，その負債の返済期間によって区別され，相対的に短いもの，つまり買掛金や返済一年未満の借入金などが流動負債となり11)，社債や長期借入金などが固定負債となる．純資産は「株主資本」，「評価・換算差額等」，「新株予約権」に分類される．株主資本とは株主からの払込資本と留保利益，評価・換算差額等は所定の資産・負債を時価評価した場合の取得原価との差額，新株予約権は将来株主になる可能性のある人々から受け入れた金額を示すものとなる．

なお，資本構成の内，流動負債を「短期資本」，固定負債と純資産を合わせて「長期資本」と呼ぶことがある．また，他社からの借入れによる「負債」を「他人資本」，自ら賄う「純資産」を「自己資本」と呼ぶこともある．

資産は「流動資産」，「固定資産」，「繰延資産」から構成される．流動と固定の違いは，相対的に短期で換金できるかどうかで区分される．調達資金と投入資産の両方を流動性で分類することで企業の財政状態，債務返済能力が把握可能になる．固定資産には工場や設備など有形のもの，特許権やソフトウエアなど無形のものが含まれる．また繰延資産とはすでに代価の支払いが完了もしくは確定し，その役務の提供を受けたにもかかわらず，その効果が将来にわたっ

---

11)　「短期」は「営業循環基準」と「1年基準」で分類する．営業循環とは，企業の主たる営業活動の反復的な循環(原材料の仕入れから生産，販売，代金決済まで)をいう．通常の営業循環過程上の項目が短期負債に分類される．営業循環と関係ない項目については1年以内に返済されるものが流動負債に分類される．

て発生する資産を指す．有形固定資産と違って換金能力を有さないものが該当する．

　もう一つの損益計算書は，ある期間内で生み出した損益を明らかにする．どれだけ売上(収益)をあげて，どれだけ費用が投じられ，その結果どれだけ損益を得たかが示される．英語の名称(Profit and Loss Statement)により，「PL」とも呼ばれる．

　期間の損益は，発生源となる活動を①営業活動，②営業外の金融活動，③特別な活動に分けて算出される．この内，第一の営業活動からの損益を「営業損益」という．売上高から売上原価を差し引いて売上総利益が算出され，さらにそこから販売費および一般管理費を差し引いて算出される．次いで第二の営業外の金融活動を含めて生まれた損益を「経常損益」という．営業損益に受取利息や受取配当金など金融活動から生じた「営業外収益」を加え，支払利息など「営業外費用」を差し引いて算出される．さらに第三の特別な活動を含めて生まれた損益が「純損益」となる．経常損益に，例えば，臨時の設備売却などから生じた「特別利益」を加え，自然災害や資産廃棄などによる「特別費用」を差し引いて算出される．企業の各期の損益には，もう一つ「包括利益」という項目がある．これは，純損益に，保有する資産の評価の増減を反映した「その他の包括利益」を加えて算出する．

　三つ目の株主資本等変動計算書は，ある期間中の純資産の変動を示す．貸借対照表に示された純資産の状況が，前期末から当期末にかけてどのように変動したかが明示される．株主資本等変動計算書の出発点(期首残高)は前期末の貸借対照表にある純資産の状況である．ここに損益計算書に示された当期の純利益が加わった上で，それが配当と内部留保(当期未処分利益)にどのように配分されたかが示される．この他，新株の発行，自己株式の取得，株主資本以外の項目の変動額など，期中の純資産の増減が記載され，これらの結果が株主資本等変動計算書の期末残高となり，それが期末の貸借対照表の純資産となる[12]．

---

12)　ちなみに，ある期間で収益を費用が上回って赤字，つまり純損失が出た場合には，期末の貸借対照表で純資産から差し引かれる．純損失が続き，純資産がマイナスになると負債が資産を上回ることになり，これを「債務超過」という．この状態を打開できないと経営破綻に陥る(第2章注1)．東京証券取引所では債務超過を一年以内に解消できないと上場廃止になる．

以上の三つの財務諸表に加えて，上場会社は「キャッシュフロー計算書」も用意しなくてはならない[13]．キャッシュフロー計算書は現金収支の流れを明らかにするもので，期首の現金残高が期中の変動を経て期末残高に至る過程が，①営業活動，②投資活動，③財務活動の三つの活動領域に分けて明示される．損益計算書，貸借対照表は企業の現金の多寡やその変動を示すものではない．これに対してキャッシュフロー計算書は，企業の利益がどの程度現金によって裏付けられたものか，実際の資金繰りはどのような状況にあるかが明示される[14]．次章の企業財務のところで触れる通り，投資家はキャッシュフローを重視することから，多くの投資家から資本を調達する上場会社はその開示を金融商品取引法によって義務づけられているのである．

　さらに，子会社を持ち，企業集団として経営活動を行っている場合には，個々の企業の財務諸表に加えて，「連結財務諸表」を用意する必要がある．親会社を中心とする一群の企業集団を単一の組織体とみなし，その財政，損益の状況を明らかにするものとなる．株主総会での議決権行使を通じて支配下においている子会社は，原則として全て連結の範囲に含めなければならない．また，連結対象となっていない子会社（「非連結子会社」という）や，子会社ではないが出資や人事などを通じて経営の方針決定に対して重要な影響を与えることができる企業（「関連会社」という）については，持株比率を通じて調整して連結財務諸表に算入される．

　これら一連の財務諸表により企業の財務的な経営状況の結果が定期的に測定され，報告される．その結果に基づき，外部の利害関係者は当該企業の経営状態や将来の見通しについて分析，評価する．企業経営に携わる人，関わる人，関心を寄せる人は財務会計で報告された結果の分析に膨大な努力を注ぐ．分析の主な次元としては，安全性，効率性・生産性，収益性，成長性などがある．代表的な指標を表11-3に示しておく．

---

13)　もう一つ，「附属明細表」の公表も義務付けられている．これは貸借対照表や損益計算書の記載内容を補足し，重要項目の期中増減，内容明細を説明するものである．

14)　キャッシュは「最後の砦」であり，現金が枯渇すれば事業は立ちいかなくなる．損益計算書上では利益が出ているのに資金繰りが滞り倒産する「黒字倒産」が起こるのはこのためである．

表 11-3　主な財務分析指標

財務分析指標		計算式	意味
安全性	流動比率	流動資産／流動負債	短期支払い能力
	負債比率	総負債／自己資本	資産の負債への依存度
	自己資本比率	自己資本／総資本	長期支払い能力
効率性・生産性	総資産回転率	売上高／総資産	総資産活用の効率性
	労働生産性	付加価値／従業員数	労働活用の効率性
	有形固定資産回転率	売上高／有形固定資産	設備活用の効率性
	棚卸資産回転率	売上高／棚卸資産額	棚卸資産活用の効率性
収益性	投下資本利益率	利益／投下資本	投下資本から利益を生み出す効率
	自己資本利益率	利益／自己資本	自己資本から利益を生み出す効率
	総資産利益率	利益／総資産	資産から利益を生み出す効率
	売上高利益率	利益／売上高	売上から利益を生み出す効率
成長性	売上高，利益，総資産，自己資本成長率	売上高，利益，資産，資本の成長率	売上高，利益，資産，資本の成長速度

財務会計情報の幅

　財務会計について述べておくべき点がもう一つある．財務会計では細かな基準が公的に定められているが，財務諸表を構成する数値の測定，算出にあたっては選択の幅があるということである．

　「減価償却」の例を取り上げよう．機械設備など固定資産の取得に要した支出額は，取得した年に費用として一気に計上するのではなく，一旦資産として記載した上で，耐用年数の各年度に「減価償却費」として分割して計上し，それに合わせて資産額から差し引く．この時，減価償却額を各年度にどのように配分するかについて，均等に割り振る，早い年度に傾斜的に多くを配分するなど複数の選択肢が存在する．同じ機械設備を同じ金額で導入したとしても，どの方法をとるかによって財務諸表に記載される毎年度の償却費(及びその結果としての損益)は異なる．在庫してあった商品が売れた場合にどの時点で生産された(仕入れた)ものを費用として計上するのか(古いもの，古いものと新しいものの平均など)についても，同様に幾つかの選択肢がある．

　一つの事実に対する会計情報に複数の選択肢がある背景には，財務会計の「発生主義」という考え方がある．発生主義とは，収益と費用の認識を，現金の受払が行われた時点ではなく，経営活動の成果と関連する重要な事実が生じ

た時点で行う考え方をいう．この「発生」をどの時点でどのように認識するかについて異なる方法，考え方が存在することから選択の幅があるのだ．このことが，国，時代によって会計基準が異なる要因ともなっているし，場合によっては混乱や誤解をもたらす要因ともなる．

ちなみに，現金の変動のみを示す「キャッシュフロー計算書」が重視される理由の一つは，「硬度の高い」，つまり選択，判断の余地が小さい会計情報だからである[15]．だが，現金の出入りだけで，事前に投じた多様な資源を用いて複雑な活動を行いながら時間をかけて成果を生み出す継続事業体としての財務的実態を把握することはできない．発生主義による財務会計報告が必要になる．

▎5. 管理会計

管理会計は，企業内部の経営者・管理者に向けて会計情報を作成し，報告するためにある．外部向けの公的制度である財務会計とは対照的に，その内容，形式は個々の企業の裁量に委ねられている．内部の経営管理に役立つ財務情報を，迅速，的確に提供することが求められる．

上述の通り，財務会計では，企業全体の資産，負債，純資産，収益，費用についてすでに起きた過去の状況を，一定の期間(四半期，半年，一年)を単位にして，法律や基準で定められた共通のルールと形式に則って測定，作成された財務諸表によって広く外部に報告する．これに対して，管理会計では，過去の測定だけでなく，未来の問題の検討も含まれるし，期間も多様で(例えば，一時間から 10 年まで，あるいはアドホックに)，企業活動の様々な部分の詳細な情報も扱われ，測定，分析の方法も多様である．物的な測定・計算など，貨幣単位以外の情報やデータも用いる(前掲表 11-2)．

管理会計が扱う問題は広範囲に及ぶが，大きくは，①意思決定の支援と②業績の管理という二つの問題領域に分けることができる．①は非定型，非反復的な個別意思決定を支援するもので，「意思決定会計」とも呼ばれる．②は経常的，反復的な活動の管理を支援するもので，「業績管理会計」とも呼ばれる．

---

15) 例えば，上述の減価償却費は発生時に現金支出を伴わないのでキャッシュの減少とはならない．

後者についてはさらに，利益(収益と費用)の管理に主眼を置いた責任会計・予算管理と費用の管理に主眼を置いた原価管理が主要な問題領域となる[16].

　全体を通じて，管理会計は，様々な意思決定，業務活動の管理に財務的な分析評価を提供することで資本の効率的活用を目指す企業経営を支援，誘導する．それは別言すれば，第II部で論じた戦略の策定と実行，第III部で論じた組織のマネジメント——特に分業と調整の仕組み(第8章)や人材マネジメントにおける業績評価(第9章)など——そして後に論じる社会的責任のマネジメント(第13章)に管理会計の視点，情報，分析評価を投入することに他ならない．

意思決定会計

　意思決定は，問題を認識，設定し，幾つかの選択肢を探索し，それらを比較評価した上で決定するという過程をとる(第7章).　この内，複数の選択肢について財務的な観点から分析，評価するのが管理会計の主たる役割となる．

　非定型の意思決定の中で企業経営にとって殊に重要なのが，戦略レベルのものである．経営戦略を決定する過程では，現行の戦略から期待される財務的な成果と新たな戦略から期待される財務的な成果を比較し，とるべき戦略が決定される．戦略の決定は財務的な分析評価だけに依拠するわけではないし，それぞれの選択肢から期待される将来の財務的成果を的確に見通すこと自体に難しさがあるが，戦略の検討・決定において財務的検討を省くことはできない．

　具体的には，工場や施設の新設，大きな機械設備の導入といった大規模な設備投資をめぐる意思決定が戦略レベルの意思決定会計の代表的主題となる．これは投資決定の問題として企業財務でも扱われるので，その説明は次章の企業財務のセクションに譲ることとする．

　業務レベルでも管理会計が関わるべき様々な非定型の意思決定問題がある．

---

16)　この整理は便宜的なものである．各領域は相互に明確に区分できるわけではない．業績管理も意思決定の問題を含むし，利益管理と原価管理は相互に関係するし，また原価管理は意思決定の土台となるし，成果でもある．それぞれの問題領域は相互に重なり合い，関連する．ただ，それぞれに固有の役割や方法を管理会計に要請する．管理会計の体系の整理の仕方は他にもある．例えば，管理会計を①「戦略的意思決定」，②「マネジメント・コントロール」，③「オペレーショナル・コントロール」という三つの領域に分けることもある(Anthony and Govindarajan 2007).　この内，①が意思決定会計，②③が業績管理会計と関係が深い．

例えば，新たな顧客からの注文を受けるかどうか，新製品を追加するか，といった問題だ．そこでの課題は各代替案の未来の財務的成果を比較検討することであり，「機会費用」(ある選択肢を選ぶことで失われる利益)，「増分原価」(各選択肢によって収益と原価がどれほど変化するか)を分析することが重要な観点となる．

責任会計，予算管理

　意思決定会計が関与しながら定められた基本方針に基づき，目指す成果に向けて資源を投入・活用して活動を進めていくプロセスに財務的な情報を通じて関わること，とくに利益(収益と費用)の管理に向けて関わることが業績管理会計の重要な役割となる．その中心に位置するのが，「責任会計」と「予算管理」である．

責任会計

　責任会計とは，企業組織の管理者の各々に会計上の成果についての責任を割り振ることをいう．企業全体の会計責任は経営責任者にあり，その報告が財務会計によって行われるわけだが，この責任を組織の各階層，各部門の管理責任者が分担して負うのが責任会計である．それぞれが割り当てられた会計責任を果たすことで企業全体としての会計責任を全うすることを目指す仕組みとなる．組織のマネジメントに結びつけるならば，責任会計は分業と調整の構造(第8章)を管理会計の観点から整えるものとなる．

　管理会計では会計責任を負う組織単位を「責任センター」と呼ぶ．各センターの責任は，管理者が管理できる業務，つまり権限の範囲に応じて設定される．これを「管理可能性原則」という．その結果を各センターとその管理者の業績評価に結びつけ，目標の達成を動機付けることで資本の効率的活用を促す[17]．

　責任センターの会計責任の分担の仕方には四つのタイプがある．①コストセンター，②レベニューセンター，③プロフィットセンター，④投資センターで

---

17)　管理可能性原則は，責任と権限は一致させるべきであるという考え方に基づいている．ただし，単位間で明確に責任と権限を分けることが難しい場合があること，また設定のあり方によっては権限のないこと，責任のないことには関わろうとしない姿勢を促すといった問題を抱えることに注意が必要である(Simons 2005)．

ある．「コストセンター」は費用に責任を持つもので，会計上の費用に対して影響を及ぼす権限を有する工場や研究開発部門，管理部門などで用いられる．「レベニューセンター」は売上（収益）への責任を持つもので，売上に対して影響を及ぼす業務上の権限を有する販売部門などで用いられる．

「プロフィットセンター」は収益と費用の両方，つまり利益に責任を持つもので，「投資センター」は投資決定に関する権限まで与えられた上で利益に責任を持つものである．プロフィットセンターでは所与の経営資源のもとでどれだけ利益を得るかが問われるが，投資センターは自ら投入を決めた資源からどれだけ利益を得るかが問われる．前者は損益計算書についての責任，後者は貸借対照表と損益計算書の両方についての責任が問われるということもできる．両センターは，多角化した企業の各事業部門や国際化した企業の地域部門などで用いられる．事業部門の自立性を高め，会社の中に擬似的に会社を作る仕組みとして「カンパニー制」があるが，これが投資センターの例となる．

責任を果たしているかどうかは，会計上の成果として測定された業績に基づいて評価される．投資センターを例にとれば，ROI（Return on Investment），EVA（Economic Value Added）といった指標が用いられる．ROI は，投下した資本の収益性を測るものとなる[18]．EVA は，投資センターの税引き後営業利益から資本コストを引いた金額を指標にする．次章で述べる通り，資本コストは投資家の期待を反映しており，EVA は投資家，資本市場の観点から投資センターを評価するものとなる．

責任センターの典型例は階層組織の上位にみられるが，組織の下位においても基本的な構図は一緒である．それぞれの管理単位が，費用，収益，利益さらには投資効率についての責任を担い，それが集まり，積み重なっていくことで企業全体としての資本の効率的活用を目指す．

責任会計を実施する上で入念な検討を要するのが，管理単位間の相互の取引や共通の経費をどう扱うかである．例えば，ある事業部が生産した部品を他の事業部が部材として使用する時にその費用をどのように設定するか，会社全体の企画部門，人事部門など本社で発生する経費がある場合に，それらを各責任

---

18) 事業部門の業績を ROI で管理する方法で先駆けたのが，1920 年代にいち早く事業部制を導入した GM，デュポンであった（第 1 章）．

単位でどう負担するか，といった問題である．前者では「内部振替価格」，後者は「共通費用の配賦」の問題として検討する必要がある．

予算管理

　予算管理とは，第8章でも触れたが，一定期間の事業活動の計画を会計数値によって表現した予算を策定し，それに従って経営を進める仕組みのことをいう．責任会計が分業と調整の会計上の「構造」を定めるものであるとすれば，予算管理は分業と調整の会計上の「プロセス」を担うものであり，計画とコントロールの重要な手段の一つとなる（第8章）．資源と活動を賄う「財布（カネ）」の分け方を責任会計で，使い方を予算管理で司ることで，分業と調整を資本の効率的活用に向けて導くのである．

　予算管理は，通常，次のような流れで進められる．期末にかけて当期の執行状況を検証しつつ，翌期の予算が編成される．予算は，翌期の利益計画をベースに，企業全体として編成され，損益予算，資金予算，資本支出予算などから構成される．これらの予算は，全体から各部門・階層への分割する流れと各部門・階層から積み上げる流れを組み合わせ，双方向でやりとりを重ねつつ調整，編成される．その後，期中に予算に従って業務を執行しつつ，定期的に予算の執行状況を確認し，当初予算と実績の乖離をチェックしながら，必要に応じて調整や修正を重ね，再び，期末に翌期の利益計画，予算編成につなげる．これはつまり，PDCAサイクル（第8章）を回すことに他ならない．

　予算管理には幾つかの重要な役割がある．計画とコントロールについての議論と重なるところもあるが，重複も含めて述べると，まず，予算を設定することで，各予算管理単位が投入すべき資源，なすべき活動，達成すべき成果が財務面から定められ，制御され，促される．定められた戦略，計画は予算として表現されてこそ資本の効率的活用に向かう具体的な業務執行に結びつく．また，予算を策定すること自体が各部門，各階層の相互のコミュニケーション，調整の重要な機会となる．さらに，一旦策定された後は各部門，各階層が予算の範囲内で自立的に行動することが可能になり，一方で定期的なチェックにより必要に応じて事後的な調整が促される．全体として財務的な観点から円滑で効率的な分業と調整，さらには戦略や計画の修正，見直しを支え，促す役割を担う．

予算の執行・達成状況は管理単位と管理者の業績評価基準の一部ともなる.

　一方で問題もある. 予算はあらかじめ定めた戦略, 計画, 方針を会計数値で表現したものであるはずだが, 予算の獲得と消化が目的化してしまうという弊害が発生する. 予算策定をめぐって「予算ゲーム」がはびこる, 競合する部門間で対立が激化する, 実際には必要ない予算を獲得・消化し, 翌期の予算につなげることに注力する, といった問題が出てくる. 多くの時間と労力, 調整を経て一旦定めた予算をその後再調整するのが難しくなり, 期中での必要な見直しが妨げられるといった問題も出てくる. 予算を策定することで事後的な修正を促す可能性がある一方で, 修正をかえって制約してしまう可能性もある.

　予算の達成と業績評価を過度に関連づけることの弊害もある. 予算至上主義が蔓延する, 達成しやすい水準に予算が設定される, といった問題が生じる. 後者を「予算スラック」(故意に生み出された余裕, 非効率)の問題という.

　こうした問題点を乗り越えるために「脱予算」を唱える議論もある. ただし, それは予算管理を否定するものではない. ごく小規模な個人企業などでない限り, 予算管理なしの「どんぶり勘定」では経営の財務的管理は野放図, 無秩序となる. 資本の効率的活用にとって予算管理は不可欠である. 大切なのは, 潜在的な問題に十分注意しつつ, 効果的で柔軟な予算管理を行うことである.

　予算スラックも, 一面では非効率の原因ともなるが, 一定の範囲内であれば, むしろ分業と調整を円滑にし, 不測の事態への対応, 不確実な案件への挑戦のための資金源となる, といった側面も持つ[19]. スラックを適度に許容しつつ, 予算管理を上手に活用することが大切になる.

原価管理

　業績管理会計のもう一つ重要な領域が原価管理である. それは, 原価(コスト)がいくらかかっているか, かかりそうか, 原価を下げるにはどうしたらよいか, どのような原価をなぜかけるべきかを分析, 検討しながら, 原価を制御し, 削減することを目指すものである. 企業経営にとって原価管理が重要であることは明白だ. 商品の原価が把握, 管理できなくては価格の設定も利益の管

---

19)　第8章で, 調整のための工夫の一つとして, 目指す成果の水準を下げるという方法(スラック)を紹介したが, 予算スラックとはこのことに他ならない.

理もできない[20]．コスト優位も維持できない．管理会計の歴史を辿れば，その源に位置するのは原価管理であり，また上で述べた意思決定，利益管理のための管理会計においても，その基礎となるのが原価管理である．

原価管理は，大きく，①原価を明らかにし（原価の計算），②原価を理解し（原価の要因とその影響の解明），③原価を抑え，下げていく（原価の維持・削減），という三つの領域から構成される．

原価の計算

原価計算の中心的な課題となる製品原価は，一定期間に製品の製造に関連して発生した種々の原価の情報を集計した上で，製品当たりの製造原価を算出するという手続きをとる[21]．一種類の製品を単純な工程で生産している企業であれば簡潔な手続きですむが，多種類の製品を複雑な工程で生産している場合にはいくつかのステップを必要とする．

典型的には，まず，発生した製造原価を材料費，労務費，経費などの費目別に集計する．ついで，これら費目別原価を，製品毎にかかった原価を直接計算できる製造直接費（直接材料費，直接労務費など）と，それ以外の製造間接費（間接労務費，間接経費など）に区分けした上で，それぞれの製品当たりの原価を算定する．前者はそのまま製品当たり製造原価が算定される（これを原価計算では「賦課」もしくは「直課」という）が，後者については特定の基準によって製品別に割り振る（これを原価計算では「配賦」という）手続きをとる．こうして製品別に割り振られた製造直接費と製造間接費の合計が製品当たり製造原価となる．

この過程でとくに検討を要するのが，間接費を製品毎に割り振る方法である[22]．長く用いられてきた代表的な方法である「部門別配賦法」では，製造間接費を製造に関わる主要部門毎に集計し，部門毎に設定された個別の基準によって製品別に配賦する．典型的には，製品別の機械運転時間，直接作業時間，

---

20) 19世紀後半，カーネギーが鉄鋼業で成功を収めた理由の一つは，彼が原価について当時の最先端の知識を備え，それをライバルとの競争において効果的に活用したことにあった（第1章）．
21) 原価計算の基本的な方法は，主として製造業において発展してきた．このため，説明の仕方，用語は，製造業を想定したものが中心になっている．その基本原則はサービス業にも当てはまるが，サービス業に固有の問題もある．
22) 先ほど責任センターのところで触れた「共通経費の配賦」の問題も，基本的には同じである．

生産量など，企業の製造活動のレベルである「操業度」がその基準として用いられる．

別の方法としては，「活動基準原価計算(ABC：Activity-based Costing)」といわれる手法がある．活動とは「ある機能の目的を遂行するために必要とされる行為」を指す．製造間接費を部門別ではなく，活動別に集計し，各活動がそれぞれの製品の製造にどのように関わっているかを分析した上で製品別に配賦する．よりきめ細かい配賦を通じて製品別製造原価をより正確に把握することがABCの狙いとなっている．

原価の要因とその影響

原価を明らかにするためにも，管理するためにも，原価の要因とその影響の分析が基本となる．原価に影響を与える要因を「コスト・ドライバー」と呼び，各要因の原価への影響の仕方を「コスト・ビヘイビア」と呼ぶ．これらの分析によって，どのような要因にどのように働きかければ原価を管理できるかが解明される．

よく知られているのが，「損益分岐点分析」である．原価(Cost)と生産量(Volume)と利益(Profit)の関係を分析する方法で，「CVP分析」ともいわれる．コスト・ドライバーとして生産量に着目し，それが原価および利益にどのような影響を与えるか，その基本的な構造をみるものである．

損益分岐点分析の鍵は，原価を変動費と固定費に区分することにある．変動費とは生産量に比例して変動する費用で，材料費，購入部品費などが該当する．固定費とは生産量に関わらず発生額が一定の費用で，減価償却費，管理部門の従業員給与，賃借料などが該当する．総原価は変動費と固定費の合計になるが，もし生産量に比例して売上が増減するとすれば，企業はある一定の生産量に達して初めて収益が総費用を上回ることになる．この生産量を「損益分岐点(Break Even Point)」と呼ぶ．

この分析により，目標とする利益を出すために必要な売上水準(操業度)や，変動費，固定費の削減目標が導出される．短期の利益計画，利益管理のベースとしても活用される．ただ，あくまでも原価・生産量・利益の基本的な関係を理解するための概略的な手法であり，原価を管理するにはより多角的な検討が

必要になる.

　前述の ABC の議論によれば，コストのドライバーとビヘイビアを解明する
には活動の種類と性質のきめ細かい分析が必要となる．例えば，活動を「構造
的なもの」と「遂行的なもの」に分類し，それぞれによって原価の変動に与え
る影響がどのように違うかを検討する．規模，経験，生産技術，製品ラインの
範囲と複雑性などが構造的なドライバーで，その原価への影響は広範囲かつ長
期に及び，組織の上位階層が扱うべき戦略的な問題となる．一方，操業度，品
質管理，設備稼働率，工場レイアウト，製品設計などは遂行的なドライバーで
組織の中位階層や現場で扱うべき業務上の問題となる．

原価の維持・削減

　原価を制御する手法として長く使われてきたのが「標準原価計算」である．
これは原価の標準をあらかじめ設定し，実際の原価との差異を測定・分析し，
原価を維持することを目指した仕組みである．その源流にはテイラーの科学的
管理法(第1章)がある．科学的に標準とすべき作業方法を設定し，それを基準
に作業者の作業を管理する，という考え方を原価管理に当てはめたのが標準原
価計算になる.

　ただし，標準原価計算による原価管理は設定された基準を所与としたコント
ロールに主眼がある．これでは原価の維持はできても，原価の削減は難しい．
原価の削減に向けた取り組みとしてあるのが，「コスト・マネジメント」，「戦
略的コスト・マネジメント」である.

　原価低減に向けて，標準，計画の設定まで遡って原価全体を管理する取り組
みが「コスト・マネジメント」であり，さらに管理の範囲をより戦略的な問題
にまで広げた取り組みが「戦略的コスト・マネジメント」である．それは現場
レベルの遂行的ドライバーにとどまることなく，組織階層の中位から上位で扱
うべき構造的ドライバーまで射程を拡げて原価管理を進めるものとなる.

　戦略的コスト・マネジメントには様々な手法，考え方があるが，代表例とし
て，「原価企画」「ライフサイクル・コスティング」「ABM」などがある.

　原価企画は開発設計段階から行う原価管理活動である．商品の設計が確定し
た後では原価削減のための方策は限られてしまう．第8章で紹介したフロン

ト・ローディングの考え方にもある通り，適切な原価の設定，削減のためには，開発設計段階で入念に検討することが鍵になる．このような認識に基づき，顧客に歓迎され，競争優位に立てる原価を実現するために開発設計過程で原価を「作り込む」のが原価企画である．

原価企画が原価管理の範囲を「源流」にさかのぼる手法だとすれば，ライフサイクル・コスティングは「下流」に広げる手法となる．商品が顧客に買われた後にまで原価の対象を拡張し，顧客が負担するランニングコスト，維持費，廃棄リサイクルのための費用なども考慮しながら，原価を管理，削減したり，ビジネスシステムを再検討するための方法となる[23]．

ABM (Activity-based Management) とは，ABC の考え方を踏まえたコスト・マネジメントのことで，活動分析を通じて明らかになった情報に基づいて原価管理を行う．そこでは，例えば，原価のドライバーとなる活動の抑制や，活動当たりの原価の削減などが検討される．また活動を顧客にとって価値のあるもの（付加価値活動）と価値が認められない活動（非付加価値活動）に分類し，後者を可能な限り削減するための方策が検討される．

「適合性（レレバンス）」の探求

ここまで述べてきたような取り組みを通じて，企業経営における意思決定，業績管理が資本の効率的活用につながるよう促し，貢献することが管理会計の課題となるが，そのような貢献を果たせる管理会計の手法やシステムを自ら創り出すことも重要な課題となる．法律・基準が定められている財務会計と違って，管理会計は自由に決められるだけに，各社各様の創意工夫が問われることになる．

その観点から触れておかなくてはならないのが，トーマス・ジョンソンとロバート・キャプランが 1988 年に出版した『レレバンス・ロスト』で指摘した問題である．管理会計の歴史を振り返った二人は，今日（執筆当時）利用されている全ての管理会計実務は実質的に 1925 年までに開発されており，その後，革新的な手法を生み出していない管理会計は企業経営にとっての適合性 (rele-

---

23) これは，原価管理の範囲を顧客にとっての広義の価値（第 3 章）の向上や，第 13 章で論じる環境問題まで拡げる取り組みとなる．

vance)を失っていると結論付けた(Johnson and Kaplan 1988).

　二人の議論は既存の管理会計手法に依拠していた企業関係者や管理会計の研究者に衝撃を与え，新たな管理会計の手法を探求する取り組みを刺激し，またすでに始まっていた新たな取り組みの発展や普及を後押しした．先ほど紹介した戦略的コスト・マネジメントはそのような流れの中で発展したものであったし，ABC，ABM はキャプランが自ら開発に取り組んだ成果であった．

　キャプランらはさらに「バランスト・スコア・カード」，「戦略マップ」といった新たな枠組みを提案した(Kaplan and Norton 1996, 2004)．前者では，財務情報の測定・分析を担う管理会計の適合性を高めつつ，同時に，「顧客の視点」，「社内ビジネス・プロセスの視点」，「学習と成長の視点」を踏まえた非財務情報をバランスよく組み合わせた「スコア」の体系が提唱された．後者ではさらに，前者の延長線上で戦略計画を策定するための枠組みとして「戦略マップ」が提示された．その目指すところは，戦略と組織のマネジメントと管理会計をより密接に連携させ，統合すること——それは，本書の議論との関係でいえば，第一，第二の側面での取り組みと管理会計での取り組みをより綿密に結びつけることに他ならない——によって，非財務情報を含む広義の管理会計の適合性を高めることであった．

第12章　資本と経営

企業財務／企業統治／資本と企業経営

1. 企業財務

　企業財務は，資本の効率的活用に向けて企業経営の財務的なあり方を考えるためのものである．それは，主として三つの問題領域から成る（図12-1）．①どのような投資案件に元手を投じるか（投資決定），②必要となる元手をどのように工面するか（資金調達），③投資の結果生み出された利益を元手の出し手にどのように還元するか（ペイアウト）．

　この内，①は元手の活用の仕方を扱う「資本運用」，②と③は元手を提供してくれる投資家との関係を扱う「資本政策」の問題となる．①も投資家の観点から検討することが重要になることから，全体として，投資家との関係から考えることが企業財務の基本的な観点となる．

　その中心課題は，投資家の期待に応えることである．投資家は求めるリターンが得られることを期待して資本を提供する．投資家が期待するリターンを「期待収益」といい，「リスクが高い案件は期待収益も高い」というのがその基本原則となる．手元の資金をリスクが（ほぼ）ない国債などに投じれば一定のリ

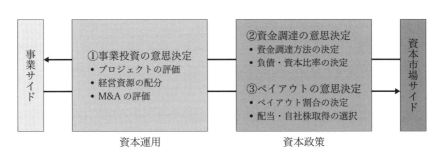

図 12-1　企業財務の主な問題領域

資料）中野（2016）を一部修正．

ターンが期待できる．だとすれば，資金をあえてリスクの高い案件に投じるには，リスクに見合った大きなリターンが期待できることが条件となる．三つの問題領域における検討を通じてこの基本原則に基づく投資家の期待収益を実現すること．これが，企業財務が成果として目指すべき価値となる．

投資決定

新規の営業拠点を設置する．工場の能力を大きく拡張する．海外に研究開発拠点を設ける．企業は事業を進め，成果を目指して，様々な事業投資を実施しなければならない．希少な資本をどのような事業投資案件にどれだけ配分するか．このことを財務面から分析・評価し，事業投資，資源配分をめぐる意思決定を支援するのが企業財務における投資決定の問題である．

事業投資決定は，第Ⅱ部で論じた戦略の観点からの入念な検討を要する問題であり，同時に，投じた資本が目指す利益に結びつくよう財務的な検討・評価を要する問題である．戦略的分析・評価と財務的分析・評価が一体となって，投資決定がなされる．

後者には企業財務と管理会計が関わる．管理会計では，前章で述べた通り，意思決定会計として扱われる．当該の投資案件がどのような収益，費用，利益を生み出すのかを分析，評価することが検討課題となるが，そこに投資家，資本市場の観点を注入することが企業財務としての役割となる．

事業投資の財務的分析・評価の技法にはいくつかの方法があるが，投資家の観点を重視した代表的なものとして，DCF(割引キャッシュフロー：Discounted Cash Flow)法を用いた NPV(正味現在価値：Net Present Value)法がある．これは，DCF法によって投資案件の現在価値を算出した上で，投資費用を差し引いて正味現在価値を導出し，その結果によって評価・選定する方法をいう．式で表現すれば，次のようになる．

$$\text{NPV} = \text{CF}_0 + \frac{\text{CF}_1}{(1+r)} + \frac{\text{CF}_2}{(1+r)^2} + \frac{\text{CF}_3}{(1+r)^3} + \cdots$$

CF_0 は初期の投資費用で負の値をとる．CF_1，CF_2，…は投資案件から生み出される各期のキャッシュフローとしての期待収益，$1+r$ は資本コストを意味する．r は投資案件のリスクを勘案した率が設定される．リスクが高い，つ

まり予想される将来の期待収益の振れ幅が大きい程，rの値は高く設定される．

　この方法の特徴は，将来にわたる一連の「キャッシュフロー」を「資本コスト」で割り引いて「現在価値」に換算する点にある．キャッシュフローは，前章で説明した通り，現金の流出入のことをいう．典型的には，売上高(キャッシュの流入)から原材料費や人件費などの費用(キャッシュの流出)を引いた額となり，減価償却などキャッシュの変動を伴わないものは含まれない．財務会計上の利益よりも「硬度」が高くより客観的な基準となり，何よりも，現金で投資し，現金としてリターンを速やかに確実に回収することを重視している投資家はキャッシュフローに高い関心を寄せる[1]．

　資本コストとは投資家に対して支払う対価を指す．企業が必要とする資源を調達するには対価を支払わなくてはならない．ヒトに払うのが人件費，モノに払うのが購入費，カネに払うのが資本コストとなる．具体的には，合理的な投資家が通常期待するリターン，すなわち，企業が投資家から調達した資金を投じた場合に最低限稼がなくてはならない期待収益率が資本コストとなる．投資家にとっての「期待収益」を企業側から言い換えたのが「資本コスト」となる．

　資本コストがリスクと連動するのは，先ほど述べた通り，投資家にとって高いリスクに見合うリターンがなければ資本を投じる合理性がないからだ．リスクが高い案件は，投資家の期待収益率は大きく，それだけ資本コスト，つまり割引率が高くなり，現在価値は低くなる．例えば，既存の事業での国内での投資に比べて，新規の事業や海外での投資の資本コストは高く設定される．

　さらに，現在価値への換算においてより遠い将来のキャッシュフロー程より大きな割引率を設定するのは，遠い将来のキャッシュより近い将来のキャッシュの方により大きな価値を認めるという投資家の時間選好を反映している．

　全体として，NPV法は，キャッシュを重視し，リスクに応じた期待収益を求め，将来より現在を選好する投資家の観点に基づいて投資案件を評価する方法となる．こうして算出された正味現在価値がプラスであれば，投資家にとっ

---

1)　上場会社が「キャッシュフロー計算書」の公表を義務付けられている(第11章)のはこのためである．なお，投資家が重視するキャッシュフローは，より正確には「フリーキャッシュフロー」という．これは営業活動からのキャッシュフローと投資活動などからのキャッシュフローを合わせて算出するもので，投資家に配分できるキャッシュを指す．

て投資価値があると評価される．複数の選択肢がある場合には，正味現在価値がより大きい案件に資源を優先配分するよう評価される．仮に，将来の一定の期間においてプラスのキャッシュフローが期待される場合でも，資本コストで割り引いた現在価値が投資額を下回って正味価値がマイナスになる案件は投資を見送られる．投資家の期待に応えることができないからだ．

企業買収

企業財務における投資決定問題としてもう一つ重要なのが，企業買収をめぐる財務的な分析・評価である．買収は企業の戦略にとって重要な選択肢だが（第6章），買収の対象となる企業の財務的な価値を評価し，投資額と資金調達のあり方を検討するのが企業財務の役目となる[2]．

大事な点は，対象企業単独のままで事業を行う場合に比べて，買収によって企業価値をどの程度大きくできるか——それは，買収によって組織の範囲を拡大することのメリットをどこまで大きくし，デメリットをどこまで抑えるかにかかる（第6章）——を分析・評価することにある．

分析の手法としては，ここでもDCFを用いるのが代表的である．買収によって当該企業が将来にわたって生み出すキャッシュフローを推計した上で，資本コストで割り引いて現在価値に換算したものを当該企業の「企業価値」として算出する．買収によって実現されると推計されるこの現在価値が買収に必要な投資額を上回れば実行する価値があり，下回れば実行する価値はないという評価が下される．

企業価値

個々の事業投資案件であれ，買収であれ，分析・評価の基本的な考え方は共通している．投資家の観点に基づく手法で算出された正味の現在企業価値でその是非を評価するという考え方だ[3]．こうした分析・評価を通じて企業価値をより大きくすることこそが企業財務における企業経営の目標，課題となり，そこに寄与することが企業財務の役割となる．

---

2) 合併においても企業財務の分析・評価が重要になるが，ここでは買収の問題に集中する．

ただし，企業財務による事業投資，買収，企業価値をめぐる分析・評価は確定的，万全なものではない．NPV であれ，他の方法であれ，前提とする収益，費用とリスクの分析と見通しが正しい保証はない．リスクを踏まえた資本コストを僅かに修正するだけで評価結果が大きく変わる場合もある．そもそも，提案された投資案を財務面から分析・評価するのが企業財務の任務であって，企業財務の分析から投資案件の具体的内容が導かれるわけではない．前提となる戦略的考察の質が低ければ，あるいは戦略を実行する組織の能力が不足していれば，いくら綿密に財務的な評価・分析を行ったところで徒労に終わってしまう．さらに，企業財務の投資決定で分析評価の対象となるのは実物投資だけであり，企業経営の鍵となる人の問題は検討の範囲外にある．投資決定を財務的な分析・評価だけで下すことはできない．

　だが，財務的な分析・評価を省いたまま投資を決定することは許されない．財務的に箍が外れた投資を続ければ，企業価値は毀損され，投資家から見放され，経営は破綻に向かう．企業は，最善を尽くして企業財務の観点から投資案件や企業価値を分析，評価しなければならない．

資金調達

　事業を行うためには，元手となる資金を調達しなければならない．資金の使途としては，「成長資金」と「緊急資金」の二種類がある．前者は，企業が成長，発展するために必要な資金で，前述した設備投資や研究開発投資のための長期資金，在庫の積み増しなど短期の決済のための運転資金などをいう．後者は，業績の短期的悪化，不慮の事故，取引先からの支払いの遅延などのために緊急に必要になる資金をいう．

　これらの資金をどのように確保するか．これが資金調達の問題である．

---

3)　企業財務では NPV 法が投資家，資本市場の観点をより直接的に反映した手法として推奨されている．しかし，NPV 法を用いるには綿密な分析や特定のデータが必要になることから，他の方法を用いたり，併用したりするケースも多い．具体的な説明は省くが，例えば，事業投資評価では「IRR(内部利益率：Internal Rate of Return)法」，「EVA」(第 11 章)，「資本回収期間法」などがあり，企業価値評価では「ネットアセット法」，「マーケットアプローチ法」などがある．どのような方法であれ，投資家の期待に応えることに主眼を置くという企業財務の原則は変わらない．

企業にとっての最初の資金は出資金である．株式会社であれば株式の発行による資金調達がスタートとなる．しかし，企業が存続，発展する過程では多様な資金調達源を活用することになる．

　主な調達源には，株式の発行に加え，金融機関からの借入，社債の発行，内部留保などがある．内部留保は自社で獲得した利益の中から株主への配当に回さずに留保したものをいう．「内部金融」と称され，それ以外の「外部金融」と区別される．外部金融は株式と社債など投資家から直接調達する「直接金融」と金融機関からの借入で調達する「間接金融」に分かれる．また，前章で述べた通り，内部留保と株式発行は企業自身の資本となるので「自己資本」に区分され，残りの借入，社債発行などは「他人資本」に区分される[4]．

　金融機関からの借入は緊急資金の調達に向いており，借り換えが可能であれば成長資金も調達できる．ただし，定められた一定期間後に元本と利子を支払う義務を負う．義務が果たせるであろうという信用があって利用可能になり，その保証として担保を用意する必要がある．実際に業績が悪化した時，返済の義務は消えないし，経営破綻した場合，金融機関への返済は優先され，担保もとられる．

　社債は債券を発行して資金を集めるもので，借入の一種である．金融機関からの借入と合わせて，「借入金融」ともいわれ，やはり期限が到来すれば全額返済する義務をともなう．義務が果たせるであろうという信用が前提となる．担保の提供を必要とする社債もある．

　株式の発行(企業財務ではこれを「エクイティ・ファイナンス」と呼ぶ)は，借入とは異なり，返済の必要はない．担保の提供も求められない．配当は求められるが，業績に応じて配当の水準を調整することができ，業績が悪ければ配当を見送ることができる．しかし，その見返りとして，企業は，配当収入と株価の上昇(企業財務ではこれを「キャピタルゲイン」という)への株主の期待に応えることが課題となるし，何よりも，株主に対して企業の所有権と株主総会の議決権を

---

4)　日本では「自己資本」というが，これに相当する英語はない．留保利益と株主が拠出した資金は会社に帰属するという考え方から「自己資本」と呼ぶが，米国では会社は株主のものであるという意識が強いことからそのような表現がない．これは後述の企業統治をめぐる考え方の違いにも関わる問題である．

与えるという点で，借入や債券とは全く異質となる．

　株式発行による調達は，資本市場で不特定多数の投資家から集めるので緊急資金には向いていないが，設備投資や研究開発投資など回収に時間がかかり，資金が長期的に滞留する成長資金に適している．株式市場で将来性が期待されていれば，時価発行により効率的に資金を調達することも可能になる．ただし，それは時価が望ましい水準にあること，上場していることが前提となる．

　内部留保は，自ら稼いだ利益を使うので他者に対する義務は発生しない．最も使い勝手がよい資金源となる[5]．ただし，内部留保であっても資本コストを上回るリターンは必要だし，配当に回さない合理的な理由を必要とする．そもそも必要な利益を留保できていることが前提となる．内部留保の蓄積を優先し，配当や投資を控えると，株価低下などにより敵対的買収のリスクが高まる可能性があることにも注意しなければならない．

資本構成

　以上の調達源をどのように組み合わせるか．その結果は財務会計の貸借対照表における資本の欄（右欄）に示される（第11章）わけだが，そもそもその構成をどうするかを考えるのが経営財務における「資本構成」の問題となる．

　一つの焦点は，負債と株式のバランスにある．両者の関係を「レバレッジ」，「DE（Debt-Equity）レシオ」などと呼び，企業財務にとって重要な検討課題となる．

　債権者へ元金と利子を返済する負債と株主への配当とキャピタルゲインが求められる株式では資本コストが異なり，企業全体の資本コストは両者の資本コストを加重平均して計算される[6]．

　ハイリスクの株式は負債よりも資本コストが高いので，企業全体の資本コストを節約するには負債の比重を高める方がよいと思うかもしれない．しかし，企業財務の基礎的な理論によれば，負債と株式の比率は資本調達のコストや企業価値に影響を与えないことが明らかにされている．この理論は，導き出した二人の学者の名前，フランコ・モジリアニ（Modigliani）とマートン・ミラー

---

[5]　企業財務では，外部資金に頼らず，内部留保の再投資のみで持続できる成長のことを「サステイナブル成長」と呼ぶ．

(Miller)を冠して「MM 理論」と呼ばれている．テクニカルな説明は省くが，企業の資本コストや企業価値は事業の内容によって決まるのであって，元手の調達の仕方は影響を及ぼさない——事業のリスクが所与であれば，負債と株式の比率を変えても，それぞれの資本コストは逆方向に変化するため両者の加重平均は変動しない——というのがそのエッセンスになる．

ただし，この理論は資本市場が完全である，法人税がない，といった非現実的な条件を前提にしている．これらの条件が当てはまらない実際の企業経営では，MM 理論を基礎としつつも，資本構成のあり方を検討しなくてはならない．配当の前提となる利益には法人税が課せられる現実を踏まえれば，借入の利子には税金がかからないことから税金負担の軽減分だけ負債が好ましくなる．一方で，負債は業績が悪化した場合に固定的な返済を求められるというリスクがあり，債務不履行(デフォルト)や倒産のリスクを高めてしまう．その観点からは負債の比率を抑えた方が望ましくなる．持分比率の低下を嫌う大株主が株式の新規発行による資金調達に反対するといった場合もある．実際の制度や状況を踏まえて，MM 理論の世界を離れ，企業は適切な資本構成を模索する．

歴史的にみると，日本企業は，上場企業であっても金融機関からの借入を資金調達の中心にしていた．とくに大企業を中心に「メインバンク制度」と呼ばれる仕組みが浸透していた．特定の銀行を主力銀行とし，長期に緊密な関係を結び，必要な資金を安定的，機動的に調達する仕組みであった．一方で高度成長期の資金需要が旺盛であったこと，他方で株式市場制度が未整備であったことがその背景にあった．株式についても，企業間で持ち合って安定株主として支え合う体制がとられ，株主としての要求は相互に抑制気味であった．総じて，

---

6) その概略をごく手短に述べれば，以下の通りである．負債の資本コストは当該企業の格付け，信用度などを反映した金利水準などで決まる．株式の資本コストは，配当だけではなくキャピタルゲインを含むリターン全体への投資家の期待に基づいて算出される．そのための代表的な手法が「資本資産評価モデル(CAPM：Capital Asset Pricing Model)」である．これは，株式市場全体の変動幅と当該企業の株式の変動幅の関係に基づき，株主の期待収益率(資本コスト)を推計するものである．以上の負債の資本コストと株式の資本コストを負債と株式の構成比によって加重平均したもの——この方法を「加重平均資本コスト(WACC：Weighted Average Cost of Capital)」と呼ぶ——が，企業全体の資本コストとなり，企業価値評価や当該企業の平均的な投資案件評価で用いられる．個々の投資案件でリスクがより高いと判断される場合などでは，リスク・プレミアムを上乗せした資本コストが用いられる．

間接金融を主軸とし，金融機関との関係に重点をおいた資本調達構造が形成されていた．

　しかし，時代とともに日本の上場企業の多くは資金調達の重心を株式や社債による直接金融へとシフトした．背景には，株式市場の発達があり，加えて1990年代以降，日本の銀行の資本提供者としての役割が不良債権問題，経営不振などにより後退したことも影響した．より多くのリターンを求める外国籍の株主の比率も高まり，その批判などもあって株式の持ち合いの解消も進み，合併買収の増大も加わり，日本企業の経営において株主，資本市場への期待に応えることの重要性が高まった．

ペイアウト

　生み出された利益は株主に配当として支払うこともできるし，内部に留保して来期以降の企業活動に再投資して活用することもできる．さらに，市場に流通している自社株を購入するという選択肢もある．自社株の購入は，日本ではかつては禁止されていたが，現在は上限内で可能となっており，資本構成を見直す方法ともなる．

　この内の配当と自社株買いは株主にキャッシュを支払うもので，二つを合わせて「ペイアウト」あるいは「総還元」と呼ぶ．内部留保・再投資との関係を念頭におきながら，利益をどの程度どのように株主に還元するか．これを検討し決定するのがペイアウト政策の問題となる．

　この問題についても，先ほどの資本構成の問題と同じく，「MM理論」がある．こちらは配当と株式価値の関係に関するもので，生み出された利益を配当するか，内部留保に活用するか，その比率は株主が得られる価値に影響しないと結論付けられている．これもテクニカルな詳細は省くが，配当に回せば株主はその分だけ現金収入を得るが，企業の保有キャッシュが減っただけ株価が下落して，結果として株主の価値の総額は同じになるからだ．もう一つの選択肢である自社株の購入についても同様の指摘ができる．

　ただし，この理論も現実的とはいえない条件を前提にしている．実際のペイアウトは，課税の状況，各種資本調達のコスト，影響力のある投資家の意向などを考慮して決定される．配当への課税とキャピタルゲイン（保有株の売却によ

って得られるキャッシュ)への課税の違いも影響を与える.

　例えば，緊急の資金調達を必要とする場合に，新たに株式を発行するには時間と費用がかかるのに対して，内部留保にはそのようなコストがないために，成長を可能にする投資機会を多く持ち，成長を重視する企業は，配当を抑え，内部留保を優先し，将来の期待収益を高めることを中心に株主にとっての価値を高めようとする．他方で，一部の大手機関投資家が配当を重視することから，その期待に応えるために配当を優先する判断を下す場合もある．

インベストメント・マネジメント対資本のマネジメント

　ここまで企業の側から資本市場との関係を論じてきたが，資本市場側から見れば企業は「インベストメント・マネジメント」の対象となる．インベストメント・マネジメントとは，企業財務と並んで，ファイナンス(財務)の二大領域を構成しており，投資家の観点からリスク・リターン分析やポートフォリオ戦略などを主題にしながら，求めるリターンを得るためにはどのように資金を投じればよいかを論じる．

　インベストメント・マネジメントはグローバルなスケールで高度に発展を続けており，わずかなリターンの差を追って資金が瞬時に移動する．期待に応えられない企業は厳しい評価を受ける．株価の低迷，格付けの引き下げ，投資家からの経営への厳しい注文，さらには買収の脅威にさらされる．この厳しい規律付けこそが資本主義経済の本質であるともいえるが，上場株式会社はその圧力に身を晒す覚悟とその圧力に耐え，期待に応える実力が問われることになる．

　その矢面に立ち，資本市場の期待を理解し，要請に応えるために資本の調達・投入・還元のあり方を分析・評価することが企業財務の役割となる．そして資本が実際に目標に向かって効率的に活用されているかどうかを測定，分析，報告するのが企業会計の役割となる．

　これらの企業財務と企業会計から構成される資本のマネジメントの全体像を，ここまで述べてきたことを集約して改めて概観すれば，図12-2のように描くことができる．

　企業財務と財務会計が資本市場に対面して投資家との関係——前者が期待収益に向けての資本の調達と運用，後者が財務的成果の報告——を担う．その背

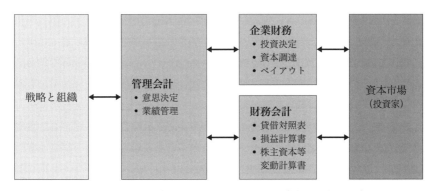

図 12-2　資本の効率的活用——管理会計−財務会計−企業財務

後に管理会計が構え，戦略と組織を財務的に測定・分析・評価し，目指す財務的成果に向けて促し，導く．

　この全体が整い，連動することによって，事業(第一の側面)，組織(第二の側面)と財務(第三の側面)が結びつき，企業経営における資本の効率的活用が可能となるのだ．

2. 企業統治

　企業経営に利害を持つ様々な関係者がいる中で誰がどのように統治するか．これが企業統治(コーポレート・ガバナンス)の問題である．そこには，後述するように，資本のマネジメントに限定されない，多様な利害関係者との多様な問題が関わる．しかし，長く多くの関心が寄せられてきたのは，上場会社における株主と経営者の関係をめぐる問題であった．

所有と支配の分離

　その根底にあるのが，「所有と支配の分離」という問題である．1930 年代にアドルフ・バーリとガーディナー・ミーンズが指摘したもので，上場会社において出資者と経営者の分離により，企業を所有する株主の意向を離れて経営者が経営を支配することが可能になることをいう(Berle and Means 1932)．法律上の所有者である株主をプリンシパル(任す側)，株主から経営を任された経営者

をエージェント(任される側)とする「プリンシパル=エージェント問題」として捉えることもできる．組織のマネジメントで，部下が上司の思い通りに働くとは限らない問題を「プリンシパル=エージェント」問題と呼ぶが(第7章)，企業経営における「所有と支配の分離」問題はその最上位に位置するものとなる．

　上場会社で株主が経営を行うことは可能である．公開後も大株主である創業者やその親族が経営者であり続けるケースがある．しかし，出資と経営を異なる人間が分担することに株式会社の長所があり(第11章)，事実，多くの上場企業では株主から委託された経営責任者が経営を率いている[7]．この時，少数の株主が大きな比率で株式を保有していれば，その意向を経営に反映させることは可能だろう．しかし，株式市場での株式の新規発行と売買を通じて株主が分散化すると，個々の株主の持株比率は僅少となり，その影響力は希薄となる．個々の株主の意向から離れて経営者が経営を主導し，自らの利害を優先できる構造が形成される．バーリとミーンズは米国の上場会社でこうした変化が進行したことを明らかにし，所有と支配が分離する中で企業経営をどのように統治すべきか，という問題を提起したのである．

　ちなみに，アダム・スミスは『国富論』(1776年)の中で経営者が出資者の利害を最優先して経営に取り組むことは難しいと指摘し，会社の経営には怠慢と浪費がはびこるだろうと警告を発した[8]．その後，株式会社制度はスミスの想像をはるかに超えるスケールで発展，普及したわけだが，スミスが指摘した問題が消えたわけではない．むしろ「所有と支配の分離」が進むにつれ，問題の重大さは一層増したことになる．

　注意が必要なのは，企業統治とは企業のマネジメント(経営)の問題ではなく，経営に対する主要な関係者の影響力の行使の問題であり，とくに経営者に対するチェック(規律付けと任免)の問題である，という点である．実際の経営を経営者に任せることに株式会社の大きなメリットがあるが，経営者が期待通りに

---

7)　それは，19世紀半ば以降，米国で大企業が誕生・発展した中で広がったものであった(第1章)．

8)　当時，今日の株式会社制度は存在していない．これは，その原型ともいえる当時の「合本会社」についての指摘である．

任務を果たすかどうかは保証されない．経営者の働きぶりを監査し，必要に応じて軌道修正を促し，場合によっては交替させる仕組みが必要となる．これが株主にとっての企業統治の問題となる．

株主主権の企業統治

　株主にとって大切なのが，正しい財務会計報告であり（前章），また経営者に不満を持つ株主がとりうるシンプルな方法は株式の売却である．しかし，これらの方法だけでは効果は限られる．株主の利害を守るためにはさらなる仕組みが必要になる．この点で最も積極的な制度を持つ米国の上場会社についてみてみよう．

　企業内の仕組みとして重要なのが取締役会である．取締役会は株主総会で選出された取締役から構成され，経営の基本的なあり方を定める．実際の業務執行は経営責任者を筆頭とする執行役員が担うが，取締役会がその選出，監査を行う．取締役会の中には，監査，報酬，指名などの常設の専門委員会が設けられ，経営の監査，役員の報酬，役員の候補の推薦などを担当する．取締役会のメンバーは，経営のあり方を客観的に検討するために当該企業に所属しない社外の人間を過半以上含めなくてはいけない．特に監査委員会の委員は全員社外でなくてはならない．

　取締役会で報告，審議される基礎的な財務情報は外部の監査法人による監査を必要とするが（第11章），監査法人が非監査業務からえられる報酬には上限が設けられており，また監査法人は5年毎に交替させなければならない．監査が経営者に有利な方向に「操作」されることを防ぐためだ．さらに，経営責任者は虚偽の報告がされないことを個人として保証しなければならないし，上級経営者と取締役会は，社内の資金配分・統制プロセスおよび企業全体の監視結果について有効性と妥当性を保証しなくてはならない．

　経営者の利害を株主の利害に一致させるという方法もある．例えば，経営者に自社株をあらかじめ定めた価格で取得できる権利を授与すること（「ストックオプション」という）で株価上昇を優先するよう経営者を動機付けるといった仕組みがある．

　外部からの規律付けの仕組みもある．一つは，機関投資家による圧力である．

機関投資家とは，年金基金，生命保険会社，投資運用会社など，顧客から拠出された大量の資金を用いて株式や債券投資を大規模・集合的に運用・管理する投資家である．株主の分散化が個々の株主の影響力を希薄化するが，機関投資家は多くの株式を保有し一定の投票数と専門的な知識を駆使して，実質的な影響力を行使できる．もう一つ，株主の利益に反して企業価値を損なう経営を行っている企業に対して，敵対的買収をしかけるという方法もある．これは買収の手段であるが(第6章)，経営者を規律付ける手段ともなる．

こうした企業の内部，外部の仕組みが組み合わされて，経営者支配に対する牽制，監視，是正が可能になる．バーリとミーンズが「所有と支配の分離」問題を指摘したのは1930年代のことであったが，その後の米国の企業統治制度の変遷を辿れば，それは，おおまかにいって，経営者の支配に対抗して株主の主権が強化される過程であった．この流れは，70年代以降の年金基金など機関投資家の台頭，さらに80年代以降の敵対的買収の増大によって勢いづけられた．

様々な不祥事も変革を促した．最近では，エンロンやワールドコムの例が挙げられる．いずれも，2000年代初頭に，不正な会計情報，虚偽報告，監視不在，監査法人の不正加担などにより，経営の実態が明らかにされないまま突然破綻し，株主をはじめとする関係者に大きな損害をもたらした．先ほど概説した米国の上場会社の取締役会や監査をめぐる制度の一部は，両社の経営破綻をきっかけにして02年制定された「サーベンス・オクスリー法」によって新たに定められたものであった[9]．

日本では，株式市場からの資本調達の比重が増大するにつれて，所有と支配の分離問題の重要性が高まった．株主主権への関心が強い海外の投資家の比率が上昇したこと，株式持合い解消が進んだこと，またバブル崩壊後，多くの企業で業績低迷が続いたことなどが背景となり，日本でも株主の意向がより反映されるよう企業統治を見直す流れが形成された．ご多分に漏れず，いくつかの

---

9) 経済危機や不祥事が企業制度や会計制度の見直しを促すのは，遠い昔から繰り返しているパターンである．株式会社制度の草創期，18世紀前半におきて政治家まで巻き込む大きな詐欺事件となったのが南海会社による「南海泡沫(South Sea Bubble)事件」であった．「バブル経済」の語源ともなっているこの事件は，その後の株式会社制度のあり方に大きな影響を及ぼした．第11章の注9も参照．

不祥事や経営破綻も契機となった.

前章で触れた, 会社法, 金融商品取引法の整備, 財務会計の制度の見直しもそうした流れの中で進められた. 一例をあげるならば, 2002 年の法改正によって, 公開された大企業が選択できる「委員会等設置会社」という制度が導入された[10]. 委員会等設置会社は, 取締役には複数の社外取締役を選任すること, 取締役会の中に指名委員会, 報酬委員会, 監査委員会を設けること, 執行役を設けて取締役と執行役員の役割分担を明確にすること, などが義務づけられた[11]. 米国型に近い仕組みを日本でも選択できるようにしたものだった.

多様な企業統治のあり方

所有と支配が分離する時, 所有者である株主の意向をどう反映させるかが企業統治の中心的な論点となるのは当然である. 企業統治の問題はしかし, そこにとどまるものではない.

一つは, 経営者の無責任もあるが, 株主にも無責任がある, という「二重の無責任」問題である(伊丹・加護野 2003). 前者は, 株主から見て, 自らの財産を預けている株主の利害に対して経営者の真剣さが欠けているという問題である. これに対して後者は, 経営者から見て, 株式の売買から短期の利得をえることに主眼を置く投資家が永続を目指す企業経営の利害に対して真剣さを欠いているという問題となる. 出資者と経営者の分担という株式会社の利点の裏返しが, 二重の無責任問題であり, 経営者の規律付けだけではなく, 株主の規律付けについても議論や制度の検討が必要となる.

はなしを複雑にするのが, 機関投資家の存在である. 機関投資家が株主主権強化において果たす役割, 影響力は大きいが, 機関投資家には機関投資家の利害があり, それは必ずしも最終的な資金提供者である個々の投資家の利害と一

---

10) 委員会等設置会社は, 2005 年の会社法で「委員会設置会社」に, 14 年の同法改正でさらに「指名委員会等設置会社」へと名称が変更されている.

11) これは一連の, そしてその後も続いている企業統治制度改革の一端に過ぎない. 法律が定める企業統治制度は, 公開・非公開, 企業規模などによって異なり, またいくつかの選択肢が用意されている. 証券取引所が上場の条件として課すルールなども関係する. 2015 年には, 金融庁と東京証券取引所が, 上場企業に適用される「コーポレート・ガバナンス・コード」を決定し, 上場企業の持続的成長と企業価値の向上に向けて企業がとるべき行動規範を示しており, その後も改訂がなされている.

致するとは限らない[12]．支配株主と少数株主の利害対立の問題もある．支配的な株主に都合がよいように経営が導かれ，その結果として少数株主の利害が損なわれるという問題である．株主の権利は保有株式数に比例するという客観的ルールがあるにしても，比率の高い株主の利害だけで決めてしまってよいかという問題は残る．

　機関投資家の無責任を正す制度については，その行動規範として「スチュワードシップ・コード」を定めるといった動きがある．これは，機関投資家に，一方で資金を拠出する顧客に対して責任を負うこと，他方で投資先の上場企業との間で短期志向化を是正し，中長期的な企業価値拡大に向けて建設的な関係を築くことを促すものである．イギリスが先鞭を付け，日本でも同様の取り組みが進んだ．

　企業側の選択肢として，無責任な株主の影響を避けるために上場しないという方法がある．上場する実力がありながら非上場のまま経営を続ける企業もあるし，上場会社が上場を止め，非上場会社に戻る場合もある．非上場のままで目指す成果を出せる企業にとっては，利害の一致しない株主の影響力を排除するための有力な選択肢になる．

　上場会社として株主の行動を制御するという選択肢もある．かつて日本企業で多く見られた株式の相互持ち合いはその一つの方法である．長く保有した株主の議決権を高める，一定期間譲渡できない株式を発行する，といった方法もある．創業者や上場前からの株主に多くの議決権を付与するという方法もあり，創業経営者が上場後も最大株主の地位を保持して支配を続けることもある．

　こうした選択肢があるものの，成長と発展を目指す企業の多くは上場し，多数の投資家から多くの資金を調達することを目指す．上場のメリットが大きいからだが(第11章)，そこでは，「所有と支配の分離」「二重の無責任」の問題は重大な課題であり続ける．

多様なステークホルダーの利害

　企業統治をめぐってもう一つの重要な問題がある．株主以外の様々な「ステ

---

12)　機関投資家が関係する場合，プリンシパル＝エージェント問題は，投資家＝機関投資家＝株主総会＝取締役会＝経営責任者といった具合に多層的な構造となる．

ークホルダー (stakeholder)」との関係についてどうするかという問題である．ステークホルダーとは利害関係者のことをいう．ここまで株主と経営者の関係について論じてきたが，企業経営に利害を持つ重要な関係者は他にも存在する．従業員，債権者，取引先，地域社会などである．

　先ほど米国を例にして株主主権の制度について述べたが，米国はイギリスと並んで株主主権を重視するという点で際立った存在である．国際的にみれば，米英の制度が唯一の標準というわけではない．企業統治の仕組みは国と時代により異なる．企業経営，資本市場のグローバル化や米英の主導により株主主権重視の企業統治制度が広がる傾向はあるものの，企業統治のあり方は引き続き多様である．

　株主以外で特に重要な利害関係者とされるのが従業員だ．当該企業に就業し，多大な労力を注いで資本の効率的な活用を含めて経営の成果を生み出すことに貢献をしている従業員の利害を企業統治の仕組みの中でいかに反映させるか．従業員の利害と経営者の利害が一致していれば，経営者の利害を企業統治にいかに反映させるかという上述の議論に収斂する．だが，両者の利害が一致していなければ，別の議論が必要となる．主要な株主が経営を担当する企業であれば株主と経営者の利害は一致するが，株主＝経営者と従業員の利害の不一致の問題は消えない．

　従業員の利害を企業統治において重視する代表例の一つが，日本企業である．日本企業は，伝統的に，米英などと比較すると従業員の利害を重視することを特徴としていた．先述の通り，日本の企業統治の仕組みも株主主権を重視する方向に変わりつつあるものの，依然として従来の特徴を残している．米英と対比されるもう一つの代表例がドイツである．ドイツの大規模な株式会社では，業務執行を監督する監査役会に，株主総会で選出される投資家側の代表者に加えて従業員の選挙で選ばれる労働者側の代表が同数含まれ，労使が共同で企業統治に関わる仕組みになっている[13]．

　株主主権重視の伝統を持つ米国における企業財務の代表的な教科書の一つも，株主の利害を重視しすぎることの問題を指摘し，企業は金融資本を出資する外部投資家と人的資本を出資する経営陣・従業員のパートナーシップであり，一方の過度な優先は他方を損ない，価値の創造を損なうと論じている (Brealey 他

2011）．

　さらに利害関係者として，地域社会など社会を構成する様々な主体まで含めれば，企業統治の問題はより広範囲に及ぶ．このことについては，社会的責任を扱う次章で改めて触れるので，ここでは論じない．企業統治を広範囲の利害関係者との関係にまで及ぶ問題としてとらえる議論も重要であることだけ指摘しておこう[14]．

　絶対的権力は絶対的に腐敗する．この言説の正しさを物語る実例には事欠かない．企業経営もその例外ではない．異なる立場からのチェックが効かない企業経営は，誰かが他者を犠牲にして私的利害を追求するリスクをはらんでいる．それは，従業員の利害を尊重する場合も同じだ．従業員は重要な利害関係者だが，働き手の都合だけを優先することもまた他の関係者への無責任となる．従業員の利害も多様だ．会社の継続的発展への貢献を重視する者もいれば，短期志向で自己の私的な利害を優先する者もいる．前者の中から経営責任者が登用されたとしても，やがて私的利害を追求するようになるおそれはないという保証もない．

　所有者として，支配者として，企業統治でとりわけ大きな力を持つのは株主，経営者となるが，従業員を含む主要な関係者のそれぞれの利害を，バランスをとりながら尊重する統治の仕組みをいかに整えるか．これが企業統治の課題となる．企業経営に多様な関係者の関わりが必要であり，各々の利害が多様である限り，企業統治のあり方をめぐる模索に終着点はないだろう．確実にいえるのは，特定の関係者の利害を過度に優先する企業統治には歪みが生じるという

13）　かつて銀行が株式保有や監査役の派遣などを通じて強い影響力を持っていたのもドイツの特徴であったが，その後，様々な事情から制度の見直しが進み，銀行の影響力は大幅に後退した．一方，従業員が共同で経営の重要な決定に関与する仕組みは，部分的な見直しを重ねつつ，保持されている．ちなみに，古いデータになるが，主要企業の経営者へのアンケート結果によれば，「会社は誰のものか」という質問に対して，「株主」との回答が米国76，イギリス71，日本3，ドイツ17，「全ての利害関係者」との回答が米国24，イギリス29，日本97，ドイツ83であった（いずれも％）．また，「従業員の雇用の確保と株主への配当は，どちらがより重要か」という質問に対して，「配当」との回答が米国89，イギリス89，日本3，ドイツ40，「雇用」との回答が米国11，イギリス11，日本97，ドイツ60であった（いずれも％）（Yoshimori, Masaru, "Whose Company Is It? The Concept of the Corporation in Japan and the West", *Long Range Planning*, Vol. 28, No. 4, 1995: pp. 33-44）．

14）　国によっては，国家が企業統治に関与する場合もある．この問題は本書では扱わない．

ことである.

3. 資本と企業経営

　企業財務と企業会計に基づき，必要な元手を確保し，効率的に活用して利益
を生み出し，そのことによってまた必要な元手を確保する．企業統治の仕組み
によって，所有者である出資者と経営者，従業員，その他利害関係者の関係を
整えていく．これが，企業経営が第三の側面で取り組む課題であり，そのため
に何をどう考えればよいかをここまで論じてきた.

　この全体に関わるのがカネの論理であり，その中心にあるのが利益の追求で
ある．以下，これらが企業経営において意味することについて論じて，第三の
側面についての議論を締めくくろう.

カネの論理

　価値の尺度であり，交換の媒体であり，価値の貯蔵手段であるカネ(貨幣)は，
企業が必要とする資源，生み出す成果の中で，最も客観的，普遍的な価値を持
つ[15]．多いことが少ないことより望ましく，その多寡は厳密・簡潔・客観的に
測定・分析される．人も組織も，その多くはより多くのカネを欲する．カネで
は買えない大切なものはあるが，多くのものをカネで買うことができるからだ.

　だが，カネの論理だけで経営を導くことはできない．第一に，カネの論理だ
けから事業，組織の具体的なあり方は導出・創造されない．カネの論理は抽象
的，普遍的で，全ての企業経営に共通であり，それ自体から個別具体的な戦略
の構想や組織のマネジメントのあり方が導かれるわけではない.

　第二に，カネでは測定，表現できないもの，カネでは買えないものが経営の
成否を握る．カネでは扱いきれない問題の中心に位置するのはヒトである．カ
ネと並んで，ヒトは企業が必要とする，そして企業の成果を左右する中核的資
源であるが，その肝腎のヒトの価値をカネでは測定，分析，評価できない．企
業会計，企業財務でヒトは人件費としては計上されるが，資産としては計上さ

---

15)　貨幣の価値は，実際には人々の認識に依存するが，ここではその問題には立ち入らない.

れない．モノとカネの価値は客観的に測定できるが，ヒトの価値を客観的に測定できないからだ．ヒトにとっても，金銭的報酬(人件費)はとても重要だが，それだけで働く意欲，意味が規定されるわけではない(第9章)．リーダーシップ，組織文化，経営理念など(第10章)も，カネでは測定できない．競争優位の源泉として重要な「見えざる資産」(第4章)も，まさにカネで測定できない(見えない)ことがその特質となっている．これらを扱えないカネの論理だけでは，経営は成り立たない．

カネの論理がかかえる限界，問題は，カネの論理を担当する企業会計でも認識されている．財務会計における「見えざる資産」「無形資産」をめぐる議論や，管理会計における「バランスト・スコア・カード」の議論はその現れである．いずれも，財務情報に基づくカネの論理だけに傾注した分析・評価の問題，限界を理解し，ヒトの問題も含めた，カネでは測定困難な非財務的な問題を取り上げている．

第三に，企業組織はカネ(価格)による調整機構(市場)にはできない意思決定を担うためにある．第5章，第8章で触れた通り，企業組織は，カネで表現された価格(その背後にある費用と利益)と数量によって調整を行う市場では扱えない調整を行うために存在する．であれば，企業経営にとってはカネでは測定できないものが重要になるのは当然のこととなる．カネの論理だけでものごとを進めないことにこそ組織の存在意義がある．

しかし，これらの限界を抱えてはいるものの，経営は常にカネの側面(利益，収益，費用，キャッシュフロー，資本，資産，株価，配当，利子，格付けなど)から評価され，成果を生み出さなくてはならない．経営をめぐる判断においてカネの論理を欠かすことはできない．資本の効率的な活用は，唯一ではないにせよ，それなしには企業経営が成立しない基本要件である．「大切なものの全てが数えられるわけではなく，数えられるものの全てが大切だということでもない」[16]が，数えられることには大切さがある．カネの論理だけで経営を導くことはできないが，カネの論理なしに経営を導くことはできない．

利益の追求

カネの論理は節約が求められる非営利組織でも重要だが，営利企業ではひと

きわ重要となる．その中心にあるのが利益の追求である．

　企業は営利を目的としている．利益を生み出しているのは，その目的を達成している証左である．利益を生み出し，投資へのリターンが実現するから必要になる資本を集めることができる．内部留保は企業の存続発展に不可欠な投資のための貴重な原資となり，緊急事態への備えのためにも必要となる．企業の目的，成果，手段である利益は，企業経営の基本であり，ボトムラインである．

　企業が利益を追求することの意味はそれだけではない．俯瞰すれば，企業は利益を追求することで社会に貢献している．利益が生まれていることは，投じた経済的資源を上回る経済的価値を生み出していることを意味する．経済社会の中でこの役割を専らに求められ，担うのは企業だけだ．公的機関，非営利組織も，企業が営利事業を行い，税収を生み出すことで直接，間接に支えられている（第1章）．

　「非営利の組織には利益がなく，あるのは意見だけ」とはドラッカーの言である（Drucker 1973）．意見ではなく，客観的，普遍的な利益の多寡で評価，判断する企業だからこそ，資本が効率的に活用される．そして，資本市場を通じてより大きなリターンが期待される企業に資本が配分され，その期待に応えるべく企業は利益を生み出す事業に資本を投じ，工夫を凝らし，努力を尽くす．

　現代の経済社会は大きな資本を投入することによって可能になる高度な経済活動によって成り立っている．利益の追求を基本原理にして，社会に賦存する資本の配分を受けた企業が効率的に活用し，費やした資本と費用以上の価値を創造し，利益と投資家へのリターンを生み出し，それがまた次の経済活動のための資本として投入される．非効率な事業，企業は淘汰される．この原理と過程を通じて，希少な経済資源が効率的に配分，活用され，経済活動を全体として発展させることが可能になる．

16）　社会学者のウィリアム・キャメロンの言葉（William Cameron, *Informal Sociology: A Casual Introduction to Sociological Thinking*, New York: Random House, 1963, p. 13）．誤ってアインシュタインの言葉とも伝えられている．たった一つの簡素な数式で世界を説明することに成功したアインシュタインの言葉であれば印象は深まるかもしれないが，誰の言葉であれ，この言葉の意味することの重要さは変わらない．ついでに紹介すると，第1章注5で紹介したゲーテの小説で，登場人物が複式簿記を絶賛した後，若き主人公は「……君たちは，足し算だの，収支決算だのに目を奪われて，肝腎要の人生の統計額をどうやら忘れているようだね」といっている．

さらにいえば，このメカニズムは才能ある人々に成功の機会を与える．利益を生み出せるアイデアと能力があれば，財産がなくとも大きな資本を動員でき，企業として，経営者，働き手として大きく成功するチャンスがある．このことが多くの才能を魅了し，その努力を誘い，創造性を刺激し，起業，新規事業，そして様々なイノベーションを促す．資本主義社会はこのようにして発展をとげてきた(Schumpeter 1950)．

　利益の追求を中心原理に様々な企業が資本を動員して工夫と努力を重ねることはつまり，個々の企業の目的，成果，手段であることを超えて，社会全体に対しても重要な意義を持つ．だからこそ，企業は資本主義社会における経済活動の中心を担っているのである．

　完全競争こそ社会にとって最も効率的な状況であるとするシンプルな経済学の議論からすれば，企業が利益を生み出しているのは非効率な状況である．しかし，その利益が第II部や第III部で論じたような各企業の取り組みの成果であり，さらに，次章で論じるように，その取り組みが社会を構成する多様な利害関係者にとって不公正なものでなければ，企業が利益を追求し，生み出すことには経済的，社会的な価値を認めることができる．

利益目標

　このことを確認した上でしかし，その先の問題がある．目指す利益の水準をどう設定するかという問題である．それは決して一義的に決まるわけではない．

　シンプルな原則は利益最大化である．経済学のモデルではよく，企業は利益最大化を目的とする存在として仮定される．前述の通り，企業財務では，所有者である株主にとっての企業価値最大化を最も重要な目標とする議論が有力である[17]．

　だが，最大化とはどの時点でのものか．短期，つまり次の四半期決算報告時のことか．その時の利益を最大化するために，成果を生み出すのに時間がかかる投資案件を見送るとしたら，長期的な利益最大化は損なわれるかもしれない．といって，長期的な利益最大化を目指すとしても，その長期とはいつのことか

---

17)　その代表的見解については次章で触れる．

は明確ではない．長期である程不確実性は大きく，判断は困難になる．

　あるいは，最大化とは誰のためか．利益最大化のためには費用最小化が必要だが，いつ，どの費用をどの程度抑えればよいか．不採算部門の合理化を急ぎ，社員の賞与を抑制し，その結果として優秀で重要な社員がやる気を失って辞めてしまえば，短期の利益最大化には寄与しても，長期的な利益拡大，企業価値増大は損なわれる可能性がある．といって，従業員の雇用，給与を守ることを優先しても，そのことがどこまで長期の利益拡大，企業価値増大に貢献するかは曖昧である．次章で論じるように，社会への責任を果たすための費用をどう考えるかについても明確な答えはない．仮に株主のために利益最大化を目標にするとしても，その株主とはどの株主か．先ほど述べた通り，株主は多様であり，その利害も多様である．

　多くの関係者によって成り立ち，長く存続しなくてはならない企業にとって，いつ，誰のために，どの程度利益を出すべきか，どの費用をどの程度抑えるべきか，問題は多元的であり，シンプルな答えはない．

　「意見」よりは明確だとしても，「あるべき利益目標」は依然として多義的である．企業経営は，多様な利害が関わっている利益について，いつの時点でどの程度の水準を達成することを目標として設定するかを「総合的」「多元的」に判断しなければならない．次章，次々章で改めて議論するように，企業経営の課題，務めはそういう多元性に立ち向かい，判断することにある．

　この多元的な判断はしかし，常に短期の利益最大化への期待，圧力にさらされる．だがそれは資本主義社会の中心に位置する企業の宿命である．利益を追求することの意味を認識した上で，短期の利益最大化への圧力を受け止め，その弊害や危険を理解しつつ，所有者である投資家の期待収益と様々な関係者の利害を踏まえた多元的な判断に基づいて設定した利益目標を，効率的な資本の活用によって実現すること．これが第三の側面における企業経営が果たすべき務めとなる．

第13章　社会への責任

社会の中の企業／法の遵守／社会的責任と貢献／
社会への責任と企業経営

▌1.　社会の中の企業

　顧客が求める価値ある商品を作る．働き手が意欲と意味を見出せる仕事を生み出す．資本を効率的に活用して投資家の富を増やす．これらが，企業が顧客，働き手，投資家に向けて果たすべき主要な務めとなる．

　だが，企業の果たすべき務めはそこにとどまらない．企業は社会に生きる存在であり，自らが生きる社会に対して責任を負う．その責任を担ってこそ企業は社会の中で存在意義，正当性が認められ，存続できる．

　企業は社会に対してどのような責任を負うのか．何より重要な責任は，今述べた三つの側面において成果を出すことにある．その責任が果たせなければ，企業は社会における存在意義を失う．したがって，企業の責任はこれら三つの側面に集中すべきであるというのが一つの有力な考え方である．

　そうであれば，はなしは前章までの議論で足りる．だが，それだけではすまないという考え方がある．企業が担うべき責任は，顧客，働き手，投資家に関わる問題にとどまるのではなく，地域経済，社会，自然環境に影響を及ぼす諸々の問題にまで及ぶという考え方である．

　企業は社会の中の一機関であり，とりわけ，資本主義社会において経済活動の中心を担う．その役割，影響は大きく，それだけ責任は広く，重くなる．このようにとらえた時，企業は社会への責任を果たすために何をどのように考え，どのように取り組めばよいか．これが企業経営の第四の側面であり，本章の主題となる．

三つの社会への責任

　企業の社会への責任 —— 英語表現の "Corporate Social Responsibility" の

頭文字をとって「CSR」とも略称される——には，大きく，三つの問題領域がある．第一が法を遵守すること，第二が社会を損なわないこと，第三が社会に貢献することである（図 13-1）．

第一の法の遵守は，企業の社会的責任を広くとらえようが，狭くとらえようが，必須の責務である．法治社会にある限り，法令規制を守って行動することは当然のことだが，企業をとりまく現実はその確認から議論を始めることを要請する．

第二の社会を損なわない責任とは，社会を構成する人々や共同体，あるいは自然環境を損なうような活動を控え，是正する責任をいう．第一の領域が扱うのは法が司る問題であるのに対して，第二の領域で扱うのは法律ではなく，倫理に基づいて判断する問題となる．

第三の社会に貢献する責任とは，何らかの社会の問題について，その解決や改善に寄与する責任をいう．これも倫理に基づいて判断するものだが，第二の責任がマイナスの影響を抑える責任であるのに対して，第三の責任はプラスの影響を増やす責任となる．

三つの内，第一の責任を「社会的義務」，第二，第三の責任を合わせて広義の「社会的責任」と呼ぶことがある．三つの責任を合わせた全体を「社会的責任」と称する場合もある．論者によって呼称は異なるが，以下では，それぞれ

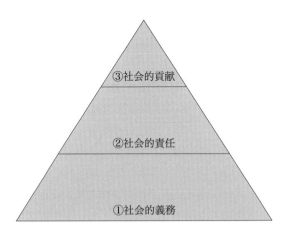

図 13-1　企業の社会への責任

を①社会的義務(法の遵守)，②社会的責任，③社会的貢献と呼び，順番にみて
いくことにしよう[1]．

2. 法の遵守

　企業が存立し，活動する上で遵守しなければならない法律や規制は多岐にわ
たる．本書は法律を扱うものではないのでごく簡略な説明にとどまるが，本書
が論じることに関係する主要な法律の概略をみておこう．

会社法　　第11章で述べた通り，株式会社を始めとする法人企業の設立，組
織，運営，管理などについて定めるもの．債権者や株主の保護も目的としてお
り，財務会計報告のあり方も規定されている．これも第11章で触れた通り，
上場会社については金融商品取引法で財務会計開示のあり方が定められ，資本
市場が円滑，公正に機能することが図られている．

消費者基本法　　消費者を保護し，その権利を確保するためのもの．消費者基
本法と消費者契約法が基本となり，さらに，商品の安全性(食品安全基本法，食
品衛生法，薬機法など)や製造物責任に関する法律，特定の取引(訪問販売，通信販
売，マルチ商法)に関する法律(特定商取引法)，消費者信用に関する法律(割賦販売
法，金融商品取引法，利息制限法など)や様々な悪徳商法から消費者を保護する法
律などがある．重要性が高まっている個人情報について，個人の権利利益を保
護するための個人情報保護法もある．

独占禁止法　　公正かつ自由な競争を促し，市場メカニズムが健全に働くため

---

1)　関連する概念として，「コンプライアンス(compliance)」がある．これは狭義には法令遵守，
つまり第一の領域の責任をいい，広義には倫理の遵守，つまり第二の領域の責任まで含むものと
なる．さらに，「トリプル・ボトムライン(Triple Bottom Line)」もある．経済・社会・環境の
三つの領域に対して果たすべき責任，満たさなくてはいけないボトムラインがある，という意味
だ．財務諸表におけるボトムラインとは最終損益のことだが(第11章)，企業のボトムラインは
より広範囲に及ぶというのがこの呼称が強調する点となる．本書でいう三つの責任と比べると環
境を区別している点で違うが，基本的な考え方は同じである．

の基本ルールを定めるもの．一般消費者の利益の確保と国民経済の健全な発展を図ることを目的としており，「私的独占」，「不当な取引制限（カルテルなど）」，「不公正な取引方法」など競争を阻害する要因を取り除き，過度の経済力集中を防止するとともに，事業活動の不当な拘束を排除するものである．企業の競争のあり方を司る法律であり，公正取引委員会の所管となる．

競争に関連する法律としては，この他，不正競争防止法（類似商品の販売や誇大広告などを防止する）や不当景品類及び不当表示防止法（過大な景品や不当な表示を制限する）などがあり，これらは消費者保護の役割も担う．また，企業間取引において中小規模の企業が不当な取引条件を強いられることがないよう，下請法もある．不当な返品や買いたたきなどの「下請いじめ」を防止するため，発注側の義務や禁止事項を定めている．

労働法　使用者に対して弱い立場におかれる可能性がある被雇用者を保護するためのもの．憲法が定める生存権の理念を基礎として，戦後制定された労働基準法，労働組合法，労働関係調整法がベースとなっている．労働基準法は，労働者が人間らしい生活を送るための最低限の労働条件を決めるもので，強制労働の禁止，就業規則の明示，法定労働時間，休日・年次有給休暇，年少者の保護，解雇に関する規制などが定められている．労働契約法，パートタイム労働法，労働者派遣法，男女雇用均等法などと合わせて，雇用，働き方の基本的なあり方を決めている．また，労働者が使用者と対等な立場で集団的に交渉，調整できるよう労働組合法，労働関係調整法がある（第9章）．

さらに，雇用機会の保障，拡大などを図り，雇用対策を担う労働施策総合推進法があり，それに基づいて職業安定法，雇用保険法などが定められている．労働者の社会保障を支える法制度として社会保険制度が定められており，企業の負担が義務づけられている．全体として，労働者の人格や生活を擁護することを基本とし，多様化する労働者のニーズや働き方を踏まえた労働法制を目指すものとなっている．

知的財産法　知的財産権の保持者の権利を保護するためのもの．知的財産権とは，新しい発明・考案や著作など人間が考え出した無形のものが経済的な利

益になりうる場合に，その利益に対する支配権のことをいう．産業財産権と著作権に分かれ，前者はさらに商標，特許，実用新案，意匠から構成される．

保持者の権利を保障する一方で，権利に存続期限を設け，期限終了後はその利用を広く促すことも目的に含まれている．創造的な活動を奨励する役割を持ち，研究開発を促す要因ともなる．

環境基本法　　環境を保全するためのもの．その基本を示す環境基本法があり，その他，大気汚染防止，廃棄物処理，リサイクル，省エネ，地球温暖化対策など様々な環境に関する問題についての法律や規則が定められている．

以上は，企業経営に関係する法律の一部にすぎない．まず憲法があり，民法，刑法，民事訴訟法，刑事訴訟法が基礎としてあり，さらに商人・商取引（企業・事業活動）の基本を定める商法がある．ここまででいわゆる「六法」となる．その上に上記の様々な法律があり，加えて，手形・小切手に関するもの，保険に関するもの，債権回収に関するもの，銀行，保険業など特定の業種に関するもの，税金に関するもの，倒産に関するもの，貿易や海外投資に関するもの，内部通報に関するもの，クレームへの対応に関するもの，反社会的勢力への対応に関するものなど，種々の法律がある．

立法府が制定したこれらの法律に加え，内閣・中央省庁による政令・省令，地方公共団体の議会・長による条例・規則がある．裁判所が認めた慣習や判例も法的な根拠を持つ規範となる．さらには，企業その他の団体が自主的に定めた規則も存在する．事業活動が海外に及べば，他国の法律にも対応しなければならない．国により法律が異なることが問題を複雑にする．

会社を設立する．資本を集める．人を雇う．事業所・施設・設備を整える．部材を調達する．商品を生産・販売する．収益を得る．その結果を報告する．事業活動の場を別の地域や海外に拡大する．子会社を設立する．他社を買収する．従業員を解雇する．事業を売却する．工場を閉鎖する．様々なトラブルに対処する．そして倒産する——あげていけばキリがないが，企業は，その創業から，事業の実施，拡大・発展・再編，そして再建・清算にいたる全ての過程において，関連する法律に依拠し，法律を遵守しなくてはならない．

知らなかったではすまされない．経営に携わる者は，法律を理解するのはもちろんのこと，外部の弁護士などに相談，確認しながら，あるいは規模の大きな企業であれば法務部門に専門のスタッフを抱えて，法に則った経営を進めていく．これが企業の社会的義務となる．

法治社会にあって当然のことである．現実にはしかし，この義務が疎かにされる実例は後を絶たない．違法行為は企業に限ったことではない．公的な地位にある者も含めて個人も法を犯す．だが，法を遵守しない企業にとって，それは何のいいわけにもならない．法を遵守することが企業の社会への責任の基本中の基本となる．

3. 社会的責任と貢献

法的な義務を果たした上で，企業が問われるのが，社会的責任，社会的貢献である．前述の通り，二つを合わせて，（広義の）社会的責任と呼ぶこともある．ともに企業が社会に及ぼす影響について果たす責任であり，前者は倫理的な責任，後者は慈善的な責任の問題となる．

社会的責任

社会的責任は，文字通り，企業の社会への責任を論じる際の中心となる．これは法律で定められたことを遵守した上でさらに，社会へのマイナスの影響を増やさないよう，減らすよう，なくすよう取り組む責任をいう．企業が経営，事業を行う過程で，またその結果として，社会の中の利害関係者のいずれかが直接，間接に何らかの損害を被る（あるいはその可能性がある）時，この責任が問われる．

基準となるのは法律ではなく，倫理である．法律に定められたことであれば，上で論じた法の遵守の問題となり，違反者には法が執行される．他方，社会的責任ではマイナスの影響を及ぼしても法的な処分は受けない．その責任を果たすかどうかは，原則として，各自，各社の倫理的判断に委ねられる．

検討すべき問題は，投資家，従業員，顧客，取引先，政府，地域社会，国際社会，自然環境など様々な利害関係者に対する多岐にわたる影響に及ぶ．例え

ば，環境対策，職場での公正性，人権の尊重，商品の品質や安全性，途上国での労働環境，軍事兵器産業との関わり，情報公開などである．幾つか例示してみよう．

- 消費者の健康を損なわないように，食品安全基準で許される食品添加物も使用せず，自社で自主的に設定した有機農法の厳格な基準に合格した素材だけを使用して食品を作るかどうか．
- 好戦的な内容と表現で子供に人気のゲームが子供の精神や行動に及ぼすかもしれない影響を配慮して，内容と表現をトーンダウンするかどうか．
- 男女雇用均等法，共同参画法などで要請されていることを超えて女性の活躍の機会を拡大するために，女性が働きやすいよう，女性が活躍できるよう，就業規則，職場環境，就業内容の見直しを進めるかどうか．
- 需要の低迷や為替レートの変動により，購入品の大幅な値下げが必要になった時に，海外の低価格の納入業者への転注を控え，国内の既存の外注先の事業や雇用の維持を支援するかどうか．
- 事業の低迷で工場の閉鎖が有力な選択肢となった時に，地域経済へのダメージを防ぐために工場の操業を続けるかどうか．
- 大気や水質の汚染について，法律で認められている基準値をさらに下回るよう新しい設備機器を開発・導入するかどうか．

どの問題も，実行することを見送っても違法にはならない．やがて法律が改正され，対応せざるをえなくなるかもしれないが，それはその時になって取り組めばよい．実際に多くの法律はそのようにして作られてきた．それこそ立法府，行政府の責任であり，企業の責任はあくまでも定められた法律を遵守することにあるはずだ．しかも，どれもコスト増，売上減など当面の業績を悪化させる可能性が高く，NPVを計算すると投資は見送るという結論になる．実行すれば収益率は低下し，株価は低下し，債権者から不評を呼ぶおそれもある．そうならないように人件費を節約するという方法もあるが，それでは社員の不満を招いてしまう．だから，実行しないでおこう——とは判断せずに，実行することが，ここでいう社会的責任を果たすことになる．

事業活動を国際化している企業では、さらに複雑な倫理的責任が問われることになる。法律はもちろん、価値観、倫理、宗教は、国により、文化により異なる。その矛盾、対立に国際化した企業は対峙しなければならない。

例えば、ある国の企業が自国の法律で違法とされる活動を、合法とされる他の国で行う時、それは他国での法令遵守の観点からは問題はないが、自国から、あるいは国際的に、倫理的責任を問われることになる。低賃金・過酷な労働を活用する。若年労働者を働かせる。現地の政治家に便宜を図って緊密な関係を築く。非民主的な政府に商品を販売する。政治的、宗教的に不都合な情報の管理に厳しい国家の当局による検閲を受け入れる。環境保護を怠った活動をする。さらには、これらの活動に自らは関わらなくともそのような活動を行っている現地企業と取引を行う——どれも、当該国の社会では問題視されないかもしれないが、別の倫理基準から批判を受け、責任を問われる可能性がある。

社会的貢献

企業が種々の社会的な問題に対してプラスの影響を与えるためには、大きく二つの方法がある。一つが、社会的問題の解決や改善に寄与する商品やプロセスを開発し、営利事業として取り組み、その結果として社会へのプラスを増やすという方法。もう一つが、事業活動の外で、社会的な問題の解決や緩和に寄与するという方法である。後者は、いわゆる「慈善活動」であり、英語やフランス語の表現を用いて「フィランソロフィー」とか「メセナ」ともいわれる。

第一のタイプとしては、環境配慮型商品、障害者・高齢者支援の商品、エコツアー、フェアトレード、地域再開発に関わる事業などが、その例となる。営利を目的とするので、企業がその本領を発揮しながら社会的な問題の解決に貢献するものとなる。事業を通じて、世界の7割を占める低所得者層の生活水準の向上に寄与することを目指す「BOP(Base of Pyramid：ピラミッドの底辺)ビジネス」という考え方があるが、これも社会的貢献の一種といえるかもしれない。

通常の事業と同様に、事業、雇用、資本、全ての面で目指す成果を生み出せるのであれば、前章までの議論でよい。社会的貢献として取り組む場合には、通常の事業として成立させることが難しい商品、事業も含まれる。例えば、NPVによる評価では実施が難しい場合に、事業として行うかどうかを社会的

貢献の観点も交えて判断するという問題となる.

第二のタイプの慈善活動は,多様な資源を活用して,営利を目的とせずに行うものをいう.金銭的寄付,自社の施設や人材などを活用した非金銭的な活動,さらには本来業務・技術を活用した活動などから構成される.地域住民との交流,心身障害者の支援,学校教育の支援,学術・芸術・文化の支援,スポーツの振興,国際交流の支援などがその例となる.

社会的責任を求める潮流

社会的責任は企業が自ら負うものだが,他面で社会からの期待,圧力に応えるものである.米欧を先駆けとして企業の役割と影響が大きくなるにつれて,社会からの期待,圧力は強くなり,とくに20世紀初頭以降,企業の社会的責任を問う考え方が登場し,広がった.

第二次世界大戦後の大きな流れを生み出した一例として,1960年代における米国の「コンシューマリズム」があげられる.科学者のレイチェル・カーソンの著書『沈黙の春』による環境汚染に対する警鐘,ケネディ大統領による消費者の四つの権利(安全である権利,知らされる権利,選択できる権利,意見を聞かれる権利)の提示,弁護士のラルフ・ネーダーによる自動車の安全性に対する告発運動[2]などが契機となった.

日本でも,高度成長,大量生産,大量消費が進む中で,大気汚染,水質汚染など「公害」問題が深刻化し,消費者保護の重要性が認識され,様々な法律が制定されるとともに[3],社会が企業に責任ある行動を迫る潮流が勢いを増した.

こうした流れは世界的に広がり,企業に積極的に社会的責任を果たすよう求める声は各国,各地域で高まっている.例えば,欧州連合(EU)は2011年,企業は社会と環境に対してネガティブな影響を最小化し,ポジティブな影響を最

---

2) ネーダーの運動の最大のターゲットは,第1章でも取り上げたGMであった.

3) 日本の公害としては1878(明治11)年の足尾銅山の鉱山排水による環境汚染が有名だが,戦後,水俣病,イタイイタイ病,四日市喘息など深刻な災禍が続いた後,国レベルで公害対策基本法が制定されたのが1967年のことであった.70年には公害14法が制定され,71年には環境庁が設置された.さらに,93年には地球環境の保全を目的とする環境基本法が制定された.消費者保護では,68年に消費者保護基本法が制定(2004年に消費者基本法に改正)され,70年には国民生活センターが設置され,2009年には消費者庁が創設された.

大化する責任を負うとする政策文書を発表した．企業は自発的に社会的責任を担うとしていたそれ以前の議論に比べて，企業の責任をより明確に求める内容となった．国連やOECDなどの国際機関も，環境と社会両面での持続的発展に向けて企業への働きかけを強めている．1999年に国連が提唱した「グローバル・コンパクト」では，企業に人権，労働，環境，腐敗防止において自主的に責任ある行動をとることを要請した．

　「社会的責任投資(SRI：Social Responsibility Investing)」という取り組みの影響も重要である．これは，企業の財務的な成果だけでなく社会的責任に取り組む姿勢も評価した上で投資判断することをいう．SRIを唱導する評価機関などが，各社が社会問題，環境問題にどのように取り組んでいるのかを調査，報告し，個人投資家，機関投資家がそれを評価基準に組み込んで投資先を選別するといった仕組みが形成されている．源流は社会運動にあると言われているが[4]，非財務的な要素を含む総合的な企業評価の手法として資本市場で影響力を高めている．国連が世界の大手機関投資家に呼びかけて2006年に策定した「責任投資原則」もSRIの普及に寄与した．その前文には「環境，社会および企業統治(ESG：Environment, Social, Governance)が投資ポートフォリオに影響する可能性がある」と書かれた．企業が通常の財務諸表に加えて非財務情報を含む総合的な外部報告書を開示するケースが増えているが，SRIの興隆がその背景の一つとなっている．

　通常，投資家の要求と社会的責任は対立関係にあるとみられているが，SRIは投資家が企業に社会的責任を負うことを求めることを意味する．社会的責任を重視する企業が，そうした姿勢を評価してくれる投資家を見出せる仕組みともなる．

企業への期待，圧力

　企業が広く社会的な責任を担うことを社会が求めるのは何故か．第一に，繰り返し述べてきた通り，企業が及ぼす影響が広く，大きく，重いからである．

　第二に，企業への期待がある．影響力が大きいだけでなく，人材，技術，資

---

4) 1920年代の米国で，教会から寄付された資産の運用先として，タバコ，ギャンブル，アルコールなどの事業を除外したのが，初期のSRIの例であるともいわれている．

金，信用，組織など多くの豊富な資源を有する企業だからこそ，社会の問題の解決，改善に寄与できるという期待がある．重要な社会問題，環境問題は政府や非営利組織あるいは個人の力だけでは解決できない．例えば，CO_2の排出量において家庭部門は約2割を占めており，その責任は大きいが，個々人の行動の見直しとその効果に多くを期待するのは難しい．規制を制定するのは政府の役割だが，規制があっても技術的，経済的裏付けと実行を伴わなければ，空論に終わる．排出量の大半を占め，資源と技術を持ち，また消費者が使用する商品を提供する企業が果たしうる役割と効果の大きさが企業への期待と要求を膨らませる．

第三に，企業に対する失望や怒りがある．不適切・不正会計，自動車排ガス規制逃れ，過労自殺，原子力発電所事故，原油流出事故など，人々，社会，自然を大きく損なう不祥事や事故は尽きることがない．違法ではなかったケースでも，傷跡は深く，長く続き，社会的責任を問う声は消えない．米国の有力投資銀行が住宅市場の暴落時に顧客を欺いたという告発をめぐって米国議会で公聴会が開かれた際にある上院議員がこう発言した．「……何らかの違法行為があったかどうかはわからないが，その行動が非倫理的だったことは疑いようがない」と．

個々の問題を超えて，人権保護の軽視，人種・性差別，格差の拡大，富の過度な集中・偏在，共同体の崩壊，グローバリゼーションによる地域社会・伝統的文化の破壊，環境破壊など，より大きな社会経済問題，資本主義社会自体の弊害や問題について企業の責任を問う議論もある．こうした議論は，企業の影響力の大きさを反映したものであり，華美な成功に彩られる一部の企業や経営者の姿，そして絶えることのない不祥事や事故が招いているものでもあるだろう．限界的な存在であればさほど気に留められることはないが，大きな存在である故に主要な原因として責任を問われ，怒りを呼び，批判を招く．期待が大きい分，失望も大きくなる．

▌4. 社会への責任と企業経営

期待と批判が入り交じりながら，企業の社会的責任を求める声が響く中で，

積極的に取り組む企業もあるが，消極的な姿勢に終始する企業もある．負うべき社会的責任は最小限にとどめたいと考えるからである．

　社会的責任は，費用を膨らませるが，収益増大には(少なくとも当面)直接寄与せず，利益を削る．短期の利益最大化，企業価値最大化への圧力にさらされている企業にとって，社会的責任は重荷となる．負うべき社会的責任を抑制すればコストは上がらず，価格を上げず，競争に負けず，従業員の給与を下げず，利益を確保できる．地域社会の利害，自然環境への影響などは見えにくく，コストをかけた成果を客観的に評価することも難しい．顧客，働き手，投資家への成果を優先し，社会的責任はひとまず後回しにしておこうという誘惑を退けるのは容易ではない．法的な義務すら疎かにする企業が絶えないのであれば，倫理的責任となればなおさら難しい．

　企業に広く社会的責任を求めるという考え方自体に疑問を呈する議論もある．

　その代表格，経済学者のミルトン・フリードマンは，企業の果たすべき責任は企業の所有者である株主の利益の追求であり，その追求が市場を通じた資源配分を経て社会的な利益につながるのだと論じて，その一番大事な役割，責任を阻害する企業の社会的責任論を厳しく批判した(Friedman 1970)．

　そもそも企業は社会的問題の解決のために存在しているのではない．それは政府や非営利組織の役割である．社会や自然を損なう問題を解決するのは政府の仕事であり，営利事業に適さない活動に取り組むのは非営利組織の仕事である．企業は社会の問題を解決するための技能を欠いているし，権限も持っていない．その責任を企業に求めるのは無理があり，危険もある．能力も権限もない問題への責任を問うのは非合理であり，企業に多くの責任を委ねるとかえって企業への権力の集中を招くおそれもある．社会の側として慎重でなければならない．フリードマンによれば，社会的な問題への取り組みは選挙を通じて国民からその権限を認められた政府の仕事であって，企業がそこに関わることはその原則をないがしろにする行為となる．

　社会的責任を負えば，誰かがコストを負担しなければならない．企業は社会への責任を果たすべきだという総論で賛成する人も，利益を削って投資家が負担する，価格を高くして顧客が負担する，人件費を下げて働き手が負担するという各論になれば，態度を変えるかもしれない．生み出した利益から寄付をす

ることについても，その余裕があるのなら株主への配当に廻し，寄付を行うか
どうかは配当を受取った株主が個人の判断で行えばよいと考える株主がいても
おかしくない．

　全ての企業に課せられる法的義務と異なり，個々の企業の判断に任される社
会的責任の場合，責任ある企業がかえって罰せられてしまう可能性もある．社
会的責任を積極的に担う企業は消極的な企業に比べて費用がかさみ，競争上不
利になる，利益を削って投資家から見放される，人件費を削って働き手の意欲
が削がれるなど負荷がかかる．その結果，倫理的に「正しい」企業が「正しく
ない」企業に駆逐されてしまうかもしれない．

　グローバルな問題についても企業の負うべき責任の範囲外においた方がよい
という議論がある．法律，倫理のあり方はそれぞれの国で決める問題であり，
相互の相違や対立は政府間で扱う問題であると考えるなら，企業はそれぞれの
社会の法律，規範に基づいて可能な経済活動を行えばよいのであって，政治や
文化の違いには関わらず，口出しせず，経済原則に従って世界を結ぶことにこ
そ企業の価値があるという議論もありえるだろう．

積極論

　このように，企業が負うべき社会的責任の範囲は最小限にとどめるべきだと
いう考え方には幾つかの合理的な理由がある．だが，企業は積極的に社会的責
任を果たすべきだという考え方にも幾つかの合理的な理由がある．

　第一に，より広く社会的責任を担うことは企業自身にとって積極的な価値を
持つ可能性がある．価値観を共有する顧客，働き手，投資家の支持を得て，よ
りよい成果を生み出せるかもしれないからだ．顧客は，社会的責任を担う企業
の商品により高い価値を認めるかもしれない．働き手は，法的な義務を超えて
個々人の権利や尊厳を大切にする企業，高い倫理観に支えられた企業で働ける
ことにより大きな意欲と意味を見出すかもしれない．投資家は，社会的責任を
重視する企業を資本面から支えたいと考えるかもしれない．あるいは，社会問
題，環境問題に積極的に取り組み，顧客や働き手の支持を得て，不祥事のリス
クが少ない企業こそ長期的なリターンを生み出す有力な投資先となると評価す
るかもしれない．SRI という考え方が資本市場で支持を集め，広がりを見せて

いる一因はここにある。

　関連する議論は，第Ⅱ部で何度か登場したポーターからも提示されている（Porter and Kramer 2011）．その「共有価値の創造（Creating Shared Value）」という考え方によれば，企業は経済的価値と社会的価値を同時に追求し，社会的課題の解決に寄与しながら事業の成功を目指すことで，社会とともに発展することが可能になる．先ほどの事業を通じた社会貢献という取り組みをより本格的に事業戦略の中心にすえようとする議論である．

　かつて，上述のフリードマンと同じく，企業は株主の利益最大化という目標に集中すべきだという論陣を張っていた経済学者のマイケル・ジェンセンからも，企業が社会的責任を果たすことの重要性を踏まえた議論が新たに提示されている（Jensen 2001）．「啓発された価値最大化・ステークホルダー理論（enlightened value maximization and enlightened stakeholder theory）」と呼ばれるその主張は，資本市場における長期の企業価値を企業の評価基準とするものである．企業が，短期はともあれ，長期に成功するには投資家以外の多様な利害関係者を公正に扱わなければならないことから，長期の企業価値最大化を評価基準とすることによって企業が広く社会的責任を果たすことを促し，可能にするというのがその論旨である．

　いずれの議論も，社会的責任を積極的に担うことが企業の本務にとって重要であり，社会的責任を怠ればやがて企業の業績は損なわれ，存続が危ぶまれるという認識を共有している．利益と社会的責任の両立を積極的に目指せば，革新を生み出し，先駆者として成功を得る可能性もあるだろう．

　結局は事業の成功，財務的な成果を目指しているという点では批判を受けるだろう．利益の追求と社会的責任の間にある，相互に矛盾する利害のバランスを具体的にどこでどうとるかという現実の難しさは消えない[5]．しかし社会的責任を後回しにする圧力に抗い誘惑を退けるための議論として有力である．事

5）　ジェンセンはバランスをとるという考え方自体を批判し——その矛先は，キャプラン他の「バランスト・スコア・カード」（第11章）にも向けられている——長期の企業価値という単一の「客観的」な評価基準を定めることの重要性を強調している．しかし，投資家以外の様々な利害関係者の問題をどの程度考慮に入れればよいか，株式市場はその考慮をどのように評価する・できるのか，長期とはどのくらいの長期なのか，という問題は引き続き検討を必要とする．これは前章の最後で述べた利益水準の設定をめぐる問題と同じである．

業の成果や株主価値と矛盾しない形で社会的な問題が解決・緩和される場合には，その意義は大きい．

　第二に，法的な義務ではなく自らの判断で社会の問題に対処することは，企業が自由を確保するために大切である．法律は社会にとって必要不可欠なものであるが，政府の過度なコントロールを抑制し，規制を緩和すること——それには慎重な検討と判断が必要だが——が社会の利益につながることがある．規制緩和とは，企業のとるべき行動を法律ではなく，企業の主体的な判断に委ねることである．企業として，小さな政府を唱導し，規制緩和を求めるのであれば，自ら責任を担わなくてはならない．責任は自由の前提であり，責任を負うことで企業は自由を保持できる．

　第三に，社会の問題についての主たる責任は政府が負うのだとしても，政府がいつも適切に機能するとは限らない．社会の問題を専ら政府の判断に委ねることにも限界と問題があるとしたら，企業がそれぞれの判断で主体的に責任を負うことは社会にとって望ましいことになる．社会の問題にそれぞれが主体的に関わり，責任を担うことの重要性は，企業に限らず，個人やその他の組織にもいえることだが，プラスにもマイナスにも影響力が大きい企業であればなおさら大切となる．

　第四に，企業は社会という母体の中で機能する器官である (Drucker 1973)．母体なくして，器官は存在しえない．母体が病めば，器官も病む．器官は，自らの機能を果たすだけでなく，母体を生かす——母体が損なわれることなく，維持され，発展していく——ことにも責任を持つ．中心を担い，影響力が大きい重要な器官であれば，なおさらである．

　単に経済的な成果を生み出しているだけでは，企業は社会から正当性を認められないというのがドラッカーの見立てであった (Drucker 1973)．資本主義の将来を見通したシュンペーターは，資本主義社会で企業が成功を収めれば収める程，企業は支持者を失う可能性があると論じた (Shumpeter 1950)．二人とも，経済的な成果ではなく，社会的な問題への影響とその行方が，社会における企業の正当性を左右することを強調した．

　議論は続き，賛否は分かれ，決定的な答えはないが，企業は，どこまでどのように社会的責任を担うのかを問われている．時代は，この問いに背を向け，

頼被りしたまま，三つの側面のみに集中して経営を続けることを許さなくなっている．企業が広く社会的責任を負うことには，制約があり，限界があり，危険がある．しかし，社会の中で広大な影響力を持ち，卓越した資源と能力を持つ企業として，社会を損なってきた企業として，自由を希求する企業として，社会の中に生きる企業として，社会的責任について主体的に考え，行動していくことが，個々の企業にとっても，企業という制度にとっても，不可欠な課題となっている[6]．

倫理と企業経営──組織のマネジメント，企業統治

どこまでどのように社会的責任を担うのかを問われた企業は，個々に判断しなければならない．法律は全ての企業，個人に共通だが，社会的責任は，企業各々の倫理が基準となる．法律の遵守も，守らないという選択肢が存在する主体にとっては倫理の問題となる．

企業の倫理はどのように形作られるか．一方で社会の倫理がベースとなり，他方で，最終的には，企業で働く個々人の倫理にいきつく．企業組織の行動は全て個人の判断(判断をさけるという判断も含めて)によるものだから．このため，そもそも企業の倫理的責任を問うことが間違いであり，あくまでも個人の倫理的責任を問うべきであるという議論もある．

だが，企業経営として重要になるのは組織としての倫理である．組織が単なる個人の集合ではないとしたら，企業の倫理も単なる個人の倫理の集合ではない．組織の中の個人の倫理は組織の影響を受ける．第III部の組織のマネジメントで論じた，組織の構造とプロセス，人材マネジメント，リーダーシップ，組織文化は，企業が法を遵守し，社会的責任を果たすための個々人の倫理を形

---

6) 2019年8月，米国の主要企業の経営者団体であるビジネス・ラウンドテーブルが「株主第一主義」を見直し，従業員や地域社会などの利益を尊重した事業運営に取り組むという宣言を発表した．企業統治における株主主権を先導してきた米国(第12章)における新たな流れとして注目を浴びた．これがどれほどの意味と影響を持つかを論じるのは時期尚早であるが，企業の社会的責任の重要性が増していることを物語っているかもしれない．ちなみに，米国の新聞『ニューヨーク・タイムズ』は，先述のフリードマンの論説掲載50年を記念して2020年に特集記事を編んだが，そこでは，ビジネス・ラウンドテーブルの宣言が単なる「リップサービス」だったとしても，もしフリードマンが存命でこれをきいたら「非常に，非常に失望しただろう」と記されている(*New York Times* 2020年9月11日)．

作る.

　企業に長く勤める中で，個々人の元来の倫理観が変質し，麻痺し，失われる．不祥事の事例をみれば，そうしたエピソードにはこと欠かない．他方で，企業に勤める中で，いままで気がつかなかった問題を知り，新たな倫理観を持つようになることもある．より広く社会的責任を担うのであれば，個々人の倫理観を高めなければならない．そのための組織文化や倫理規定を含む規則(標準)が必要となる．規則が実質化するよう，内部統制や内部告発の仕組みを整えること，評価・処遇，育成のプログラムに倫理的基準を織り込むことも大切だ．戦略策定や投資決定において倫理的基準を組み込むことも重要になる[7]．

　法務や倫理に関わる部門を設けるという方法もある．専門スタッフを配して法の遵守や社会的責任をめぐる検討を担当し，企業が違法行為を行わないよう，倫理的責任を担うよう，大きなリスクに巻き込まれないように，監査や助言をするのがその役割となる．

　リーダーの倫理観と行動も重要である．上司の言動，判断，行動が倫理を欠いたものであれば，部下の倫理観も薄れていくだろう．あるいは部下の反発やストレスを生み，リーダーシップが機能しなくなるかもしれない．倫理が関わる問題についてリーダーが実際にどのように判断し，行動するかは，意思決定という意味でも，部下への影響，部下の育成という意味でも，重要である．企業の倫理が最終的に個人の倫理にいきつくとしたら，なおさらリーダーの責任は大きい．

　その先頭に立つのが経営者である．企業が倫理的であるためには，経営者が倫理の唱導者，守護者でなければならない．ヤマト運輸の小倉昌男(第1章)が優れた経営者になるための基本要件としてあげた二つの内の一つが「倫理」であった(小倉1999)[8]．そういう経営者の助言者となり，時には警告者ともなる法務担当最高責任者，倫理委員会を配置するという方法もある．

　だが，経営者が非倫理的であった時にはどうすればよいのか．あるいは倫理

---

　7)　経営戦略論の古典の一つとされるケネス・アンドルーズの企業戦略論では，戦略策定のための主要要素の一つとして「倫理的，社会的意味」をとり上げている(Andrews 1987)．ただし，この議論がその後の主流の経営戦略論の中でどこまで真剣に扱われてきたかは疑問である．

　8)　小倉が指摘したもう一つは「論理」であった．別言すれば，倫理は論理だけでは解決できない問題である，ということになる．

を後回しにする圧力が抗い難い時にどうすればよいのか[9]．一つには，企業の使命，基本理念が，個々の経営者の倫理的判断を促す役割を果たす可能性がある．もう一つには，前章で論じた，企業統治の問題にたどり着く．

　企業の倫理を保つには，そのための企業統治が必要となる．SRI が重要なのは，企業統治で影響力が大きい株主・機関投資家が社会的責任を要請するからだ．だが，そういう投資家が常に多くいるわけではない．多元的な社会的責任のあり方を投資家主導にすること自体にも問題があるだろう．

　企業統治のあり方が社会的責任を企業がどこまでどのように担うかを規定するとすれば，企業統治のあり方は社会的責任の担い方を踏まえて設計する必要がある．それが実は企業統治をめぐる基本的な論点を提示したバーリとミーンズ（第 12 章）が指摘したことであった．「所有と支配の分離」問題を明らかにした古典的研究の結論で彼らが示した議論は，現代社会の経済活動の支配的機関となった企業がもし存続するとしたら，その統治は，所有者が支配を取り戻すのではなく，社会（共同体）の中の様々な関係者の多様な要求が均衡されるよう設計されるべきである，というものであった．社会的責任は，企業統治のあり方を規定し，企業制度の存続を左右する基本要件として位置づけられていたのである．

---

9)　米国のゼネラル・エレクトリック（GE：General Electric）で長年法務部門を率いたベン・ハイネマンは，企業の中で法務の責任を担う者は法的義務や倫理的判断を主張する時に経営陣から厳しい圧力を受けることを覚悟しなければならないと述べている（Heineman 2016）．ちなみに，ハイネマンは――半ば冗談だが，と断りつつ――法務担当責任者達に，厳しい状況の中で孤独を乗り越えて正しい意見を貫いた物語として映画『12 人の怒れる男』（第 7 章）を観ることを薦めているという．組織の中の倫理的決断は「集団圧力」に抗する力を必要とする．

企業経営と経営学

　第 II 部から第 IV 部にかけて，企業経営を「価値の創造」「人々の協働」「資本の活用」「社会への責任」という四つの側面に分けて論じてきた．企業はこの全てにおいて成果を生み出し続けなければならない．そのことによって企業は経済社会における役割と責任を果たし，存続する．そして我々が暮らし，働き，生きる社会のあり方と行方を形作る．

　第 V 部では，ここまで述べてきたことを踏まえて企業経営の全体像を明らかにし，優れた企業経営のあり方とその意味を論じて本書の議論を結ぶ．あわせて，経営学とはどのような学問であるのかを概説する終章を付す．

第14章 企業経営の全体像——優れた企業経営とは

企業経営の全体像／企業経営の動態——成長・転換，危機，創業／
企業経営の全体と動態のマネジメント／優れた企業経営／企業経営と社会，個人

1. 企業経営の全体像

　本書は，企業経営は四つの側面から構成されるという枠組みを設定し，それぞれの側面において目指す成果を生み出すために何をどのように考えればよいか，どう取り組めばよいかについて論じてきた．本章では，その締めくくりとして企業経営の全体像について述べることにしよう．

　議論の中心は，企業経営の「全体」と「動態」の問題，つまり，どのように四つの側面の全てにおいて成果をあげるか(全体)，そして，どのようにそれを続けるか(動態)，という問題に向けられる[1]．それは，それぞれの側面で成果をあげることの難しさ——前章までは主としてこのことについて論じてきた——もさることながら，全ての側面で成果をあげること，そして，それを続けることに難しさがあるからである．全体，動態に関する諸々の問題については，ここまでも折に触れて言及してきたが，断片的であった議論を本章で集約し，新たな議論も加え，総括的に論じる．

企業経営の全体

　企業経営の「全体」において問題となるのは，四つの側面の間で相互に矛盾・対立する力が働くことである．

　それぞれの側面ごとに成果をあげることに専念し，後は足し合わせればよい，というわけにはいかない．いずれかの側面で成果をあげようとすると他の側面での成果が損なわれるおそれがあるからだ．かといって，ある側面を優先して他の側面を犠牲にするわけにもいかない．全ての側面が重要であり，どの成果

---

1) もう少し抽象的にいえば，四つの側面において成果を生み続けるために必要となる一連の取り組みについて，その空間(全体)的，時間(動態)的な関係について議論するものとなる．

も疎かにできないからだ.

　四つの側面がお互いに緊張関係にあることは，すでに第2章で簡単に論じた
し，その後も随所で触れてきたので，ここで繰り返す必要はないだろう．一つ
だけ簡単な例をあげれば，競争に勝ち，顧客に選ばれるためには価格を下げる
のが有力な方法となるが，そのために労務費を削減すれば働き手に犠牲を強い
るし，コストはそのままで利益を抑制すれば投資家へのリターンにしわ寄せが
いく．どちらも避けて環境保護への投資を抑制すれば社会的責任は二の次にさ
れる.

　四つの側面の間に緊張関係があるのは，それぞれの側面が生み出すべき成果
が異なるからであり，成果を求める相手も，成果を生み出すためのメカニズム，
論理も，異なるからである．第一の側面は主に顧客に向かう成果であり，そこ
では顧客と競争相手および協業企業から構成される市場やビジネスシステムの
メカニズムが作用する．第二の側面は主に企業で働く人々に向かう成果であり，
そこでは個人や集団の心理，意思決定，社会的関係のメカニズムが作用する．
第三の側面は投資家に向かう成果であり，そこでは資本(カネ)の論理が作用す
る．そして第四の側面は社会を構成する人々や社会全体・自然環境に向かう成
果であり，社会や自然環境の問題をめぐる様々なメカニズムが作用する.

　成果と相手が多様で，全ての側面を貫く共通のメカニズム，論理，価値基準
がないことが相互の関係を複雑にし，対立や矛盾をもたらす．だが，企業経営
はこの問題から逃れることはできない．企業経営の成否は，互いに矛盾・対立
し合う四つの側面の全てにおいて成果を出せるかどうかにかかっている.

▌2.　企業経営の動態——成長・転換，危機，創業

　問題をさらに難しくするのが，四つの側面の全てにおいて成果を出し続けな
ければならないことである．企業経営の「動態」の問題である.

　学芸会を成功させるとか，火星に探査機を送るとか，期間を限定した特定の
プロジェクトの場合は，所期の成果を期末に達成すればよい．だが継続事業体
として永続を使命とする企業は，それだけではすまない.

　ある時点で全ての側面で成果を出せても，時間とともにそれぞれの側面にお

いて求められることが変化し，相互の関係が変化する．それぞれの側面におい
て，そして相互の関係において，新たな課題が生まれ，新たな対応を企業に要
請する．

いろいろなパターンが考えられる．顧客が求める価値が変わり，競争が変わ
り，技術や商品が変わる．投資家の構成が変わり，その期待，要求が変わる．
内外の経済・政治・社会の状況が変わり，社会が抱える問題，人々の価値観，
法律，倫理が変わり，期待される貢献，さらされる批判も変わる．企業の内部
でも，働く人々の構成，意欲，価値観，能力が変わり，人間関係が変わり，リ
ーダーの交替がある．

これらの変化は，企業が置かれている状況，環境から生起する場合もあるし，
企業が自ら選択，決定した結果として生起する場合もある．求められる対応は，
従来の延長上の改変ですむ場合もあれば，抜本的な刷新，革新を必要とする場
合もある．要因，経緯，程度がどうであれ，存続するためには企業は変わり続
けなければならない．ある時点で成り立っている経営がそのまま通用する状況
は続かない．経営に休息はなく，現状維持は困難に向かう．

変化し続けるという問題は，企業経営を構成する五つ目の側面として考える
こともできる．他の四つの側面が特定の相手に向かって特定の成果を生み出す
問題を扱うのに対して，この側面は他の四つの側面のいずれかもしくは全てに
おいて必要な変化を続ける問題を扱うという点では異質だが，企業経営が必ず
取り組まなくてはならない基本的な問題を扱っているという点では他の四つと
同様の位置付けにある[2]．

この第五の側面ともいうべき問題を理解するために，企業経営が辿る変化が
どのようなものか，そこにどのような難しさがあるかをみていこう．

成長，転換

存続する企業が辿る変化の一つが成長である．

---

2) ドラッカーは，企業の基本的務めとして「顧客の創造」「生産性が高い仕事，達成感を持つ働
き手」「社会的責任」の三つをあげた上で，第四の次元として時間(現在と将来の調和)を指摘し
ている(Drucker 1973)．また伊丹・加護野(2003)は，企業経営を構成する基本要素として「環
境のマネジメント」，「組織のマネジメント」に加えて，「矛盾と発展のマネジメント」をあげて，
ここでいう動態的なマネジメントの重要性を強調し，そのあり方を多角的に論じている．

一定の規模のまま存続する企業も数多くあるが，世間に名の知られた企業の多くは小規模でスタートした後，売上，従業員数，資産などを拡大し，やがて大きな規模にいたる，という成長の過程を経ている．

　大きくなることを目指して成長した場合もあれば，目前の課題に取り組んでいる内に結果として成長した場合もあるだろう．規模の大きな競争相手に対抗できるよう成長した場合もあれば，投資家からの収益拡大への期待に応えて大きくなった場合もあるだろう．成長が成長を呼ぶというメカニズムもある．商品ラインの拡張，工場や販売拠点の拡張に携わった人材や経験がさらなる拡張，拡大に活用できる時，成長の過程自体が効率化し，成長が促される．

　動機や経緯がどのようなものであれ，規模の拡大は様々なメリットを企業経営にもたらす．

　戦略において規模の拡大は有力な武器となる．規模の経済，範囲の経済は，第II部で紹介した通り，コスト削減や便益の増大を可能にする．生産規模が大きくなれば固定費の分散や高性能設備の導入によって低コストで商品を提供することが可能になり，サービス拠点が全国に配備されれば迅速な修理・補給が可能になり顧客にとっての利便性が高まる．より多くの顧客を抱えればネットワーク外部性やビッグデータによる優位を享受できる．規模の大きな企業がこれらのメリットを駆使する時，小規模な企業は不利な競争を強いられる．また，多角化や国際化による成長は，組み合わせによっては個々の事業や活動の変動を相互に補完し合うことを可能にする．

　組織のマネジメントにおいても規模の拡大はプラスの効果をもたらす．昇進や異動のポストが増え，働き手を動機付け，適材適所の配置や能力育成の機会が増える．若手の入社が続くことで組織は活性化され，平均給与の上昇は抑えられる．成長が続いていること自体が社員の誇りや士気向上にもつながる．

　規模の拡大に伴って資本調達先の選択肢が広がれば資本調達が効率化し，収益と利益の拡大が続けば投資家との良好な関係，円滑な企業統治も可能になる．環境保護投資の拡大，文化活動支援など社会的貢献の拡充に取り組めば社会からの支持やSRIでの評価も高まるだろう．

　規模の拡大がこうして戦略，組織，資本，社会的責任の各側面において様々なメリットをもたらすことが企業に成長を志向させる[3]．だがその一方で，成

長は企業経営に負荷をかける.

　成長するには，既存の事業で顧客，商品，資源・活動の範囲を広げる，新しい事業に進出(多角化)する，市場や活動の場を海外に広げる，合併買収を進める，イノベーションによって新規の商品や事業を立ち上げる，といったことが必要になる．いずれにおいても成果をあげ，成長を実現するには優れた戦略を新たに創造・創発しなければならない.

　成長はまた，新たな組織の変革を必要とする．成長を目指して，個々の事業で範囲を拡大したり，多角化，国際化，合併買収を進めたりすれば，組織の範囲は広がり，そのマネジメントは複雑になり，メリットを活かしデメリットを抑えるための見直し，高度化が必要になる．規模の拡大と複雑化に伴って組織の構造とプロセスを変革しなければならないし，人材マネジメントや組織文化

表 14-1　組織のライフサイクル

	①企業家段階	②共同体段階	③公式化段階	④精巧化段階
課題	創造性	明確な方向の提示	内部システムの追加	チームワークの発達
組織構造	非公式，ワンマンショー的	おおむね非公式，一部に手続き化	公式の手順，分業，新たな専門業務の追加	官僚主義の中でのチームワーク，小企業的思考
商品	単一の商品	主力の商品とその派生	一連の商品ライン	複数の商品ライン
報酬，コントロールシステム	個人的，温情的	個人的，成功への貢献	非個人的，公式化されたシステム	包括的，各商品・事業向けに最適化
目標	存続	成長	内部の安定，市場の拡大	評判，完成された組織
トップ・マネジメントの様式	個人主義的，企業家的	カリスマ的，方向提示的	コントロールを保持しての権限委譲	チーム方式，官僚主義の打破
危機	リーダーシップの必要性	権限委譲の必要性	官僚主義の行き過ぎへの対処の必要性	活性化の必要性

資料) Daft(2001)より抜粋，作成.

---

3)　規模の拡大には市場における「支配力の強化」という効果もあるが，これは，市場競争を制限しないよう独占禁止法によって監視する問題となる(第4章，第13章)．褒められたはなしではないが，「大きすぎてつぶされない」というメリットもありえる．金融機関などがその代表だが，規模の大きな企業になると破綻した場合の影響が深刻となり，国や関連企業が救済支援に乗り出さざるを得なくなることがある．小規模企業にはえられないメリットである.

も見直さなければならない．より多くのリーダーを育成し，ミドル層，現場に配さなければならないし，トップ層のリーダーシップも変わらなければならない．

　成長にともなって組織が辿る変化を整理したのが，「組織のライフサイクル」論（Quinn and Cameron 1983, Daft 2001）である．これによれば，誕生した企業が規模を拡大しながら成長，発展する過程は四つの段階に分かれる（表14-1）．①誕生直後の小規模で，創業者を中心にした非公式な組織の「企業家段階」，②共同体としての基本的な骨格を構築する「共同体段階」，③合理的な組織体系を確立し，官僚制的色彩を強める「公式化段階」，そして④組織として成熟し，再活性化が必要になる「精巧化段階」である．

　企業組織はそれぞれの段階で課題に直面し，それに応えるための組織を整える．それが軌道に乗ると新たな危機とそれを乗り越えて次の段階に進むための課題が現われ，それに応えるために組織のあり方を変えなければならない．それは，従来の延長線上にはない，非連続な変化となる．

　資本のマネジメントも，社会的責任も，成長とともに新たな挑戦を課される．成長のために上場すれば，さらには海外の資本市場からも投資を募ることになれば，資本構成は多様になり，資本市場の圧力にさらされ，内外の株主の要求を受け，資本のマネジメントも高度化し，企業統治も変革を迫られる．気心の知れた地場の金融機関の担当者とのやりとりとは異質の世界がそこにある．財務会計は複雑となり，報告の内容も多岐に及ぶ．管理会計で扱う問題は複雑なものとなり，高度で多様な手法が必要となる．成長はまた，影響を及ぼす利害関係者の範囲を拡げ，社会的責任はより大きく，複雑になる．国際化すれば，なおさらだ．

　成長をするために，そして成長に伴って，経営のあり方はこうして四つの側面のそれぞれ，そして相互の関係において変化を迫られる．殊に難しいのは，連続的な変化ではなく非連続的な変化を必要とする局面である[4]．生物の「変

---

[4]　この成長に伴う企業経営の変革の取り組みを，歴史上，先導したのが大企業の時代を切り拓いた米国であった（第1章）．それは一面で規模の拡大のメリットを世界に先駆けて追求した過程であり，他面でそのメリットを享受するために必要な企業経営の革新を世界に先駆けて創造し，実践した過程であった．

態(メタモルフォシス)」に相当する変化である．同じ形態のまま大きくなるのではなく——それはそれで大変なことだが——卵から幼虫，幼虫からさなぎ，さなぎから成虫へと形態を変えるような質的な変化である．成長は，戦略の転換，組織の変革，投資家・資本市場，社会や自然環境との関係の見直しを迫り，企業経営にストレスをかける．その中心にあるのが経営の主体である組織の変革であり，第10章で述べた通り，その過程に多くの困難を伴う．パラダイムの転換，高次の学習，文化の見直しを伴う場合であれば，なおさらである．

　成長のために必要となる，あるいは成長の結果として抱え込むこうした一連の課題に適切に対応できなければ成長・発展は止まり，企業経営は成熟か衰退の道を辿ることになる．危機を招くこともあるだろう．成長がかえって経営を苦しくするのであれば，成長を目指さないという選択肢もある．大企業は全体のごく一部であることからもわかる通り[5]，大半の企業は規模を保ったまま存続する．

　それは，変化を嫌った，無理を避けた，あるいは成長できなかった結果である場合もあるが，小規模であることを積極的に選択した結果である場合もある．小規模企業には小規模企業としての存在価値，優位があり，小規模だからこそ大企業が不得手なことを得手にすることができる．特定の顧客だけを相手に，限定された活動，事業，地域に集中する．お互いを熟知する少数の従業員が団結し，シンプルで柔軟な組織を駆使する．非公開によって株式市場の圧力にさらされずにすむ——そういう企業経営に集中，特化できる点に小規模な企業ならではの価値と活路がある．意図したものであれ，結果として創発したものであれ，規模を保ったまま存続する企業にはこうした強みが備わっている．

　しかし，規模の小さい企業には資源制約のリスクがある．小規模の良さを活かせなければ，生み出せる成果は限られ，環境変化や大企業の攻勢の波に一気に押し流されてしまう危険がある．経営トップの個人的力量に依存している小企業であれば，その交替は大きな痛手，試練となる．小さな企業として存続するためには，量的な変化はなくとも，質的な変化は必要である．

---

5)　2016年の総務省・経済産業省の「経済センサス」によれば，企業全体の中で中小企業(定義の詳細は省くが，製造業でいえば，資本金3億円以下または従業員300人以下)の比率は99.7%(内，従業員20人以下の小規模事業者が85.1%，同21人以上の中堅企業が14.6%)となっている．

さらに，成長を続け，規模を拡大した企業の場合も，必ずどこかで成長の壁にぶつかる．その後の存続や再成長のためには，先ほどの組織のライフサイクル論が述べている通り，「再活性化」，つまり経営の非連続な変化が迫られる．

規模の拡大を目指す企業も，一定規模のまま存続することを目指す企業も，大きな規模に達した企業も，必要な変化を続けなければならない点で違いはない．

危機

長く存続しようとする企業は，どこかで危機に遭遇する．外的な危機もあれば，内的な危機もある．上述の通り，成長発展の過程で必要になる非連続な変化で躓き，危機を招くこともある．不祥事，事故，経営者の急逝，環境の激変など，誰の目にも明らかな危機もあるし，目立たず，静かに進行する危機もある．徐々に組織の箍が緩み，気づかないままに事態が進み，気づいた時にはもう遅いというケースもある．いわゆる「茹でガエル」といわれる事態である．後から振り返れば明白な危機であっても，当事者が認知できず，従来の方法に固執してしまって対応が後手に回ることもある(第10章)．

こうした危機の克服も存続するための不可避の課題となる．危機からの脱却への経路は，危機以前の正常な状態に戻す場合と，新たな状態への転換を必要とする場合がある．後者では上で述べた質的な変化の問題となるが，縮小均衡によって危機からの脱却を目指さなくてはならない場合には，より多くの痛みを伴うだけにその過程は一層困難なものとなる．

危機があったからこそ困難な転換が可能になる場合もある．「窮鼠が猫を嚙む」ように，危機が，平時にはできない発想，決断，エネルギーを生み出すことがあるからだ．GM，ヤマト運輸の大きな成功，発展は経営危機を打開する過程から生まれたものだった(第1章)．もちろんそれは，結果的に「災いが福に転じる」可能性があるということにすぎない．危機は多くの企業にとって乗り越えられないから危機なのだ．致命傷になりかねないとしたら，危機を自ら望む企業はいないだろう．ただ，危機感をあおることが効果を発揮することはあるだろうし，否応なく危機に直面したのであれば，危機の効用を活かすしかない．

ことが企業全体には及ばないまでも，事業や組織の一部が危機を迎えることもある．成長を目指して多角化しても，全ての事業で成長を続けることは不可能である．国際化を進めても，全ての国で活動が順調に進むことは不可能である．いずれかの事業，部門を縮小し，売却か清算する時がくる．経緯はなんであれ，ダメージを企業全体まで伝播しないよう局所に封じ込め，危機を乗り越えなくてはならない．

創業

　議論の順番が逆になってしまったが，企業経営の動態の出発点となるのが創業である．創業当初の段階で挫折し，消えていく企業がある．生まれたばかりの乳幼児の死亡率が高いように，企業も誕生した直後は不安定な状況が続くともいわれる[6]．そこでは，その後の経営とは異質の，しかし，その後の存続，発展につながる経営が必要になる．

　先述の「組織のライフサイクル」論でいう「企業家段階」に該当するこの段階では，商品，ビジネスシステムを整え，市場で生き残ることに重点がおかれる．その成否を左右する鍵となるのが，事業の構想，経営者の能力，資金の調達，人材の確保となる[7]．

　まず新規に立ち上げる事業について，どのような商品を，どのような顧客に，どのようなビジネスシステムで売るか，基本的な構想を描かなければならない．それが事後的な修正を必要とするものであったとしても，まずは出発点となる構想が必要である．既存の企業が林立する事業で創業する場合には，新しい企業として成功するための何か特徴を持った構想が求められる．

　新しい商品やビジネスシステムで新たな事業を興して成功を目指す場合もある．このような新興企業は「ベンチャー企業」とも呼ばれる[8]．第6章で述べた通り，イノベーションはしばしば新興企業によって生み出される．むろん，新興企業だからといってイノベーションを難なく生み出せるわけではない．企

---

6)　第2章注2参照．
7)　創業企業が辿る過程は，さらに細かくみて，シード(開発)期，スタートアップ期，成長初期，急成長期，安定成長(投資回収)期などに区分できる場合もある．ここでは，詳細には立ち入らず，一連の過程の概略だけ述べることとする．
8)　「ベンチャー企業」の意味や定義については様々な議論があり，これはその一つである．

業の規模，実績に関係なく，イノベーションは全ての企業にとって難しい．それでも，既存の企業が逡巡するような革新的な商品やビジネスシステムは新興企業が成功を手に入れる重要なチャンスとなる．そのためには優れた構想を描き，素早く行動することが重要となる．

そのような構想，行動を含めて，誕生間もない企業の運命は経営者の力量に大きく依存する．経営者は創業者，企業家であり，事業の基本構想を定めた上で，それを実現し，軌道にのせるための実務的な活動に全精力を注がなくてはならない．独力でその任を担う場合もあれば，不得手な領域を補ってくれるパートナーと組む(第10章)，あるいはチームを編成して経営にあたる場合もあるが，いずれにせよ企業全体を率いるリーダーシップが求められる．

資金に余裕がない新興企業にとって，資金繰りと投資資金の確保は死活問題となる．まずは自己資金が出発点になるが，不足分を外部から調達しなければならない．創業時はリスクが大きく，実績も限られるだけに，資金調達は容易ではない．主な調達源には債務と株式があるが(第12章)，一般的には，リスクが高いことから債務よりは株式，つまりエクイティ・ファイナンスが向いている．ただし上場しているわけではないので，融資を受けつつ，特定の投資家に出資をあおぐのが主要な方法になる．

ここで重要な役割を果たすのが，新興企業への投資を専門とする「ベンチャー・キャピタル」や「エンジェル投資家」である．ベンチャー・キャピタルは，集めた資金を新興企業に投じる投資機関で，投資先の中から大きく成功する企業が出現することでリターンを得ることを目指す．投資先を評価，選抜し，出資するだけでなく，経営を監視，支援するところまで関わる．エンジェル投資家は，自身の資金を直接新興企業に投じる個人投資家をいう．事業で成功した企業家など富裕な個人がエンジェル投資家となり，経験や人脈を活かして経営を支援する役割まで担うこともある．この他，他の企業から財務的な支援や事業上の協力を受けるという方法もあるし，インターネットを通じて事業構想を提示して小口の資金を不特定多数の提供者から集める「クラウド・ファンディング」という方法もある．

人材の獲得とマネジメントも重要な課題となる．先行きが不透明な企業に勤めたいと考える人は多くないだろう．優秀な人材に来てもらうには，リスクに

見合ったインセンティブを提供する必要がある．成果に応じて魅力的な報酬を提供するのが一つの方法だが，資金的余裕がない場合には，新興企業だからこそ提供可能なインセンティブが重要になる．企業のビジョンや仕事自体の魅力，少人数の組織だからこその一体感，大きな役割を任されることによる成長の機会，新たな企業を興す楽しさや経験そのもの，といったものだ．自ら起業することを目指す人にとっては新興企業で働くことは経験・学習のための重要な機会となる．

　創業当初の不安定な時期を乗り切った新興企業が目指すゴールの一つが，上場である．未公開の企業が事業を軌道に乗せ，継続的に一定の業績を上げ，上場基準を満たせば，証券取引所への上場が可能になる．これを新規株式公開（IPO：Initial Public Offering）という．新興企業向けの株式市場として，米国にはナスダック（NASDAQ）があり，日本にはジャスダック，マザーズなどがある．新興企業にとって証券取引所で行われる上場のセレモニーは晴れがましい瞬間となる．IPOにたどり着き，市場で株式が高値で取引されるようになれば，創業者を含めて，公開前に出資した投資家の資産価値は大きく膨らむ．ベンチャー・キャピタルやエンジェル投資家が資金を投じるのも，このリターンを期待してのことである．上場ではなく，自社（株式）を他社に売却するという選択肢もある．既存の大企業にとっては新興企業の買収は新たな領域へ進出するための有力な方法となるし，新興企業の創業者，初期の投資家にとっては売却によって大きな富を得られる可能性がある．第11章で述べた通り，株式会社制度の重要な意義の一つはこのような大きなリターンへの期待によって創業を促すことにある．

　こうして存続，成長・発展の道を歩み始めた企業には，しかし次の課題が待っている．組織のライフサイクル論にもどれば，「企業家段階」から「共同体段階」へと進む過程である．ここで躓けば，成長はとまり，場合によっては経営は失速，破綻する．

　次の段階に進むには，経営者（あるいはチーム）がその力量で少人数の組織を牽引するという初期のスタイルから脱皮し，有能な管理者を採用，育成し，階層化と権限委譲を進めて組織の構造を整え，組織のプロセスをより公式化する，といった変革を進めなければならない．場合によっては，創業者が経営責任者

の任を離れる（あるいは解かれる）ケースもある．当初の生き残りの模索から内部の体制整備へと経営の重点がシフトする過程であり，顧客，協業企業，投資家との関係を固め，拡充し，次々に現われる競争相手に対して持続する競争優位を構築する過程となる．こうして新興企業の経営は，前述の成長，発展，あるいは存続に向けた動態的マネジメントへとつながる．

現在と未来，不確実性

　企業経営の動態についてさらに理解しておかなければならないのが，短期と長期——別言すれば，現在と未来——の間の緊張関係であり，不確実性の問題である．

　短期に成果を出すために必要なことと中長期に成果を出すために必要なことの間には矛盾がある．先のための準備を整えるには今のことを犠牲にしなくてはならず，しかし今の成果がなければ先もない．かといって，今のことを優先すると先のことが疎かになる．この現在と未来の緊張関係が長く成果を出し続けることを難しくする．

　未来への態勢を短時間で整えられるのであれば，この問題についてあまり心配する必要はない．時間を買える合併買収の魅力はここにある（第6章）．だが，未来への準備に時間をかけた取り組みが必要な場合——例えば，顧客の信頼やブランドの確立，模倣困難な組織の能力の構築，組織文化の醸成，リーダーを含む人材の育成，長期的な技術開発などが重要な場合——には，短期と長期の緊張関係は重大な問題となる．合併買収でも，組織の統合などに時間を要する場合には同じ問題を抱える．短期的成果を出すことへの圧力，必要性が高い時，緊張関係は先鋭化する．

　長く続いた過去が未来のために今必要なことを邪魔するという問題もある．これまで取り組んで成果をあげてきたことが，必要とする迅速な変化を妨げてしまうことがある．低次の学習が高次の学習を阻害してしまうのだ．未来に向けて大きな転換が必要になる時，この問題は深刻になる．成功してきた企業ほど組織変革の動きが鈍くなったり（第10章），イノベーションへの投資で出遅れたりする（第6章）背景にはこの問題がある．

　この短期と長期，現在・過去と未来の緊張関係の基底にあるのが，不確実性

の問題である．経営は常に事前の準備を必要とし，結果が出るのは事後である．事後的に期待通りの成果が生み出されるかどうかは事前にはわからない．

　既存の事業で定常的な活動を続ける時でも成果は不確実である．想定外の環境変化があるかもしれないし，競争相手が新たな戦略を打ち出してくるかもしれない．新たな戦略の実施，イノベーションへの挑戦，大きな組織変革など，非連続な変化の局面になれば不確実性はなおさら大きい．

　経営に確実な未来，約束された成功はない．失敗の可能性がある中，判断は困難なものとなる．とりわけ期待される成果が出るまでにかかる時間と費用がかかる程，失敗の代償が大きい程，意思決定は難しくなる．非連続で大掛かりな変革を逡巡し，相対的に不確実性が小さい（と思われる）短期的，漸進的な取り組みを優先したとしても，不思議ではない（第10章）．

　短期の成果を必要な限り維持しつつ，未来への布石を打つ．未来が過去の延長上にはない時には，過去を振り切って必要な転換を速やかに実行する．結果として失敗する可能性がある中で，これらの問題にどう取り組むかが企業の存続，成長・発展の行方を決める．

▌3. 企業経営の全体と動態のマネジメント

　こうして，①四つの側面のそれぞれで成果を出すこと（側面別の問題）に加えて，②四つの側面の全てにおいて成果を出すこと（全体の問題），そして③それを続けること（動態の問題）においても難しさがある中で，企業は，各側面を相互に関連づけて，必要な変化を重ねながら，全ての成果を出し続けなければならない．

　この企業経営の全体と動態にどのように取り組んでいけばよいか．成功を約束する答えを示すことはできないが，重要となる課題と基本原則を述べてみよう[9]．

9）　ここで述べることは企業経営全体に関わるものだが，その下位のレベルでも同種の問題がある．つまり，それぞれの側面で成果を生み出すために必要となる複数の下位要素の間に緊張関係があり，それぞれの要素とそれらの相互の関係を変えなければならないという問題である．ここでは下位のレベルには立ち入らないが，以下の議論を下位のレベルの問題に当てはめることもできる．

多元的判断

まず, 四つの側面, そして短期と長期にわたる多元的判断が必要になる.

ある側面, ある時点で目指す成果を生み出すための手段や方策を構想し, 選択する時, その側面, その時点のためだけから検討, 決定するのではなく, 他の側面, 他の時点への影響, 意味を理解, 分析した上で, 判断を下さなければならない. それは, ある時点での単一の成果に向かう直線的な判断ではなく, 現在から未来に向かう全体についての多元的な判断となる.

戦略は, 組織のマネジメント, 資本コスト, 社会的責任の観点からも検討されなくてはならない. 投資決定や原価管理は, 企業財務や管理会計による分析・評価だけでなく, 財務的測定・評価が困難な人材への影響, 社会や環境への影響などの観点からも検討されなくてはならない. 同様に, 組織のマネジメントも, 社会的責任も, 他の側面への影響を考慮しながら, 検討されなくてはならない.

第13章では, 企業統治において, 所有者である株主の利害だけではなく, 従業員, 地域社会, 自然環境など多様な関係者の利害を踏まえる多元的な仕組みが大切になると述べた. 第12章では, 企業が目指す利益水準を設定する時, 単に短期的な利益最大化を目指すのではなく, 長期的な成果も含めて多元的に検討, 判断することが求められると述べた. どちらも, ここで取り上げている多元的判断の問題に他ならない.

利益目標の設定と表裏一体の問題にあたるコスト管理(原価管理)についても同じ議論ができる. 競争に勝つためにも利益を生み出すためにも, コストは今すぐできるだけ削減するのがよいとするのが直線的な判断だ. だが, 多元的に考えれば, 判断は違う. 何かの成果を生み出すためには何かのコストをかけなければならない. コストは削減するためにあるのではなく, 何か意味あるもの, ことに投じ, 費やすためにある. もちろん, ある成果を生み出すために必要なコストはできるだけ節約しなければならないが, 目の前の価格引き下げ, 利益確保のためではなく, 長期的, 多角的な観点からどのようなコストをなぜかけるのか, かける意味のあるコストは何かを検討, 判断しなければならない.

企業統治, 利益目標, コスト管理という企業経営の根幹をなす問題において,

四つの側面，短期・長期の緊張関係が多元的な判断を求めるのである．そうした判断を担うのは，誰よりも経営責任者とその周囲を固める経営者層である．最終意思決定者として，経営者は多角的な検討に基づき，多元的な判断を下さなくてはならない．その質が経営者の真価を決める．

　だが，経営者だけが担うべきものでもない．担えるものでもない．ミドルから現場に至るまで，企業組織の各階層，各機能で働く人々にとっても，多元的な判断が重要となる．与えられた持ち場の職務，責任を果たすのがまずは基本となるが，全ての業務は四つの側面と直接，間接，短期，長期に関わりを持つ．限られた範囲だとしても，多元的な判断が必要になる．経営者にはできない多元的な発想や判断が，ミドルや現場だからこそ可能になる場合もある．

　これらの多元的な判断を支える一つの鍵となりうるのが，企業の基本理念，価値観である．本書は，企業の基本理念，価値観の重要性について，戦略，組織，企業統治，利益管理，社会的責任など，各側面において随所で触れてきた．それは，自社は何のために存在するのか，何を大切にするのかが定まっていることが，多元的な判断を導く道標となりうるからだ．多元的判断の基準となる基本理念や価値観を定めるのは容易なことではない．個々の具体的な判断の難しさは消せない．それでも，外してはならない原則，立ち返らなければならない基本があれば，企業経営の全体と動態を導く多元的な判断を支える役割を担える可能性がある．

動態的バランス

　第二に，多元的な成果に向けて経時的な，つまり時間をかけた取り組みが重要になる．

　ある側面で求められる成果の水準を長期，大幅に下回ることは許されないが，常に高い水準を保たなければならないというわけではない．許容される範囲には幅があり，バランスの取り方は多様である．何かの成果を他の成果より優先することは犠牲になる成果が許容できる範囲に収まっていれば可能である．そうであれば，緊張関係にある四つの成果のバランスをダイナミックに整えていくというアプローチがありうる(伊丹・加護野 2003)．全ての成果を総花的に常に追求するのではなく——それではかえって中途半端な結果に終わってしまう

かもしれない——時間をかけて将来のある時点でバランスを整えることを目指すことで全体としてよりよい成果を生み出せる可能性がある．

　戦略はこのためにある．部分・短期の寄せ集めでは到達できない成果を長期に生み出すための戦略とは，現状の延長では不可能な成果をダイナミックに実現していく構想に他ならない．それが組織のマネジメント，資本のコスト，社会的責任を踏まえたものであれば，企業経営は部分・局所の限界や当面の緊張関係を超えて，全ての成果をより高いレベルで生み出していくためのダイナミズムをえることが可能になる．

　このダイナミズムの意図的な活用を目指すのが，「オーバーエクステンション」という考え方である(伊丹 2003)．これは，現存の組織の能力ではたどり着けない高い目標に向かう戦略を敢行してしまい，そのことによって事後的に組織の能力が戦略に追いつくこと——いってみれば，背伸びすることで背を伸ばすこと——を企図するものである．

　組織の非連続な変革が必要になる時，経営トップがきっかけとなるような矛盾を意図的に作り出し，その後の転換への流れを促すメカニズムがある(第10章)．これは，あえて「ゆさぶり」をかけて組織のバランスを崩し，追い込むことで不均衡から新しい均衡へ向かう勢いを作り出すプロセスとなる．

　創発的戦略，組織変革を支える組織学習も，経時的に事態を改善，打開し，企業経営の成果を高めていくためのメカニズムに他ならない．短期ではなく長期で投資家にとっての企業価値最大化を目指すことによって社会的責任を果たすことを論じたジェンセンの「啓発された価値最大化」論(第13章)も，時間をかけることこそが多元的にバランスのとれた企業経営を可能にすると説いている．理想の組織構造がないとしたらむしろ変え続けることにこそ答えがある，という議論があるが，これも同種の考え方である．

　存続しなくてはならないことは企業に変化と困難を強いるが，逆に，時間をかけられることがバランスのとれた成果を経時的に生み出すことを可能にする．そもそも，継続事業体としての企業は，時間をかけることで広がる可能性を追求するための仕組みであることを思い出そう(第1章，第11章)．時間は厄介な問題ではなく，頼れる味方になりうるのだ．

　もちろん，無理をして取り返しがつかない程バランスを崩してしまっては元

も子もない．よりよいバランスに向かったとしても，四つの側面の課題や緊張関係がなくなるわけではない．新たな課題，緊張関係が立ち現れる．それでも，四つの成果を共時的に出すのではなく，経時的に出していくプロセスを活用することが可能性を拡げる．静態的に緊張関係にあるものが，動態的なマネジメントによって良循環を形成する．走っているからこそ倒れない自転車のように，動き続けることでバランスが保たれる．

不確実性，失敗の活用

第三に，企業経営が必ず遭遇する失敗を活かすことが重要になる．

先に述べた通り，動態的マネジメントの困難の基底には不確実性がある．失敗はできるだけ避けなくてはならない．企業経営の工夫と努力は，失敗の可能性を減らし，成功のチャンスを高めるためにある．だが，不確実性を減らすことはできても，決して消すことはできない．

逃れることができない不確実性に企業経営はどう対峙すればよいか．

まず述べておきたいのは，不確実なことに挑むことにこそ企業経営の本質的意義があるという議論である．

経済学者のフランク・ナイトは，なぜ企業は利益を生み出せるのかという基本的な問いを発し，不確実なことに挑戦するからだと結論付けた（Knight 1921）．ナイトは「リスク」と「不確実性」を区別した．リスクは，ある出来事が起きるかどうかを正しく予見することはできないものの，客観的な確率分布がわかっている事象に当てはまる．人間の平均余命やサイコロの目の出る確率などがその例だ．もう一つの不確実性は，前例や経験の蓄積がなく，客観的な確率分布がわからず，あるいは起きる出来事それ自体が未知で，主観的に推定するしかない事象に当てはまる．この内，企業経営にとって重大な問題となるのは後者である．ナイトは，事業活動とは成否が不確実な案件に資源を投じることであり，利益は不確実な投資を敢行したから得られるのであって，不確実性への挑戦こそが企業経営の本質であり，利益の源泉，正当性の根拠となると論じた．利子の授受を教会法が禁じていた中世のキリスト教でも，あえて不確実な投資を引き受けたことに対する報酬としての利子については寛容な学説が存在していたという（猪木 2016）．

成否が不確実な中で先んじて挑戦した企業は，不確実性が縮小した段階で参入してきた後発の企業に対して優位に事業を進められる可能性を持っている．第6章で触れた先行者の優位の問題である．先行者の優位を活かせれば，不確実性への挑戦が利益の源泉となる．イノベーションからの成功はその最たるものとなる．企業はイノベーションによって大きな報酬が得られる可能性があるから不確実なイノベーションに打って出る．それは無謀な賭けではなく，賢明な企てでなければならないが，いくら賢明であっても不確実性は消えない．しかしなお挑み，結果として利益を得たならば，それは，賢明かつ大胆に冒険をしたことが経済社会で受容され，その発展に寄与したことに対する報酬として理解することができる[10]．

　ただしこの議論はあくまでも結果として成功した場合にいえることだ．結果として失敗に終わる可能性を消すわけではない．失敗に終わった場合の慰めにはなっても救いにはならない．

　だとすれば，動態的なマネジメントにとってさらに重要なのは，避けられない失敗を事後的に活かしていくことにある．

　その一つが学習である．学習は失敗を源，原動力にする．成功していれば，学習の必要性も機会も限られる．組織の非連続の革新などで必要となる「高次の学習」(第10章)は成功の中から生まれにくい．これまでのやり方に問題がある時，つまり失敗した時こそ学習が重要となり，可能になる．失敗によって問題を認識し，失敗の危機感が学習へのエネルギーを鼓舞し，学習を促す．「失敗は成功の母」となる．失敗からの学習は新しい優れた戦略を創発する源となり，企業の非連続な成長，発展，転換を担う．

　失敗から活用できるものは学習の他にもある．たとえ事業に失敗しても技術，人，人の経験，人間関係は残る．設備も残る．いずれも，当初の目的には結実しなくとも，後になって別の目的，別の機会で再び活用できる可能性を持っている．不確実性と失敗は，動態的マネジメントの困難の源だが，避けることができないとすれば活かすことが重要になる．

---

10)　岩井克人は，シュンペーターやマルクスの議論を踏まえつつ，ポスト産業資本主義の現在にあって，企業の利益は技術革新を通じて現在と未来の差異を創ることから生み出されると論じている(岩井 1992)．それは現在からみた未来の不確実性への挑戦の成果といえるだろう．

4. 優れた企業経営

　個々の側面で工夫と努力を重ね，結集し，全体と動態で多元的判断，動態的バランス，失敗の活用に努め，四つの側面で成果を出し続ける時，それは優れた企業経営となる．

　優れた企業経営を視覚的に表現すれば，四方から異なる方向へ引っ張られ，それらの間にバランスをとることで宙に浮かび続けるハンモックのようなイメージだ[11]．何かの側面を疎かにすれば，残りの側面で成果がでていたとしても，バランスが崩れ，ひっくり返り，落下する．その上，それぞれの方向から引っ張られる力は刻々と変わり，ハンモック自体も変わる．バランスの取り方は変え続けなければならない．バランスが崩れれば落下してしまう危険に常にさらされている中で，バランスを保ち続けること．それが優れた企業経営となる．

　より抽象的にとらえるならば，優れた企業経営は「組織均衡」という考え方で理解することができる．これは，バーナード，サイモンらが示したもので，組織の「参加者」が組織から「誘因」を受け取り，その対価として，組織に対する「貢献」を提供することで，組織が存続するという議論である(March and Simon 1993)．組織の参加者といえば，まずは組織で働く人々を思い浮かべるだろうが，組織均衡論では株主や協業企業，顧客なども参加者に含めて議論する．いずれも組織の存続に欠かせないからだ．

　顧客，働き手，投資家，地域社会や市民のそれぞれが貢献(購入する，働く，資本を投じる，正当性を認める)し続けることで組織は存続し，その貢献は，企業が誘因(買う価値のある商品，働く価値のある雇用，富の増大，社会の持続的発展)を提供し続けることで引き出され，その誘因は参加者の全ての貢献が時間をかけながら組み合わされることによって実現する．全体として，現在から未来にわたって，参加者から貢献を得て，参加者に誘因を提供し続ける．企業経営はこの状態を実現し，続けるためのものであり，この状態を続けることが優れた企業経営となる．

　第2章で示した本書の枠組みの図をここでまた援用するならば，企業経営の

---

11)　実際のハンモックは二か所で留めるものが主流なので，この比喩はあまり適切とはいえないことをお断りしておく．

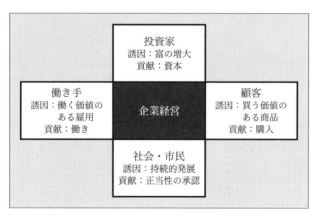

図14-1　企業経営の四つの側面と組織均衡

四つの側面を描いたのと同じ構図によって，四つの参加者との誘因と貢献による組織均衡を描くことができる（図14-1）．組織均衡論でいう誘因とは，ここまで本書で述べてきた成果となる．四つの側面の相手（参加者）に向けて成果（誘因）を生み出すことにより，それぞれの相手から貢献を受け，それらを結集して各参加者への誘因を生み出す──この状態を続けることにより組織は均衡し，存続するのである[12]．

　このような意味で全体と動態に秀でた企業経営は，より優れた成果をより長く生み続ける可能性を持つ．そこでは，四つの側面の緊張関係は和らぎ，お互いに矛盾，対立し合うより，むしろ経時的に支援し合う関係が形成され，変化は問題の源というより有力な方法となる．

　競争力を高め，多くの顧客の支持を得て収益が高まれば，従業員は報われ，さらにやりがいが高まる．やりがいを感じ，成長した人材が組織能力を高め，リーダーとなって組織を牽引し，事業の成果を高め，顧客のさらなる支持をえる．顧客基盤の拡大により，競争優位がさらに高まり，収益性が向上する．投

---

12)　協業企業などこの図に示されていない参加者もいるが，それらとの関係も同じである．また，この構図により，第13章で述べた多元的な企業統治のあり方，つまり四つの利害関係者との関係において企業経営を監視し，統御していく仕組みを描くこともできる．そこでは「参加者が誘因を受けて経営に貢献する」のではなく，「利害関係者が受ける影響を踏まえて経営を監視，統治する」のである．さらに，組織均衡の議論は，非営利組織に当てはめることもできる．参加者の種類，作用する誘因と貢献の内容が異なるだけである．

資家の期待に応え，資本コストは低下し，より効率的な資本調達に基づく長期的な投資や人材育成が可能になる．社会的責任の負担も積極的に担うことが可能になり，法律の遵守はもちろんのこと，高い倫理観を持って社会的責任を積極的に負う姿勢が社会の評価，SRI の評価，従業員のやる気とやりがい，顧客の支持につながり，さらに成果が高まり，長期的な企業価値増大に結びつく．

悪循環になれば足を引っ張り合うが，動態的にバランスをとる好循環を形成できれば，お互いに支え合う．様々なコストも，不確実なことへの挑戦も，避けるべき負担ではなく価値を生み出す源となる．コストはかけた以上の価値を生み，不確実なことへの挑戦は報酬としての利益に結実するか，失敗しても次につながる．

もとより，全ての側面で最良の成果を達成し続ける完全無欠な企業経営はありえない．外でも内でも，必ず状況は変わり，新たな問題が発生し，課題が浮上する．何より，多様な関係者の利害が一致することがないとすれば，常にどこかの誰かにとっての問題は残り，決して緊張関係，矛盾は消えない．どこかの誰かの立場から評価すれば，期待する成果と現実の成果の間には必ず隔たりが存在する．それでも緊張関係，矛盾に対峙しながら，新たな課題に対応しながら，工夫と努力によってより優れた成果をより長く生み続けること．それが優れた企業経営が目指すべき方向となる．

優れた企業経営の多様性，変化

優れた企業経営がこのようなものだとすれば，その具体的なあり方は多様であり，様々な可能性がある．

大企業，グローバル企業として成長，発展し続けるのも優れた経営だし，地域の中小企業として規模を保ったまま，狭いが得意とする領域で存続するのも優れた経営である．上場していなくてもいいし，寄付をしていなくてもいい．投資家にとっての企業価値に重きをおく経営もあるし，従業員を大切にする経営もあるし，環境を損なわないことを優先する経営もある．四つの側面で求められる成果を生み続けているのであれば，成果の範囲，水準，バランスに違いはあれ，優れた企業経営となる．

より大きな構図でいえば，優れた企業経営のあり方は，国により，時代によ

り多様であり，変わっていく．

　戦後，日本は復興と経済発展に多くの資源と努力を集中し，顕著な成果をあげた．その中心には，終身雇用，年功序列，企業内組合，メインバンク制度，株式の持ち合い，系列関係などを特徴とし，もの造りのコストと品質に優れた，「日本的」な企業経営があった．だが，日本企業がおかれている状況，立場は変わり，「日本的経営」は岐路に立たされ，戦略，組織，資本，社会的責任のいずれの側面においても見直しを迫られ，変革を重ねている．日本はそもそも創業が少ないという問題も抱えている．人だけでなく，企業も出生率が低いのだ．

　日本企業の経営と対比される米国企業の経営も変革を重ねながら，一方では華やかな成果をあげ，他方では引き続き様々な問題点が指摘されている．他の国も同じである．AIを含む情報技術を始めとする様々な技術革新，人々の価値観や人口構造の変化，環境問題の深刻化，社会からの企業への批判の増幅など，一方で企業経営の可能性を広げ，他方でそのあり方を揺さぶり，問い質す要因，問題は絶えることがない．米国で19世紀半ばから近代的な企業経営が誕生した背景にエネルギー，輸送，通信の革新があったこと，またその後の企業経営が今日に至るまで変容を続けてきた背景に企業がもたらした様々な経済的，社会的問題があったことを思い起こせば，企業経営のあり方がこれからも変わり続けることは容易に想像がつく．

　どの社会の，どの時代の企業であれ，常に新たな経営のあり方を模索し続けなければならない．これまでもそうであったように，これからも新たな企業経営のあり方が創造される．ただ，四つの側面においてバランスをとりながら成果を出し続けなければならないという原則は同じである．その工夫と努力の質と厚みが企業経営をよい方向に動かすかどうかを決める．優れた企業経営の具体的なあり方は多様だとしても，この点に変わりはない．

▌5. 企業経営と社会，個人

　優れた企業経営はなぜ優れているのか．一つには，難しいことを成し遂げているからである．簡単には成しえないことを，工夫と努力によって成し遂げる

から優れているのである．だが，優れた企業経営は，そのことだけで優れているのではない．その成し遂げていること自体に大きな価値があるから優れているのである．

優れた企業経営が生み続ける四つの成果は，そのどれもが社会にとって欠かせない，大切なものである．個人や組織が求める商品を創造，提供することで，顧客は，自ら欲し，生活，仕事に必要な商品を払ってもよいと思える価格で手に入れることができる．やりがいがあって報われる雇用を創出することで，働き手は意欲と意味を見出せる仕事に就くことができるし，働いて収入を得ることで顧客となり，資本の出し手となれる．リターンを生み出す投資の機会を創り出すことで，投資家は富を増やし，経済社会の中で資本の効率的な配分が促される．企業が法律を遵守し，社会に対して責任を担うことで，社会は損なわれることなく発展を続けることができる．

企業は，顧客への価値，働き手への価値，投資家への価値，社会への価値を創造し，顧客としての人，働き手としての人，投資家としての人，そして市民としての人を支える．優れた企業経営はそのためにある．

今一度ハンモックの比喩に戻るならば，ハンモックは四つの異なる方向に引っ張られることで成り立つ．一つ，二つの方向では成り立たない．三つなら何とかなるかもしれないが，まだ不安定だ．四つだから，つまり社会にとってそれぞれに重要で異なる四つの成果を生み続けるからこそ，企業は社会にとって重要な機関として機能し，存続する．多元的な判断を必要とすることが企業経営をことさらに難しくするが，社会にとって重要な四つの成果に向けて優れた多元的判断をするからこそ，優れた企業経営は社会にとって優れた存在となる．

どれだけの企業がどれだけ優れた企業経営を実現できるか．我々一人一人の生活，仕事，人生，そして社会の行方と質は，このことに大きくかかっている．

終章　経営学への案内

経営学とは／経営学の意味／さらなる学習へ

1. 経営学とは

　第1章でも述べた通り，企業経営は，企業経営に関わる人々，そして企業経営の影響を直接，間接に受ける社会に生きる人々，全員の問題である．企業がどのような成果を生み出すか，どのように存続発展していくか．社会に対してどのような役割と責任をどこまで果たすか．その行方と質は，経営者，管理職，投資家，政策担当者はもとより，働き手，生活者，市民として一人一人が，それぞれの観点から企業の経営について理解し，考える力をどれだけ備えているかによって決まる．

　人々がそのような力をつけるためにあるのが経営学である．本書がここまで論じてきたことも経営学の成果に基づいて書かれている．その経営学とはどのような学問なのか，経営学を学ぶことにどのような意味があるのか．このことを述べて，終章とする．

経営学とは

　経営学とは，経営に関する科学的知識の集合である．それは，経営に関わる様々な問題を扱う一群の専門分野によって形作られている．本書が論じた四つの側面に沿って主な専門分野をあげると次の通りとなる．

　第一の側面については，経営戦略，マーケティング，生産管理，国際経営，技術経営などがあり，第二の側面については，ミクロ組織，マクロ組織，意思決定，人的資源管理，リーダーシップ，経営哲学・理念，経営管理などがある．第三の側面については，財務会計，管理会計，企業財務，企業形態，企業統治などがあり，第四の側面については，CSR（企業の社会的責任），企業倫理，環境経営，企業法務などがある．加えて，企業経営の歴史を論じる経営史，経営の

問題に数理的にアプローチする経営科学，情報の観点から経営について考える経営情報，起業や新規事業創造に焦点をあてたアントレプレナーシップ（企業家精神）・ベンチャー経営など，特定の視座や問題を扱う専門分野もある[1]．

　本書では営利企業を対象として経営を論じたが，経営学は非営利組織も扱う．利用者，働き手，資金提供者，社会などとの関係の中で組織が目指す成果を生み出す営みであるという点では，営利組織の経営も非営利組織の経営も基本的に同じである．本書は企業が果たす役割と影響の重大さを強調したが，それは非営利組織の役割と影響を過小に評価するものでは決してない．非営利組織には非営利組織の重要な役割があり，その影響も重大である．経営学はそういう非営利組織についても多くのことを明らかにし，論じている．

　さらに経営学と隣接・重複する領域として，金融，交通，流通，保険など商取引を扱う「商学」と呼ばれる学問分野がある．商学を経営学と区別する場合もあるし[2]，商学まで含めて経営学ということもある．

　このように経営学が扱う範囲は多岐にわたり，整理の仕方にも種々あるが，全体としては，「経営」という問題領域によって括られる．その理解や分析で用いる概念や理論のベースの多くは，経済学，社会学，心理学，政治学，法学，歴史学，哲学，認知科学，数学，統計学などの他の学問に依拠している．経営学は，これらの他の学問を活用しながら経営という問題現象を扱う学問として位置づけられる．

　他方で，経営は経営学だけが扱う問題ではない．他の学問においても企業経営や非営利組織の経営は重要な問題として取り上げられている．その成果が経営学にとって新たな手がかりや刺激となり，また経営学の成果が他の学問に影響を及ぼすこともある．経営は様々な社会科学が合流し，相互に刺激し合う重要な領域となっている[3]．

---

1) ここでのリストや整理の仕方は例示的なものである．取り上げた専門分野のリストは網羅的なものではない（リストには漏れがある）し，各分野が扱う問題が相互に重なり合う場合があり，複数の問題，側面を扱う分野がある．例えば，第二の側面であげた「経営管理」が扱う問題は第一，第三の側面まで及ぶし，第三の側面であげた「企業統治」は第四の側面にも関わる．また，会計学（財務会計，管理会計）を経営学と区別する場合もある．それぞれの分野についてここでの表記と異なる名称を用い，その違いに重要な意味が込められていることもある．

2) ここでの経営学と商学の区分けの説明も例示的なものである．経営学を構成する前出の専門分野のいくつかを商学に含める場合もある．

経営学の歴史

経営学の源流を求めて歴史を遡れば，古い書物を見出すことができる．今日の会計の基礎となっている複式簿記の説明が記載された最初の書物であるルカ・パチョーリの『スンマ』は1494年に出版され(第1章)，戦略の原点とされる『孫子の兵法』は紀元前500年頃，カール・フォン・クラウゼビッツの『戦争論』は1832年に出ている．

書物という形態にこだわらなければ，今日の経営学に連なる知見の歴史はさらに遠い過去へと遡る．例えば，紀元前2600年代に始まるピラミッドの建設——人々の協働によって岩を動かす作業だ(第8章)——には大規模な活動を管理するための知見が必要だったはずであり，実際，1人の監督者が監督できる奴隷の数は10人までであるという「統制の範囲」(第8章)に関する原則が存在していたことが発見されている．

こうして経営学には長い歴史を認めることができる．ただ，今日の経営学を構成するいくつかの専門分野が立ち上がり，それらが集まって経営学という学問領域が形成され，発展していったのは，20世紀初頭以降であった．それは，19世紀半ば以降の米国を皮切りに大規模な企業が誕生し，その役割と影響力が高まるとともに，企業経営のあり方について多くの関心と議論(激しい批判も含めて)が寄せられる中で興隆したものだった．

その出発点として多くの論者があげるのが，テイラーの「科学的管理法」である(第1章)．出版は1911年であった．この他，ウェーバーによる官僚制組織についての著作(第8章)，マネジメントの基本原則を明らかにしたといわれるアンリ・ファヨールの著作など，今日の経営学の先駆的礎とされる成果が米欧で発表されたのも1910年代からであった．これらから今日の経営学が本格的に立ち上がったとすれば，その歴史は100年余りということになる[4]．

---

3) さらに，生物学，工学，物理学など，理科系の学問からの影響もある．例えば，企業組織の進化や競争のあり方を生物学の議論を援用しながら分析したり，工学と経営学が組み合わされて「経営工学」という領域を形成したりする．

4) 今日の経営学の源流の中心は米国の経営学になるが，決してそれに限られるわけではない．例えば，ドイツで発展した経営学がある．ただ，その本格的な生成が始まったのもやはり19世紀末から20世紀初めの頃であった．

紀元前にまで起源が遡る哲学や歴史学と比べればもちろん，関連する他の社会科学領域と比べても，経営学は「若輩者」である．しかも，経営の現実は刻々と変化し，新しい実践が次々に登場する．社会が企業に求めること，期待すること，あるいは問題視することも変わっていく．経営学は，内的にも，現実との関係においても，学問として多くの課題を抱えている．

それでも，多くの研究者が経営をめぐる重要な問題や新たな課題について実証的な分析や理論的な考察を重ね，実務家による様々な実践や議論とも相互に影響し合いながら，経営学は発展を続けてきた．それぞれの専門分野において，そしてその全体として，企業あるいは非営利組織の経営について理解し，考えるために必要な知識を蓄積，拡充し，経営学は，今日，重要な学問領域の一つとして地歩を築いている．

2. 経営学の意味

経営学は，人々が学び，社会の中で活用するためにある．大学の経営学部，商学部，経済学部などでは，基礎的なものから専門的なものまで経営学を体系的に学ぶための様々な科目が提供されている．他の文系学部，さらには工学部など理系の学部，あるいは教養課程でも教えられている．

大学院のレベルでは，経営学を専門とする研究者を養成するための修士・博士課程があり，高度な専門知識を備えた実務家を養成するための修士課程，いわゆる「ビジネススクール」(経営管理大学院)がある．このビジネススクールが誕生したのも，大企業の時代を迎えた米国であった．最初のビジネススクールがペンシルヴァニア大学で創設されたのが1881年，今日のビジネススクール教育の原型の一つとなったハーバード・ビジネス・スクールが創設されたのが1908年であった．これらを嚆矢として米国を中心に発展したビジネススクールは，今や，日本を含め多くの国々に広がっている．世界中でたくさんの人々がビジネススクールで経営学を学び，専門知識・能力を備えた人材として企業など様々な組織で職に就き，活躍している．

教育機関の外では，企業の研修や社会人向けの講座などで，さらには書籍や雑誌，メディア，インターネット情報から人々は経営学の成果を学んでいる．

経営学の論理と実践

　人々がこうして学ぶ経営学は企業経営の実践の場でどのような意味を持つのか．現実においてどのように活かすことができるのか．

　実践における経営学の貢献の中心には，経営学が理論的，実証的に解明してきた，経営をめぐる「因果の論理」がある．経営が目指す成果に結びつく方法・要因，結果をもたらす原因についての論理である．

　それは階層を成している．ある目的のために手段があり，その手段の実現を目的とする下位の手段がある．また，他の因果と相互に作用する．ある目的のための手段は別の目的に対しても影響を及ぼし，また別の目的のための手段はこちらの目的に対しても影響をもたらす．

　経営学は，この連鎖し，相互に作用する因果の論理の体系を解明することを中心的な課題としている．本書も経営学がこれまで明らかにしてきた因果の論理の体系に基づいて書かれている．大括りにいえば，それは，市場の論理（顧客がある企業のある商品を購入する論理，競争の論理），組織の論理（人々の協働によって優れた成果を実現する仕事の論理，仕事に意欲と意味を見出し，協働する人と集団の論理），資本（カネ）の論理（資本の効率的活用を測り・評価する論理），社会の論理（企業を取り巻く様々な利害関係者に向けて果たすべき責任の論理）であり，さらにはこれらの異なる因果の論理の相互関係の論理である．これらの個々の，そして全体としての因果の論理の体系を理解することにより，企業経営が目指す成果を実現するために，あるいは抱えている問題を解決するために，何を，どう，なぜ考えるべきかを理解し，方策を考えることが可能になる．

　論拠が未成熟なままの因果の論理も，未だに解明されていない因果の論理も，数多くあるだろうが，経営学はこれまで因果の論理の解明に努め，その体系を積み上げてきたし，その作業はこれからも続く．その成果を理解し，現実に活用することが，経営の実践にとっての経営学を学ぶ意味となる．

　そこにはしかし，一つの問題がある．経営学が提示する因果の論理の体系（以下，原則として，「経営学の論理」と記す）は，とるべき具体的手段，方法を教えてはくれないという問題である．求める成果の実現を確実に約束してくれる具体的な解決策を欲しても，経営学の論理から直接導き出すことはできないの

だ．それは，学問として未成熟だからではなく——それはそれで重大な問題であるが——経営学という学問と経営の実践の関係に内在する問題に起因する．

　まず，経営のあり方は多元的である．どのような経営のあり方を目指すのか——前章の議論を踏まえれば，矛盾し合う四つの側面，短期・長期のバランスをどのようにとるか——あるいは特定の経営のあり方にどのような問題を見出すのかは価値観によって異なり，価値観は人により，企業により，社会により，文化により，時代により異なる．ウェーバーがいう通り，異なる価値観の優劣を学問が判断することができないのだとすれば（Weber 1919），どの価値観を選択すべきかを経営学の論理から決定することはできない．

　第二に，企業経営の実践は個別具体的でなければならないが，経営学の論理は抽象的であることを本務としている．多くの現実の事象に共通する因果を解明することを目指す学問の論理は自ずと抽象的であり，また新たな事象に応用するためには論理は抽象的でなければならないからだ．だが，そうである故に経営学の論理に個々の実践における具体的な内容を直接見出すことはできない．

　第三に，企業経営には不確実性が常につきまとうが，この問題も経営学の論理によって解決することはできない．顧客の反応，環境の変化などを正確に見通すことは不可能である．競争相手の行動も読めない．いくらよい構想を用意したとしても，競争相手の構想が優っていれば，成果は持っていかれる．経営学の論理から目指す結果を確実にもたらす方法を導出することはできない．

　第四に，優れた成果を生み出す企業経営は創造的な要素を含んでいる．他社には思いつかない商品，方法，仕組み，戦略を思いつくことが成功につながる．しかしこの創造性も，多くの事象に共通する因果を解こうとする経営学の論理から直接生み出すことはできない．

　企業経営はつまり，具体的な手段・方法を創造し，成否の行方が不確実な中で多元的な判断を下さなくてはならないが，それは，あくまでも当事者が見つけ出し，判断するものとなる．普遍・客観・抽象を旨とする学問としての経営学の論理からは肝腎の答えは直接出てこない．これが，経営学が経営の実践に対して抱えている問題となる．

　だがこのことは，経営学は実践に役立たないということを意味するのではない．答えは出せないが，経営学の論理は重要な役割を担うことができる．目指

す成果を生み出すために答えを出さなくてはならない一連の「問いの体系」を示す，つまり，答えるべき問いを示す，という役割である[5]．

問いの提示

どういうことか．図 15-1 により説明してみよう．経営学がある結果 A に影響する要因 B を解明すれば，その結果を目指す実務家に対して，「その要因 B についてどうするのですか」という問いが発せられる．実務家がその問いについて答えを出そうとする時，経営学がその要因 B に影響する次の要因 C を明らかにできれば，「その要因 C についてどうするのですか」という問いが発せられる．さらに，実務家がその問いについて答えを出そうとする時，経営学が要因 C が結果 D に及ぼす影響を明らかにすることができれば，「結果 D への影響を踏まえた上で，要因 C についてどうするのですか」という問いを発することができる．

経営学が明らかにした因果の論理の体系が正しければ，実務家が目指す結果を出そうとする時，これらの問いは必ず検討しなければならないものとなる．要因は抽象的な概念として表現されているので，実際の取り組みの具体的な内容は実務家が考えなければならない．しかし考えるべき要因が，抽象的ではあ

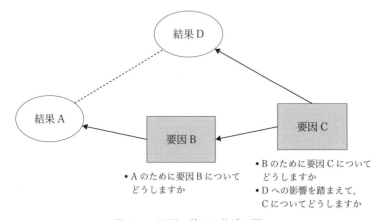

図 15-1　因果の論理の体系と問い

---

5)　検討すべき問題の体系という意味で，「課題の体系」と呼ぶこともできる．

れ，特定されていることで基本的な枠組みは整っている．

　もし結果Aと結果Dがトレードオフの関係にあり，両方とも重要であり，なおかつどちらをどの程度優先すべきかが価値観によって異なる場合，実務家は価値判断を負えない経営学の論理に基準を求めることはできない．それでも，要因Cが結果Aと結果Dに影響を与えることを示すことによって，経営学の論理は実務家にそのことを踏まえて検討，判断するよう促すことができる．そのようにして下された判断は，そのことを知らずに下された判断よりも良質のものになるだろう．

　こうした，連鎖し，相互に作用する一連の「問いの体系」を提示することが，実践における経営学の中心的な役割となる．「目指す結果を約束する具体的な方策」という肝腎の答えを教えてくれないので，物足りない，役に立たないと思う人もいるだろう．だが，問いはとても重要である．なぜなら，答えを出すために何より必要なのは問うことだからだ．問いを知らない者は答えを出すことはできない．問いを知る者だけが答えを出すことができる．経営が目指す成果を生み出すには，これらの問いに答えなければならない．優れた企業経営の実現に向けて，何を考えなくてはならないか，どう考えたらよいか，それはなぜかを経営学の論理は明らかにする．

　同様の指摘をしている議論をいくつか紹介しよう．ドラッカー，ポーター，ウィリアム・ヴァターの著作からの引用である[6]．

　　　マネジメント科学は……問いを投げかける能力こそを最大の強みにしている．答えを導くのはマネジャーの務めである．ビジネスの世界における答えは必ず判断を伴う．不確実ないくつものリスクを比べ，さまざまな知識，経験，願望などを総動員して，判断を下すのである（Drucker 1973, p. 515）．

6）　ドラッカー，ポーターは本書で何度も登場しているが，ヴァターは初登場となる．彼は管理会計を専門とする学者で，ここで紹介する文章は，第11章で紹介した，ジョンソンとキャプランが管理会計の「失われた適合性」を論じた本の中で引用したものである（Johnson and Kaplan 1988）．以下の引用はいずれも原著から抄訳したものだが，それぞれの邦訳を参考にしており，ヴァターについてはJohnson and Kaplan（1988）の邦訳の該当箇所も参考にしている．

戦略的計画によって，事実で判断を，サイエンスで経営者を代替することはできない．経営者の能力，勇気，経験，直感，予感の重要性は決して小さくならない……反対に戦略的計画を組織的に行い，知識を注入すれば，経営者の判断，リーダーシップ，ビジョンなどは一層威力を増す(Drucker 1973, p. 129)．

　五つの力分析は，ある業界で競争していくための新たな方法を見出していく創造性の必要性を排除しない．だが，五つの力分析は，マネジャーの創造性のエネルギーを長期的な収益性のために最も重要な構造上の問題に差し向けてくれる．この過程を通じて，戦略の革新のチャンスを高めてくれる(Porter 1985, p. 7)．

　経営管理上の観点からいえば，会計担当者は経営管理者が答えるべき問いの供給源であるべきである．それは，会計担当者が経営管理者に説明(accounting)を要求するという意味ではなく，経営管理者が自ら答えを出したいと好奇心を抱くような問いを発するという広い意味においてである．……会計システムは，答えを出すための単なる機械ではなく，問いの源としてとらえられるべきである．……会計は経営そのものではないし，そのように考えられるべきでもない．しかし経営の目的に資することはできる．管理コントロールを支援することはできるし，会計がなかった場合よりも経営管理者がよりよい仕事を実行できるよう助けることができる(Vatter 1950, pp. 509-510)．

　ドラッカーはいう．科学としての経営学の役割は，答えを出すことではなく，問いを発することにある．答えを出すことは実務家の仕事であり，それは具体的な経験，直感，予感――どれも経営学の論理からは直接会得できない――を必要とする．しかし，実務家は，経営学の知識を備えることで，答えるべき問いを知り，より優れた成果を生み出せる可能性を高めることができる．経営学は実務家の判断を代替するのではなく，支援するのだ．
　ポーターはいう．自身が提示した「五つの力分析」(第4章)からは戦略に必

要な創造性は出てこない．しかし，五つの力を学ぶことで革新的な戦略を創造する可能性を高めることができる．競争優位を築くために大切になる要因を知れば，それらの要因について新たな方法を考えることにエネルギーを集中することできるからだ．エネルギーの集中が創造の可能性を高めるのだとしたら，エネルギーを集中すべき問題を提示することの意義は大きい．

ヴァターはいう．実際の選択肢を導き，判断，決断するのは実務家の仕事であり，会計システムがそれにとって代わることはできない．しかし，管理会計は，実務家がそのような仕事をよりよくできるよう支援することができる．その支援の中心にあるのが，答えを何とかして出したいと経営者に思わせる刺激的な問いを示すことである．

扱う領域も，語り口も，それぞれに違うが，三人の論者がいっていることはどれも同じである．経営学は，正解を出すという点では役には立てないが，問うべき問いを示すことで実践において重要な役割を果たすという議論だ．問いを知っていても，不確実性は消えない．具体性も創造性も出てこない．創造と判断は，自らの能力，勇気，経験，直感に基づき，自ら担わなくてはならない．しかし経営学の論理が示す一連の重要な問いを知り，それらの問いについて答えを出そうと努力すれば，よりよい答え，つまり，より創造的で，目指す成果を生み出すチャンスが高い具体的な答えを導き出せる可能性が高くなる．可能性が高くなるだけであって保証はないが，少なくとも問いを知らなければ，偶然か天才でない限り，よりよい答えを出すチャンスはないことは確かであり，問いを知っていればそのチャンスが高くなることも確かである．

これが，経営者，管理職から働き手まで企業経営に従事する人々にとって経営学を学ぶことの実践的な意味となる．企業経営をめぐる因果の論理の体系とそれに基づく一連の問いの体系を知ることは，消費者，投資家，政策担当者，地域住民など企業経営に直接・間接に関わる人々，その影響を受ける人々にとっても重要である．企業経営の成果，背景，意味について理解し，自ら考えることが可能になる．

企業を批判的にとらえる人々にとってもはなしは同じである．批判が意味を持つには批判する対象を理解することが基本となる．企業にはなぜある種の問題があるのか，なぜある種の問題を起こすのか．これらのことを理解し，どう

すればよいか考えるためにも，経営学の論理は必要となる．

3. さらなる学習へ

　本書は，このような経営学を学ぶためのテキストとして書かれている．だが，入門書であり，その内容はごく基本的なことに限られている．現実の企業経営についてよりよく理解し，考え，実践に結びつけていくためには，さらに学び続ける必要がある．

　以下，最後に，書籍や論文などを通じて自ら経営学を学ぶための手引きを記しておこう．

　まず，経営全般に関するテキストを五冊紹介する．

- 伊丹敬之・加護野忠男『ゼミナール経営学入門(第3版)』日本経済新聞社，2003年．
- Drucker, Peter, *Management: Tasks, Responsibilities, Practices*. Harper & Row，1973(上田惇生訳『マネジメント――課題，責任，実践』ダイヤモンド社，2008年／有賀裕子訳『マネジメント――務め，責任，実践』日経BP社，2008年)．
- 榊原清則『経営学入門(上・下)』第2版，日経文庫，日本経済新聞出版社，2013年．
- 野中郁次郎『経営管理』日経文庫，日本経済新聞社，1983年．
- Robbins, Stephen P., David A. DeCenzo, and Mary Coulter, *Fundamentals of Management: Essential Concepts and Applications,* 8th Edition. Prentice Hall, 2013(髙木晴夫監訳『マネジメント入門』ダイヤモンド社，2014年)．

　伊丹・加護野(2003)とDrucker(1973)は，企業経営の捉え方を含めて本書が多くを依拠したテキストである．前者は，環境のマネジメント，組織のマネジメントに加えて，矛盾と発展のマネジメントと称する動態的な企業経営のあり方まで含めて，企業経営の現実と本質を論じている．後者は，社会において企

業経営が担うべき務めと責任という観点を基礎におきながら，企業経営を深く，広く論じており，経営の基本を論じた古典として実践にも大きな影響を与えている．

　榊原(2013)と野中(1983)は，経営学の学術的な成果を簡潔，明瞭に解説しながら，組織と戦略を中心に企業経営をコンパクトに概説したものである．Robbins他(2013)は，国際的に広く使われている経営学のテキストで，経営学の膨大な研究成果を織り込みながら，マネジャーとして経営にどのように取り組めばよいかをわかりやすく論じている．

　分厚い本格的な教科書からコンパクトな入門書まで様々だが，どれも，本書が議論の土台としたものであり，本書の議論をより詳しく，深く学ぶためにも，本書で扱えなかった問題を学ぶためにも，本書とは異なる観点から経営を学ぶためにも，優れた案内役となる．

　これらはごく一部に過ぎない．経営全般に関する優れたテキストは他にも多くあり，個々の専門分野ごとにさらに多くのテキスト，書籍，論文があり，実務家が著した万巻の書がある．この内，本書が参照，引用した文献を巻末の参考文献リストに挙げ，また本書の各パートに関する基本的な議論を概説したテキスト類のリストも挙げておいたので，これらがさらなる学習への足がかりとなるだろう．さらにリスト以外のもの，これから出版・発表されるものも含めて，それぞれの関心に応じて読み進めていただきたい．

　経営について学ぶ方法としてもう一つ重要なのが，経営の具体的現実を描写した事例からの学習である．研究者が書いた事例があり，ジャーナリストやアナリストが書いた事例があり，実務家が自ら著した事例がある．第1章で紹介した，アルフレッド・スローンの書いたGMの本，小倉昌男が書いたヤマト運輸の本は後者の代表例だ[7]．ビジネススクールの授業では，しばしば，企業経営の具体的な事例(ケース)を題材にしてディスカッションしながら学ぶ方法がとられる．これを「ケース・メソッド」と呼ぶ．用意された記述だけをベースに分析，議論することの問題点も指摘されているが，経営学を学ぶ上での一

---

7)　これらの本は，個別の事例を超えた普遍的な議論を示しているからこそ多くの読者を獲得しているのであって，単なる事例ではない．と同時に，自らの経験を詳述しながら具体的に議論を進めているところに学術書にはない「迫力」が備わっている．

つの有効な方法として広く普及している[8].

　具体的な例に触れることは，経営学の論理を理解するために有用である．抽象的な概念，論理だけではわかりにくいことが，具体例を交えることで腑に落ちることがあるだろう．また経営学の論理を現実に応用するためにも有用である．抽象的な論理を実践のために新たな具体に当てはめるには，事例を通じて抽象と過去の具体の関係を確認しておくことがよい訓練になる．誤った応用はかえって危険なだけに，過去の事例を通じて正しい応用の仕方を会得しておくことは大切だ．

　事例にはさらに――その内容によるが――経営の具体的な実際を追体験する機会，それぞれの企業や人に固有の価値観や判断に触れる機会も与えてくれる．どちらも，経営学の論理ではカバーできない問題である．あの時，あの企業，あの実務家が，成否が不確実な中であのような判断をしたのだという実例を知っておくことが，自らが同様の場面におかれた時の手がかり，支えとなる可能性がある．失敗の事例であれば，学習の重要な源泉である失敗を(実際の損失を被ることなく)追体験できる機会となる．

　優れた企業経営に必要な創造性に触れるという役割も果たせる．これも経営学の論理ではカバーできない問題である．優れた画家，優れた音楽家は優れた絵画，優れた音楽に触れることで創造性を涵養していく．パブロ・ピカソは偉大な画家達の絵を模写しながらピカソになっていった．ルーブル美術館では多くの画家のたまご達が過去の偉大な作品を模写している．真似がうまいだけでは偉大な画家にはなれないが，偉大な絵画を模写しながらその偉大さを実感することで，画家としての才能，創造性が育まれる可能性がある．

　経営は，見ることも，聴くこともできない．ただ，読むことはできる．書かれたことは実際の経営のほんの一部に過ぎないが，それでも，経営の具体例に触れることは優れた企業経営が必要とする判断力，創造性を培うための貴重な機会となるだろう[9].

　論理を学んで問いを知り，事例を通じて実践に触れる．こうして経営学を学

---

8)　先ほど触れたハーバード・ビジネス・スクールは多数のケースを作成し，授業で活用していることで知られている．なお，ここでいう事例には，授業用に用意された事例と研究成果としてまとめられた事例の両方を含む．

習し続けることで，経営について理解し，考える力を身につけ，高めることが
できるであろう．

謝　辞

　入門のための教科書を書くというのは，責任の重い仕事である．自分がその任に耐える力量を備えているのか今も疑念が残る筆者が，曲がりなりにもこの本を世に問うことができるのは，いくつかのめぐり合わせと多くの方々のおかげである．

　まず，本書は，前職の京都大学経済学部で担当した二つの授業の内容に基づいている．本書の構成・内容は，全体として「経営学入門」という授業で講義した内容が元になっており，第II部については「経営戦略」という授業で講義した内容が元になっている．さらに，「演習」でチャンドラー，ドラッカー，シュンペーター，ウェーバーなどをゼミ生と輪読・議論したことも本書に結びついている．これらの授業を担当していなければ，本書の執筆はありえなかった．授業を担当させていただいた京都大学経済学部と履修していただいた学生の皆さんに感謝したい．

　京都大学の図書館にも謝意を表したい．本書を執筆する過程で，経済学研究科・経済学部図書室，同経済資料センターから数多くの図書や資料を長きにわたってお借りした．京都大学附属図書館，さらには法学部，文学部，教育学部，工学部，吉田南などの図書館にもお世話になった．仕上げの段階でお世話になった，現在の勤務先である学習院大学の法学部・経済学部図書センターと大学図書館にも謝意を表する．

　京都大学経済学研究科には，本書の最初の草稿を執筆する時間を得たサバティカル(研究専念期間)を与えていただいたことにも感謝したい．2015年10月から翌年7月にかけてフランスの社会科学高等研究院(EHESS)に客員研究員として滞在したこの期間がなければ，いつまでも最初のハードルが乗り越えられず，この本が日の目を見ることはなかっただろう．滞在を許可していただいた同研究院日仏財団理事長のセバスチャン・ルシュヴァリエ教授にもお礼を申し上げる．このサバティカルは，滞在して間もなくパリが同時多発テロに見舞われたという点でも，本書にとって重要な意味を持った．直接に関係する議論はない

が，張り詰めた空気が漂うパリで過ごしながら考えたことが間接的に本書の内容に影響を及ぼしている．

最初の草稿を書き上げたものの，そこからの道のりは長いものとなった．一因は，本書が企業経営をめぐる広範囲の問題を扱っていることにあった．筆者の専門に近い分野の問題については，説明の枠組みや流れにおいて微かであれ独自のものを目指したために時間を費やしてしまい，専門から遠い分野の問題については，一層慎重な検討と確認が必要となり，さらに多くの時間を要してしまった．ただし，後者の問題については，京都大学経済学研究科の草野真樹教授，澤邉紀生教授，砂川伸幸教授に助けていただいた．それぞれ，財務会計(第11章)，管理会計(第11章)，経営財務(第12章)に関する草稿に目を通していただき，誤りや改善すべき点を数多くご指摘いただいた．お忙しい中，貴重なご指導をいただいたことに厚くお礼申し上げる(いうまでもなく，もしこれらの叙述で何か瑕疵があったとしても，文責はあくまでも筆者にある)．また，第1章の事例に関するデータの収集整理を手伝っていただいた京都大学経済学部生(当時)の新井心氏，文献リストの作成や資料集めなどで助けていただいた知光千晶氏にも感謝する．

教科書である本書は，これまで蓄積されてきた経営学の成果を礎としている．その中にはこれまで直接ご指導いただいた方々，意見交換させていただいた方々の成果も含まれる．ここで個別にお礼を述べることは控えるが，それらの方々を含めて，本書が依拠した成果を生み出した古今，内外の数多くの研究者や実務家に心より謝意と敬意を表したい．

ただ，一人だけお名前をあげさせていただく．筆者が三菱総合研究所に入社し研究者の道に入って以来の「師匠」である藤本隆宏教授である．藤本教授と共著で最初に出版した本が『自動車産業21世紀へのシナリオ』(生産性出版，1994年)であったが，実は同書の議論(成長型リーンからバランス型リーンへ)は本書における企業経営の多元的判断・動態的バランスに関する議論に通じている．うかつなことに，そのことに気がついたのは本書を仕上げている段階(初校の作業中)のことだった．懸命に遠くまで飛んできたと思ったらまだ掌の中だった，という西遊記のような話だが，30年近く前に一緒にやらせていただいた──といっても，筆者が分担したのは補助的な作業であったが──仕事とこうして

繋がっているのを発見できたことは，本書を上梓する上で心強い支えとなった．

　筆者が本書を執筆することになったそもそものきっかけは，一橋大学イノベーション研究センターで同僚だった中馬宏之教授に作っていただいた．経営学の入門テキストの出版を検討していた岩波書店の編集者の方に私を候補者として薦めていただいたのが中馬教授であった．お目にかかるチャンスがないまま今に至っているが，この場を借りてお礼を申し上げたい．

　その中馬教授の推薦を受けて筆者に声をかけて下さったのが岩波書店の髙橋弘氏であった．果たして自分に書けるだろうか迷ったが，お引き受けした．その時浮かんだのが，父が生前に同じ岩波書店から一冊の電子工学関係のテキストを共著で出した時の記憶であった．いつも整然と緻密に仕事を進める父が，この時ばかりは締め切りを過ぎ，編集担当者の方からの電話に居留守を使うまで苦しんでいたという記憶と，校正の段階で担当の方が見せたプロフェッショナルな仕事ぶりに父が感心していたという記憶である．父の経験は本書でも繰り返された．父以上に苦しみ，父よりもはるかに長く締め切りを過ぎてしまい，他方で髙橋氏や校正担当の方の優れた仕事ぶりにすっかり助けていただいた．当初の計画から大幅に遅れ，最初にお目にかかってから9年弱，サバティカルで最初の草稿ができてからも5年弱を要してしまったにもかかわらず，髙橋氏は暖かく見守り，静かに支えて下さった．本書出版の機会を頂戴したことと合わせ，心よりお礼申し上げるとともに，大幅な遅れにより多大なご迷惑をおかけしたことにお詫び申し上げる．ちなみに，髙橋氏が本書と並行して編集を担当されているのが藤本教授の本であるのは，何かのご縁であろうか．

　私事に及ぶが，出版が大幅に遅れている内に，母が亡くなってしまった．長く愛読していた岩波書店の『図書』の新刊案内に登場することも含めて心待ちにしてくれた母にこの本を手に取ってもらえなかったことを残念に思う．長くかかった執筆のために一緒に過ごす時間を減らしてしまった妻と子供たち(いづみ，広，杏)にお詫びと感謝の気持ちを表して，謝辞の結びとする．

　2021 年 2 月
　　　　　　Cité Falguière, 北白川西町を経て，井の頭にて

参考文献

　テキストという性格から，本文における引用文献の表記は最小限にとどめたが，本書はこれまでの経営学の成果に基づいて書かれている．参照した文献をBに示すとともに，各パートを執筆する上で特に多くを依拠したテキスト類をAにあげておく（いずれも著者のアルファベット順）．

A．各パートに関する主要なテキスト

第I部，第V部，全体

Drucker(1973)，伊丹・加護野(2003)，小松(2016)，野中(1983)，Robbins他(2013)，榊原(2013)，鈴木他(2004)

第II部

青島・加藤(2012)，網倉・新宅(2011)，Barney(2002)，石井他(2013)，伊丹(2003)，加護野・井上(2004)，Kotler and Keller(2006)，Mintzberg他(2009)，沼上(2008)，沼上(2009)，Porter(1985)，Saloner他(2001)

第III部

Daft(2001)，金井(1999)，金井(2005)，桑田・田尾(2010)，Mintzberg(1983)，守島(2004)，沼上(2004)，Robbins(2005)，佐藤他(2019)，塩次他(2018)，鈴木(2018)

第IV部

浅田他(2017)，Berk and Demarzo(2011)，Brealey他(2011)，Heineman(2016)，砂川(2017)，伊藤(2020)，加登・梶原(2017)，中野(2016)，Post他(2002)，櫻井(2015)，桜井・須田(2018)，谷本編著(2004)

B．参考文献一覧

Allison, G. T. and P. Zelikow (1999), *Essence of Decision: Explaining the Cuban Missile Crisis,* 2nd Edition, Pearson Education(漆嶋稔訳『決定の本質——キューバ・ミサイル危機の分析(第2版)』日経BP社，2016年；宮里政玄訳『決定の本質——キューバ・ミサイル危機の分析』中央公論社，1977年).

網倉久永・新宅純二郎(2011)『経営戦略入門』日本経済新聞出版社.

Andrews, K. R. (1987), *The Concept of Corporate Strategy,* 3rd Edition, Irwin(中村元一・黒田哲彦訳『経営幹部の全社戦略——全社最適像の構築・実現を求めて』産業能率大学出版部，1991年).

Ansoff, H. I. (1965), *Corporate Strategy*, McGraw-Hill(広田寿亮訳『企業戦略論』産業能率短期大学出版部，1969年).

Anthony, R. N. and V. Govindarajan (2007), *Management Control Systems,* 12th Edition, McGraw-Hill/Irwin.

青島矢一・加藤俊彦(2012)『競争戦略論(第 2 版)』東洋経済新報社.

Argyris, C. and D. Schön (1978), *Organizational Learning,* Addison-Wesley.

Arrow, K. J. (1974), *The Limits of Organization,* W. W. Norton & Company(村上泰亮訳『組織の限界』岩波書店, 1999 年).

淺羽茂・牛島辰男(2010)『経営戦略をつかむ』有斐閣.

浅田孝幸・頼誠・鈴木研一・中川優・佐々木郁子(2017)『管理会計・入門(第 4 版)』有斐閣.

浅川和宏(2003)『グローバル経営入門』日本経済新聞社.

Barnard, C. I. (1938), *The Functions of the Executive,* Harvard University Press(山本安次郎・田杉競・飯野春樹訳『新訳 経営者の役割』ダイヤモンド社, 1968 年).

Barney, J. B. (2002), *Gaining and Sustaining Competitive Advantage,* 2nd Edition, Pearson Education(岡田正大訳『企業戦略論(上・中・下)』ダイヤモンド社, 2003 年).

Bartlett, C. A. and S. Ghoshal (1989), *Managing across Borders: The Transnational Solution,* Harvard Business School Press(吉原英樹監訳『地球市場時代の企業戦略』日本経済新聞社, 1990 年).

Berk, J. and P. Demarzo (2011), *Corporate Finance,* 2nd Edition, Prentice Hall(久保田敬一・芹田敏夫・竹原均・徳永俊史訳『コーポレートファイナンス——入門編(第 2 版)』ピアソン桐原, 2011 年；久保田敬一・芹田敏夫・竹原均・徳永俊史・山内浩嗣訳『コーポレートファイナンス——応用編(第 2 版)』丸善, 2014 年).

Berle, A. A., Jr. and G. C. Means (1932), *The Modern Corporation and Private Property,* The Macmillan Company(北島忠男訳『近代株式会社と私有財産』文雅堂銀行研究社, 1958 年).

Brandenburger, A. M. and B. J. Nalebuff (1997), *Co-opetition,* Helen Rees Literary Agency(嶋津祐一・東田啓作訳『ゲーム理論で勝つ経営——競争と協調のコーペティション戦略』日本経済新聞社, 2003 年).

Brealey, R. A., S. C. Myers, and F. Allen (2011), *Principles of Corporate Finance,* 10th edition, The McGraw-Hill(藤井眞理子・國枝繁樹監訳『コーポレート・ファイナンス(第 10 版)(上・下)』日経 BP 社, 2014 年).

Burgelman, R. A. (2002), *Strategy is Destiny: How Strategy-making Shapes a Company's Future,* The Free Press(石橋善一郎・宇田理監訳『インテルの戦略——企業変貌を実現した戦略形成プロセス』ダイヤモンド社, 2006 年).

Burns, T. and G. M. Stalker (1961), *The Management of Innovation,* Tavistock Publications.

Chandler, A. D., Jr. (1962), *Strategy and Structure,* Massachusetts Institute of Technology(三菱経済研究所訳『経営戦略と組織——米国企業の事業部制成立史』実業之日本社, 1967 年；有賀裕子訳『組織は戦略に従う』ダイヤモンド社, 2004

年).

Chandler, A. D., Jr. (1977), *The Visible Hand: The Managerial Revolution in American Business*, Harvard University Press(鳥羽欽一郎・小林袈裟治訳『経営者の時代(上・下)』東洋経済新報社, 1979年).

Chesbrough, H. W. (2003), *Open Innovation: The New Imperative for Creating and Profiting from Technology*, Harvard Business School Press(大前恵一朗訳『OPEN INNOVATION――ハーバード流イノベーション戦略のすべて』産業能率大学出版部, 2004年).

Christensen, C. (1997), *The Innovator's Dilemma: When New Technologies Cause Great Firms to Fail*, Harvard Business School Press(玉田俊平太監修／伊豆原弓訳『イノベーションのジレンマ(増補改訂版)』翔泳社, 2001年).

Clark, K. B. and T. Fujimoto (1991), *Product Development Performance*, Harvard Business School Press(田村明比古訳『製品開発力――自動車産業の「組織能力」と「競争力」の研究(増補版)』ダイヤモンド社, 2009年).

Cohen, M. D., J. G. March, and J. P. Olsen (1972), "A garbage can model of organizational choice," *Administrative Science Quarterly*, 17(1), pp. 1-25.

Collins, J. C. and J. I. Porras (1994), *Built to Last: Successful Habits of Visionary Companies*, Harper Business(山岡洋一訳『ビジョナリー・カンパニー――時代を超える生存の原則』日経BP出版センター, 1995年).

Crainer, S. (2000), *The Management Century: A Critical Review of 20th Century Thought and Practice*, Jossey-Bass(嶋口充輝監訳『マネジメントの世紀――1901-2000』東洋経済新報社, 2000年).

Daft, R. L. (2001), *Essentials of Organization Theory & Design,* 2nd Edition, South-Western College Publishing(髙木晴夫訳『組織の経営学――戦略と意思決定を支える』ダイヤモンド社, 2002年).

Drucker, P. F. (1973), *Management: Tasks, Responsibilities, Practices*, Harper & Row(上田惇生訳『マネジメント――課題, 責任, 実践』ダイヤモンド社, 2008年；有賀裕子訳『マネジメント――務め, 責任, 実践』日経BP社, 2008年).

Drucker, P. F. (1985), *Innovation and Entrepreneurship*, Harper Collins(上田惇生訳『イノベーションと企業家精神』ダイヤモンド社, 2007年).

江川雅子(2018)『現代コーポレートガバナンス』日本経済新聞出版社.

Fayol, H. (1917), *Administration Industrielle et Générale: Prévoyance, Organisation, Commandement, Coordination, Contrôle*, Dunod et Pinat(山本安次郎訳『産業ならびに一般の管理』ダイヤモンド社, 1985年).

French, J. R. P., Jr. and B. Raven (1960), "The bases of social power," in D. Cartwright and A. Zander eds., *Group Dynamics,* 2nd Edition, Tavistock Publications.

Friedman, M. (1970), "The social responsibility of business is to increase its profits," *The New York Times Magazine,* September 13.

藤井秀樹(2021)『入門財務会計(第4版)』中央経済社.

藤本隆宏(1997)『生産システムの進化論――トヨタ自動車にみる組織能力と創発プロセス』有斐閣.

藤本隆宏(2001)『生産マネジメント入門(Ⅰ・Ⅱ)』日本経済新聞社.

Galbraith, J. R. (1977), *Organization Design,* Addison-Wesley.

Gawer, A. and M. A. Cusumano (2002), *Platform Leadership: How Intel, Microsoft, and Cisco Drive Industry Innovation,* Harvard Business School Press (小林敏男監訳『プラットフォーム・リーダーシップ――イノベーションを導く新しい経営戦略』有斐閣, 2005年).

Hannan, M. T. and J. H. Freeman (1977), "The population ecology of organizations," *American Journal of Sociology,* 82(5), pp. 929-964.

長谷川博和(2010)『ベンチャーマネジメント[事業創造]入門』日本経済新聞出版社.

Hatch, M. J. (2013), *Organization Theory: Modern, Symbolic, and Postmodern Perspectives,* 3rd Edition, Oxford University Press(大月博司・日野健太・山口善昭訳『Hatch 組織論――3つのパースペクティブ』同文舘出版, 2017年).

Heineman, B. W., Jr. (2016), *The Inside Counsel Revolution: Resolving the Partner-Guardian Tension,* American Bar Association(企業法務革命翻訳プロジェクト訳『企業法務革命――ジェネラル・カウンセルの挑戦』商事法務, 2018年).

一橋大学イノベーション研究センター編(2017)『イノベーション・マネジメント入門(第2版)』日本経済新聞出版社.

稲葉祐之・井上達彦・鈴木竜太・山下勝(2010)『キャリアで語る経営組織』有斐閣.

猪木武徳(2016)『自由の思想史――市場とデモクラシーは擁護できるか』新潮社.

砂川伸幸(2017)『コーポレートファイナンス入門(第2版)』日本経済新聞出版社.

砂川伸幸・笹原真人(2015)『はじめての企業価値評価』日本経済新聞出版社.

石井淳蔵・栗木契・嶋口充輝・余田拓郎(2013)『ゼミナール マーケティング入門(第2版)』日本経済新聞出版社.

伊丹敬之(1986)『マネジメント・コントロールの理論』岩波書店.

伊丹敬之(2003)『経営戦略の論理(第3版)』日本経済新聞社.

伊丹敬之・加護野忠男(2003)『ゼミナール経営学入門(第3版)』日本経済新聞社.

伊藤秀史・小林創・宮原泰之(2019)『組織の経済学』有斐閣.

伊藤邦雄(2014)『新・企業価値評価』日本経済新聞出版社.

伊藤邦雄(2020)『新・現代会計入門(第4版)』日本経済新聞出版社.

岩井克人(1992)『ヴェニスの商人の資本論』筑摩書房.

Janis, I. L. (1982), *Groupthink: Pschological Studies of Policy Decisions and Fiascoes,* 2nd Edition, Houghton Mifflin.

Jensen, M. (2001), "Value maximization, stakeholder theory, and the corporate objective function," *Journal of Applied Corporate Finance*, 14(3), pp. 8-21.

Johnson, H. T. and R. S. Kaplan (1988), *Relevance Lost: The Rise and Fall of Management Accounting*, Harvard Business School Press(鳥居宏史訳『レレバンス・ロスト——管理会計の盛衰』白桃書房, 1992年).

加護野忠男・井上達彦(2004)『事業システム戦略』有斐閣.

加護野忠男・砂川伸幸・吉村典久(2010)『コーポレート・ガバナンスの経営学——会社統治の新しいパラダイム』有斐閣.

加護野忠男・吉村典久編著(2012)『1からの経営学(第2版)』碩学舎.

金井壽宏(1991)『変革型ミドルの探求——戦略・革新指向の管理者行動』白桃書房.

金井壽宏(1999)『経営組織』日本経済新聞社.

金井壽宏(2002)『仕事で「一皮むける」』光文社.

金井壽宏(2005)『リーダーシップ入門』日本経済新聞社.

Kaplan, R. S. and D. P. Norton (1996), *The Balanced Scorecard: Translating Strategy into Action*, Harvard Business School Press(吉川武男訳『バランス・スコアカード——新しい経営指標による企業変革』生産性出版, 1997年).

Kaplan, R. S. and D. P. Norton (2004), *Strategy Maps*, Harvard Business School Press(櫻井通晴・伊藤和憲・長谷川惠一監訳『戦略マップ——バランスト・スコアカードの新・戦略実行フレームワーク』ランダムハウス講談社, 2005年).

加登豊・梶原武久(2017)『管理会計入門(第2版)』日本経済新聞出版社.

Knight, F. H. (1921), *Risk, Uncertainty and Profit*, Houghton Mifflin.

小松章(2016)『経営学(第3版)』新世社.

近藤光男(2019)『現代商法入門(第10版)』有斐閣.

Kotler, P. and K. L. Keller (2006), *Marketing Management*, 12th Edition, Pearson Education(恩藏直人監修／月谷真紀訳『コトラー&ケラーのマーケティング・マネジメント(第12版)』丸善, 2014年).

Kuhn, T. (1970), *The Structure of Scientific Revolutions*, 2nd Edition, The University of Chicago Press(中山茂訳『科学革命の構造』みすず書房, 1971年).

楠木建(2010)『ストーリーとしての競争戦略』東洋経済新報社.

忽那憲治・長谷川博和・高橋徳行・五十嵐伸吾・山田仁一郎(2013)『アントレプレナーシップ入門——ベンチャーの創造を学ぶ』有斐閣.

桑田耕太郎・田尾雅夫(2010)『組織論(補訂版)』有斐閣.

Lawrence, P. R. and J. W. Lorsch (1967), *Organization and Environment*, Harvard Business School(吉田博訳『組織の条件適応理論』産業能率短期大学出版部, 1977年).

Levitt, T. (1960), "Marketing myopia," *Harvard Business Review*, July-August, pp. 45-56.

Likert, R. (1961), *New Patterns of Management*, McGraw-Hill（三隅二不二訳『経営の行動科学——新しいマネジメントの探求』ダイヤモンド社，1964 年）.

March, J. G. (1991), "Exploration and exploitation in organizational learning," *Organization Science*, 2(1), pp. 71-87.

March, J. G. and H. A. Simon (1993), *Organizations*, 2nd Edition, John Wiley & Sons（高橋伸夫訳『オーガニゼーションズ——現代組織論の原典（第 2 版）』ダイヤモンド社，2014 年）.

松田修一(2014)『ベンチャー企業（第 4 版）』日本経済新聞出版社.

Mintzberg, H. (1973), *The Nature of Managerial Work*, Harper Collins（奥村哲史・須貝栄訳『マネジャーの仕事』白桃書房，1993 年）.

Mintzberg, H. (1983), *Structure in Fives: Designing Effective Organizations*, Prentice-Hall.

Mintzberg, H. (1989), *Mintzberg on Management: Inside Our Strange World of Organizations*, The Free Press.

Mintzberg, H. (2009), *Managing*, Berrett-Koehler Publishers（池村千秋訳『マネジャーの実像——「管理職」はなぜ仕事に追われているのか』日経 BP 社，2011 年）.

Mintzberg, H., B. Ahlstrand, and J. Lampel (2009), *Strategy Safari: A Guided Tour through The Wilds of Strategic Management,* 2nd Edition, The Free Press（齋藤嘉則監訳『戦略サファリ（第 2 版）』東洋経済新報社，2013 年）.

三戸浩・池内秀己・勝部伸夫(2018)『企業論（第 4 版）』有斐閣.

溝口一雄編著(1987)『管理会計の基礎』中央経済社.

守島基博(2004)『人材マネジメント入門』日本経済新聞社.

中野誠(2016)『戦略的コーポレートファイナンス』日本経済新聞出版社.

野中郁次郎(1983)『経営管理』日本経済新聞社.

Nonaka, I. and H. Takeuchi (1995), *The Knowledge-Creating Company: How Japanese Companies Create the Dynamics of Innovation*, Oxford University Press（梅本勝博訳『知識創造企業』東洋経済新報社，1996 年）.

沼上幹(2004)『組織デザイン』日本経済新聞社.

沼上幹(2008)『わかりやすいマーケティング戦略（新版）』有斐閣.

沼上幹(2009)『経営戦略の思考法』日本経済新聞出版社.

小倉昌男(1999)『小倉昌男 経営学』日経 BP 社.

小倉昌男(2004)『「なんでだろう」から仕事は始まる！』講談社.

Pascale, R. T. (1984), "Perspectives on strategy: the real story behind Honda's success," *California Management Review*, Spring, pp. 47-72.

Porter, M. E. (1980), *Competitive Strategy*, The Free Press（土岐坤・中辻萬治・服部照夫訳『競争の戦略』ダイヤモンド社，1982 年）.

Porter, M. E. (1985), *Competitive Advantage*, The Free Press (土岐坤・中辻萬治・小野寺武夫訳『競争優位の戦略』ダイヤモンド社，1985 年).

Porter, M. E. and M. Kramer (2011), "Creating shared value: how to reinvent capitalism and unleash a wave of innovation and growth," *Harvard Business Review*, January–February, pp. 62–77.

Post, J. E., A. T. Lawrence, and J. Weber (2002), *Business and Society: Corporate Strategy, Public Policy, Ethics,* 10th Edition, McGraw-Hill (松野弘・小阪隆秀・谷本寛治監訳『企業と社会——企業戦略・公共政策・倫理(上・下)』ミネルヴァ書房，2012 年).

Quinn, R. E. and K. Cameron (1983), "Organizational life cycles and shifting criteria of effectiveness: some preliminary evidence," *Management Science*, 29, pp. 33–51.

Robbins, S. P. (2005), *Essentials of Organizational Behavior,* 8th Edition, Pearson Education (高木晴夫訳『組織行動のマネジメント(新版)』ダイヤモンド社，2009 年).

Robbins, S. P., D. A. DeCenzo, and M. Coulter (2013), *Fundamentals of Management,* 8th Edition, Prentice Hall (高木晴夫監訳『マネジメント入門——グローバル経営のための理論と実践』ダイヤモンド社，2014 年).

Roethlisberger, F. J. and W. J. Dickson (1939), *Management and the Worker*, Harvard University Press.

Rumelt, R. P. (1974), *Strategy, Structure and Economic Performance*, Harvard Business School (鳥羽欽一郎・川辺信雄・山田正喜子・熊沢孝訳『多角化戦略と経済成果』東洋経済新報社，1977 年).

Rumelt, R. P. (2011), *Good Strategy, Bad Strategy: The Difference and Why It Matters,* Crown Business (村井章子訳『良い戦略，悪い戦略』日本経済新聞出版社，2012 年).

三枝匡(2013)『V 字回復の経営——2 年で会社を変えられますか(増補改訂版)』日本経済新聞出版社.

榊原清則(2013)『経営学入門(上・下)(第 2 版)』日本経済新聞出版社.

佐久間信夫編著(2016)『よくわかる企業論(第 2 版)』ミネルヴァ書房.

桜井久勝(2015)『会計学入門(第 4 版)』日本経済新聞出版社.

桜井久勝・須田一幸(2018)『財務会計・入門(第 12 版)』有斐閣.

桜井久勝(2019)『財務会計講義(第 20 版)』中央経済社.

櫻井通晴(2015)『管理会計(第 6 版)』同文舘出版.

Saloner, G., A. Shepard, and J. Podolny (2001), *Strategic Management*, John Wiley & Sons (石倉洋子訳『戦略経営論』東洋経済新報社，2002 年).

佐藤博樹・藤村博之・八代充史(2019)『新しい人事労務管理(第 6 版)』有斐閣.

Schein, E. H. (1990), *Career Anchors: Discovering Your Real Values*, Jossey-Bass (金井壽宏訳『キャリア・アンカー　自分のほんとうの価値を発見しよう』白桃書房，2003 年).

Schein, E. H. with P. Schein(2016), *Organizational Culture and Leadership,* 5th Edition, Wiley(梅津祐良・横山哲夫訳『組織文化とリーダーシップ』白桃書房，2012 年〔原著第 4 版の邦訳〕；清水紀彦・浜田幸雄訳『組織文化とリーダーシップ』ダイヤモンド社，1989 年〔原著第 1 版の邦訳〕).

Schroeder, R. G., M. W. Clark, and J. M. Cathey (2001), *Financial Accounting Theory and Analysis: Text Readings and Cases,* 7th Edition, John Wiley & Sons (加古宜士・大塚宗春監訳『財務会計の理論と応用』中央経済社，2004 年).

Schumpeter, J. A. (1950), *Capitalism, Socialism and Democracy,* 3rd Edition, Harper & Row(中山伊知郎・東畑精一訳『資本主義・社会主義・民主主義(新装版)』東洋経済新報社，1995 年).

Selznick, P. (1957), *Leadership in Administration: A Sociological Interpretation*, University of California Press(北野利信訳『組織とリーダーシップ(新訳版)』ダイヤモンド社，1970 年).

塩次喜代明・高橋伸夫・小林敏男(2018)『経営管理(新版)』有斐閣.

Simon, H. A. (1997), *Administrative Behavior,* 4th Edition, The Free Press(二村敏子・桑田耕太郎・高尾義明・西脇暢子・高柳美香訳『経営行動――経営組織における意思決定過程の研究(新版)』ダイヤモンド社，2009 年).

Simons, R. (2005), "Designing high-performing jobs," *Harvard Business Review*, July–August, pp. 54–62.

Sloan, A. P., Jr. (1963), *My Years with General Motors*, Doubleday of Company (有賀裕子訳『GM とともに』ダイヤモンド社，2003 年).

鈴木竜太(2018)『はじめての経営学　経営組織論』東洋経済新報社.

鈴木良隆・大東英祐・武田晴人(2004)『ビジネスの歴史』有斐閣.

竹内弘高・榊原清則・加護野忠男・奥村昭博・野中郁次郎(1986)『企業の自己革新――カオスと創造のマネジメント』中央公論社.

田中一弘(2007)「不変の経営理念」伊丹敬之・田中一弘・加藤俊彦・中野誠編著『松下電器の経営改革』有斐閣，所収.

谷本寛治編著(2004)『CSR 経営――企業の社会的責任とステイクホルダー』中央経済社.

田尾雅夫編著(2010)『よくわかる組織論』ミネルヴァ書房.

田尾雅夫(2012)『現代組織論』勁草書房.

龍田節・杉浦市郎(2018)『企業法入門(第 5 版)』日本評論社.

Taylor, F. W. (1911), *The Principles of Scientific Management*, Harper's(上野陽一訳編『科学的管理法』産業能率短期大学出版部，1969 年；有賀裕子訳『新訳 科学的管理法』ダイヤモンド社，2009 年).

Teece, D. J. (1986), "Profiting from technological innovation: implications for integration, collaboration, licensing and public policy," *Research Policy*, 15(6), pp. 285-306.

Tirole, J. (2016), *Economie du Bien Commun*, Presses Universitaires de France (村井章子訳『良き社会のための経済学』日本経済新聞出版社, 2018年).

Vatter, W. J. (1950), *Managerial Accounting*, Prentice-Hall.

Weber, M. (1919), *Wissenschaft als Beruf*, Duncker & Humblot(尾高邦雄訳『職業としての学問』岩波文庫, 岩波書店, 1980年).

Weber, M. (1956), *Wirtschaft und Gesellschaft: Grundriss der verstehenden Soziologie*, 4 Aufl., J. C. B. Mohr(世良晃志郎訳『支配の社会学 I』創文社, 1960年).

Wren, D. A. (2020), *The Evolution of Management Thought*, 8th Edition, John Wiley & Sons(佐々木恒男監訳『マネジメント思想の進化』文眞堂, 2003年〔原著第4版の邦訳〕).

米倉誠一郎(1999)『経営革命の構造』岩波書店.

吉原英樹・佐久間昭光・伊丹敬之・加護野忠男(1981)『日本企業の多角化戦略——経営資源アプローチ』日本経済新聞社.

索 引

武 石 彰

1958年生まれ. 82年東京大学教養学部卒業, 株式会社三菱総合研究所入社. 90年マサチューセッツ工科大学スローン経営大学院修士課程修了, 98年同博士課程修了, Ph. D. 取得. 98年一橋大学イノベーション研究センター, 2008年京都大学大学院経済学研究科, 20年より学習院大学経済学部教授. 京都大学名誉教授. 専攻は経営学.

主な著書―『ビジネス・アーキテクチャ――製品・組織・プロセスの戦略的設計』(共編著)有斐閣, 2001年.

『イノベーション・マネジメント入門』(共編著)日本経済新聞社, 2001年.

『分業と競争――競争優位のアウトソーシング・マネジメント』有斐閣, 2003年.

『イノベーションの理由――資源動員の創造的正当化』(共著)有斐閣, 2012年.

経営学入門

2021年4月14日　第1刷発行

著 者　武石 彰

発行者　岡本 厚

発行所　株式会社 岩波書店
　　　　〒101-8002 東京都千代田区一ツ橋 2-5-5
　　　　電話案内 03-5210-4000
　　　　https://www.iwanami.co.jp/

印刷製本・法令印刷

マーケティング思考の可能性	石井淳蔵	四六判348頁 定価3740円
会計制度のダイナミズム	伊藤邦雄	A5判664頁 定価7260円
岩波オンデマンドブックス マネジメント・コントロールの理論	伊丹敬之	A5判294頁 定価7700円
岩波オンデマンドブックス モダン・エコノミックス24 経　済　思　想	猪木武徳	A5判260頁 定価4400円
職　業　と　し　て　の　学　問	M.ウェーバー 尾高邦雄訳	岩　波　文　庫 定　価506円
経　営　者　の　条　件	大沢武志	岩　波　新　書 定　価858円

─────────岩波書店刊─────────

定価は消費税10%込です

2021年4月現在